Wild Card

Allgemeine Hinweise

Es wird versucht, auf geschlechtsneutrale Formulierungen zurückzugreifen. Sollte dies nicht möglich sein, wird aus Gründen der besseren Lesbarkeit das generische Maskulinum verwendet. Weibliche und andere Geschlechteridentitäten sind dabei – insofern für die Aussage notwendig – ausdrücklich einbezogen.

Laura Siegemund
Prof. Dr. Stefan Brunner

Wild Card

Herausforderungen mental meistern

Vom Spitzentennis lernen.
Im Leistungssport anwenden.
Auf Chancen übertragen.

Meyer & Meyer Verlag

Wild Card

Auckland, Beirut, Dubai, Hägendorf, Hongkong, Indianapolis, Kairo, Kapstadt,
Manila, Maidenhead, Neu-Delhi, Singapur, Sydney, Teheran, Wien

Member of the World Sport Publishers' Association (WSPA), www.w-s-p-a.org

Gesamtherstellung: Print Consult GmbH, München

FSC www.fsc.org MIX Papier | Fördert gute Waldnutzung FSC® C084279

ISBN 978-3-8403-7808-9
E-Mail: info@m-m-sports.com
www.m-m-sports.com

INHALT

VORWORT

Meine Handballkarriere gibt mir allen Grund, dankbar zu sein. So vieles lief nach Wunsch: 2007 Weltmeister, im gleichen Jahr habe ich mit dem THW Kiel die Champions League gewonnen, mehrmals hintereinander bin ich Deutscher Meister geworden. 2009 kam es dann trotzdem zum Knick: Heiner Brand nominierte mich nicht für die Europameisterschaft 2010. Das saß.

Im Männer-Handball war es nicht sehr verbreitet, sich psychologischen Rat zu holen. Wir sind doch die Stärksten, haben keine Schwächen. Wir gehen als Team durch dick und dünn. Ich allerdings ging in dieser Phase der Enttäuschung zu Jürgen Boss, einem Performance-Coach.

Ich war verwundert, am Anfang unseres ersten Gesprächs immer wieder die gleiche Frage gestellt zu bekommen: „Wie fühlt sich dein guter Zustand an? Wenn du brennst, wenn du Feuer hast?" Er war mit meinen Antworten nicht zufrieden, bis ich fast geplatzt wäre und aufgesprungen bin und mich in handballtypischer Abwehrhaltung vor ihm aufgebaut habe. Die Muskeln waren alle angespannt, mein Blick fokussiert. „So ist es, wenn es sich gut für mich anfühlt!" Er hat nicht weiter fragen müssen, ich habe es plötzlich selbst gespürt. Genau das ist es, genau dieses Gefühl, genau das hat mir in den letzten Monaten gefehlt. Nach dem Knick hat es jetzt Klick gemacht.

Von da an habe ich vor jedem Spiel mit ihm telefoniert. Manchmal nur drei Minuten, er stellte einfache Fragen und meine Antwort war gleichzeitig schon die Lösung. Selbst zur Lösung zu kommen, ist der stärkste Weg. Generell müssen wir uns immer wieder auf uns selbst besinnen, es selbst in die Hand nehmen, Entscheidungen eigenständig treffen. *Ich* war es ja auch, der entschieden hat, einen Coach hinzuzuziehen, oder nach zehn Jahren vom Weltklasseclub Kiel nach Nantes zu wechseln, oder mit 34 die Karriere zu beenden – obwohl sicherlich noch weitere Jahre möglich gewesen wären.

Noch einen zweiten Knick hat es gegeben: als ich mir 2015 das Kreuzband gerissen habe. Es war überhaupt meine erste Verletzung. Der Tag der Diagnose: ein einziger Horror. Aber noch im Krankenbett am Tag nach der Operation hat es wieder Klick gemacht. Ich hatte schon einen Plan, auch ein Motto: Come back stronger!

Ich möchte meine Verletzung nicht missen, sie hat im Kopf viel bewegt und mich weit nach vorn gebracht. Nach acht Monaten war ich wieder dabei. Gruppenphase Champions League. Ich wurde erst in den letzten fünf Minuten eingewechselt, wir lagen ein Tor gegen Veszprem zurück. Der erste Wurf aus spitzem Winkel ging nicht rein.

Das hat mich aber nicht verunsichert. Wirkungsvoll war, dass ich in der Rehaphase viel visualisiert habe. Ich bin viele Spielmomente in Gedanken durchgegangen, habe auch Wurfsituationen im Kopf vorausgedacht. Habe mich sogar an die Bettkante gestellt, den Wurf zumindest in Ansätzen nachgeahmt und mich aufs Bett kippen lassen. Mein zweiter Wurf saß dann, Ausgleich. Am Schluss, fast in der letzten Sekunde, habe ich sogar den Siegtreffer erzielt. Das war Adrenalin und Gänsehaut pur.

Der mentale Anteil an all dem ist schon sehr groß. Deshalb ergibt es Sinn, sich ein Repertoire im Kopf anzulegen, das man bei Bedarf einsetzen kann. Voraussetzung für die Sportpsychologie aber ist, als Athlet offen zu sein, sonst funktioniert es nicht. Hier zu drängen und zu instruieren – das haut nicht hin. Besser, man schafft als Verein oder Verband ein freiwilliges Angebot, das jeder nutzen kann. Oder man lebt es vor oder man schreibt ein Buch oder zumindest ein Vorwort.

Und noch etwas ist wichtig: unsere grundlegende Einstellung. Wenn ich Vorträge darüber halte, was ein Team erfolgreich macht, erfrage ich die Antworten zuerst beim Publikum. Dann wird vieles genannt, Leidenschaft zum Beispiel, Ehrgeiz, Disziplin. Das stimmt auch. Für mich ist es aber in erster Linie noch etwas anderes. Für mich ist es vor allem der Respekt untereinander. Wenn acht Nationalitäten zusammen alles für einen Verein geben, dann empfinde ich tiefe Dankbarkeit und eben auch Respekt.

Dominik Klein

WIR SPIELEN UNS EIN

DER WEG AUF DEN CENTER-COURT – AUTORIN UND AUTOR IM EINLEITENDEN GEDANKENAUSTAUSCH

Sprechen wir über Erfolg, Laura! Glücklich ist, wer ihn hat, traurig, wem er versagt bleibt. Die Aussage ist natürlich verkürzt, aber es lässt sich nicht leugnen: Der Erfolg ist die Einheit, mit der wir einander messen, einordnen und – wenn der Erfolg ausbleibt, da kennen wir kein Pardon – leider auch ausgliedern. So handeln wir im Sport, in der Kultur, in der Politik, in der Wirtschaft, im Alltag. Also suchen wir nach „Erfolgsrezepten" – wer diesen Begriff im Internet eingibt, landet anderthalb Millionen Treffer.

Ganz klar, Stefan, jeder ambitionierte Mensch will seine Möglichkeiten ausschöpfen. Jeder will zufrieden mit sich und dem Leben sein und dafür im besten Fall – ebenso ein wichtiger Punkt – noch Anerkennung bekommen.

Die hohe Trefferquote im Internet belegt auch, dass es nicht nur das eine *Rezept gibt. Die Zusammensetzung hängt ab von der Persönlichkeit, vom Lebenskontext und auch von den Zielen, die wir uns setzen. Zum Erfolg können also ganz unterschiedliche Wege führen.*

Das werden viele sehr schade finden, hätten sie doch gern ein Universalrezept, das erfolgreich macht. Aber so einfach ist es nicht, zu unterschiedlich sind wir allein schon in unserer Art zu denken. Der erste wichtige Schritt zum Erfolg: Wir müssen verstehen, dass es darum geht, den eigenen Weg zu finden. Und der hängt von vielen Aspekten ab, etwa auch von der Disziplin und der Einstellung zur Herausforderung.

Und selbstverständlich spielt das Talent eine Rolle. Aber Leistung, das schreibt Malcolm Gladwell (2009) in seinem Bestseller „Outliers – The Story of Success", ergebe sich nicht in erster Linie aus Talent, sondern vor allem aus jahrelanger Vorbereitung. Erst wer 10.000 Trainings- und Übungsstunden hinter sich gebracht habe, sagt er, kann es zum Champion schaffen.

Ich teile seine Ansicht: Wesentlichen Anteil am Erfolg haben schlichtweg Fleiß und harte Arbeit. Das Talent kann noch so groß sein – aus ihm allein erwächst noch kein Erfolg, auch nicht im Tennis. Viele Einzelteile führen zum großen Ganzen. Für Talent kann ich mich nicht entscheiden, für Fleiß dagegen schon. Ich bin davon überzeugt, auch meine eigenen Ziele erst durch überdurchschnittliche Disziplin, Ausdauer und präzise ausgeführte Wiederholungen erreicht zu haben. Das ist ein langfristiger Prozess. Wir sind nicht bei YouTube®, wo man schnell mal über Nacht berühmt und erfolgreich werden kann.

Tennis ist komplex und bietet viele Situationen, an denen man wachsen kann – und muss, wenn es hoch hinausgehen soll. Es ist ein Mikrokosmos, der sich wunderbar auf anderen Leistungssport und generell auf Herausforderungen im Leben übertragen lässt. Immer wieder beziehe ich mich im Coaching auf Analogien aus dem Tennis. Auf den Netzroller zum Beispiel, der zeigt, wie Kleinigkeiten einen großen Ausschlag geben können. Der Grat zwischen Glück und Pech ist hauchdünn. Und die Erkenntnis daraus: Wir können nicht alles kontrollieren, auch wenn wir es uns noch so sehr wünschen.

Genau so erlebe ich es immer wieder. Tennis trainiert mich im Umgang mit Herausforderungen, die mir auch in vielen anderen Lebensbereichen begegnen. Das ist ja einer der Gründe, gemeinsam dieses Buch zu schreiben. Ich bin der Überzeugung, dass sich jeder ambitionierte Mensch in unseren Themen wiederfindet. Die Lösungsstrategien, die mir im Tennis helfen, lassen sich übertragen und in vielen Feldern erfolgreich anwenden. Der Umgang mit Druck, Stress und Widrigkeiten – das sind übergreifende Herausforderungen, denen man sich ab einem bestimmten Niveau stellen muss.

Gerd Schönfelder – Skirennläufer und 16-facher Goldmedaillengewinner bei den Paralympics – hat es mir mal so passend zusammengefasst: „Wie schlecht die Ausgangssituation auch ist: Wenn du im Kopf dazu bereit bist, dann kannst du etwas daraus machen.“ Unser Wille ist ein wichtiger Antreiber.

Tennis beweist, wie sehr sich dieser Antreiber auszahlen kann. Allein die Zählweise liefert allen Grund dafür, durchhalten zu wollen. Denn so lange es eine theoretische Chance gibt, gibt es auch Hoffnung. Und so lange es Hoffnung gibt, dürfen wir an uns glauben. Viele Matches wurden aus scheinbar aussichtsloser Situation noch gedreht.

Nimm das Turnier 2022 in Miami als Beispiel: fünf Matchbälle gegen euch im Doppel-Halbfinale, alle abgewehrt, am Ende das Turnier gewonnen. Im Tennis wie im Leben zahlt sich die Fähigkeit aus, kritische Momente überwinden zu können. Der Druck, gut zu performen, ist groß, und damit auch die Notwendigkeit, mögliche Fehler konstruktiv zu verarbeiten.

Ob selbst verschuldete Fehler und versäumte Chancen in einem Match, ob herbe Niederlagen oder heftige Verletzungen, wie beispielsweise mein Kreuzbandriss 2017 auf dem Höhepunkt meiner Karriere: Wenn man etwas erreichen will, muss man lernen, mit Fehlern und allen Arten von Rückschlägen umzugehen. Das habe ich auch 2020 bei den French Open erlebt: Trotz miserabler Bedingungen, Temperaturen im einstelligen Bereich, durchnässter Plätze, Wind und körperlicher Beschwerden habe ich es geschafft, mein überhaupt bestes Grand-Slam-Ergebnis im Einzel zu erspielen. Erfolg ist kein Zuckerschlecken, er erfordert ein hohes Maß an mentaler Stärke.

. . . ein sehr gutes Beispiel für einen nicht perfekten Verlauf, aber durchschlagenden Erfolg! Viele erwarten Perfektion von sich – und das wird ihnen dann zum Verhängnis. Allein die Tagesform variiert, Matchverläufe sind selten geradlinig. Flexibel zu sein im Kopf, sich clever zu optimieren, statt stoisch zu perfektionieren, darauf kommt es an. Im Tennis, im Sport und überhaupt.

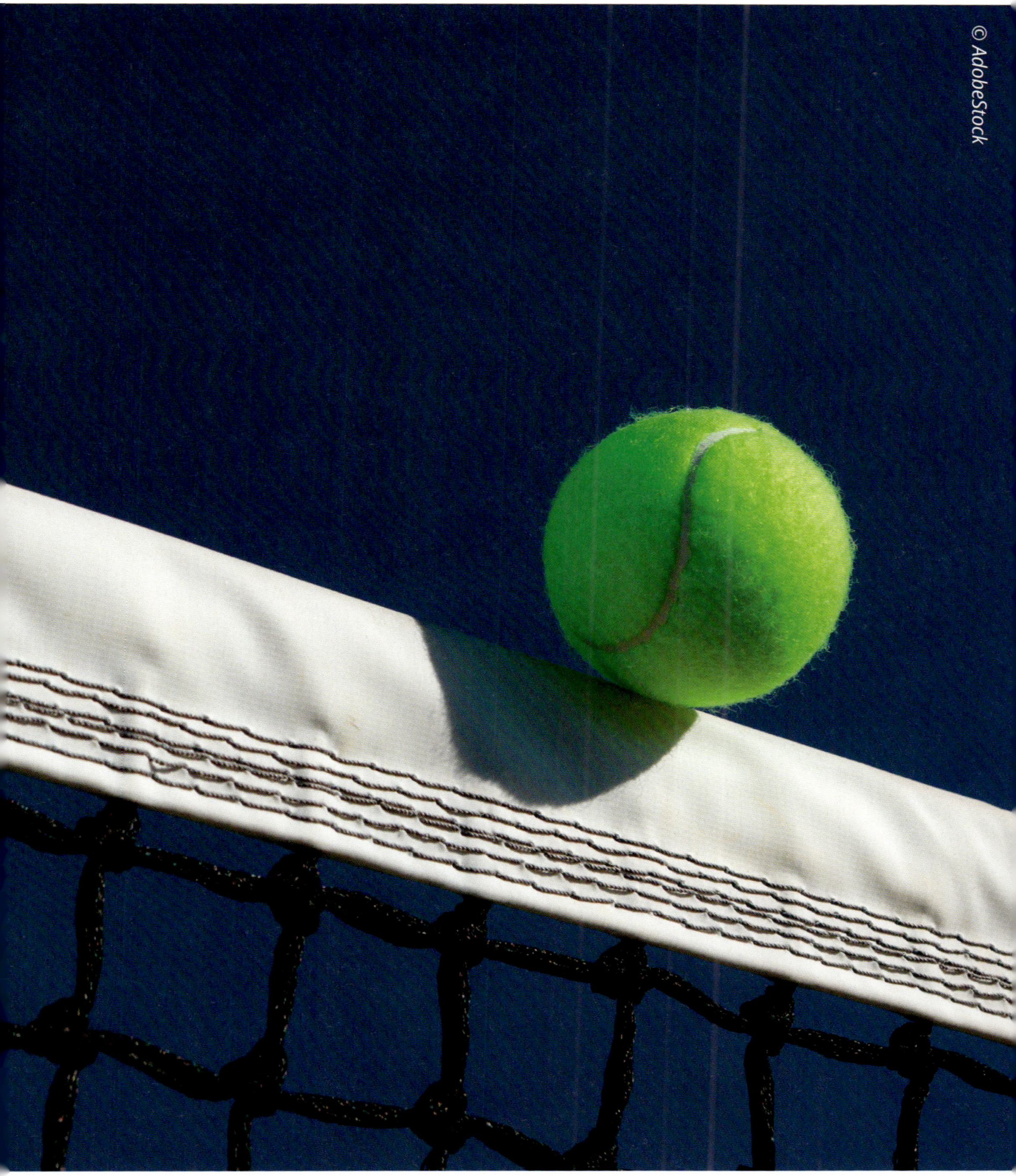
© AdobeStock

Ich bin selbst durch und durch perfektionistisch. Das war einerseits mein Antrieb und hat mich sehr weit gebracht. Andererseits habe ich mir oft auch durch übermäßigen Ehrgeiz und Perfektionismus im Weg gestanden. Dadurch habe ich versäumt, meinen Entwicklungsprozess auch unabhängig vom Ergebnis zu genießen. Erst als ich mehr Gelassenheit zugelassen habe, konnte ich mein Potenzial richtig entfalten.

Gerade im Spitzensport ist es eine große Kunst, auch mal loslassen zu können. Oft hilft der Wechsel der Perspektive: Wir lösen uns aus unserem persönlichen Erleben und betrachten uns stattdessen von außen, aus der Sicht des Trainers, des Fans, des guten Freundes – oder des Gegenspielers. Das Vorgehen kennen wir aus der systemischen Therapie.

Dieser Blick von außen hat mir in der Tat geholfen. Selbst als erfahrene Spielerin falle ich immer wieder in alte Denk- und Verhaltensmuster zurück. In diesen Momenten, in denen ich mir das Leben schwer mache, hilft mir ein bewusster Wechsel der Perspektive auf meine Situation.

Und diese Fertigkeit lässt sich trainieren. Generell: Die Psyche muss trainiert werden, das ist vielen nicht bewusst. Noch 2007, als die Spitzen-Biathletin Magdalena Neuner anfing, mit einem Mentaltrainer zu arbeiten, hätte man über sie den Kopf geschüttelt, wie sie sagt. Das mentale Training gehört zur langen Vorbereitung auf ein Weltklasseniveau, von Anfang an, ist also Teil der gerade schon erwähnten 10.000-Stunden-Regel.

10.000 Stunden sind eine lange Zeit, um die Motivation hochzuhalten. Dazu braucht es ein Feuer, aus dem sich alles speist und das nie ganz ausgehen darf. Ich hatte eine Zeit, in der ich dieses Feuer nicht mehr spüren konnte. Ich musste über meinen Kurs nachdenken und ihn korrigieren. Auch während der Coronapandemie haben einige Spielerinnen offen kommuniziert, ihr inneres Feuer verloren und sich entschieden zu haben, ihre Karriere zu beenden.

Es ist schon eine große Aufgabe, seine Ambition über Jahre und Jahrzehnte aufrechtzuerhalten. Form- und Motivationseinbrüche werden kommen. Und auch die Flamme kann eben kleiner werden. Es gibt ihn, den Star, der vor Tausenden von Zuschauern auf der Bühne steht und danach sein Glück nicht wahrnehmen kann, trotz des Erfolgs keine Euphorie spürt, nicht einmal Zufriedenheit. Golflegende Bernhard Langer hat mir einmal erzählt, wie er gerade sein erstes Major-Turnier gewonnen hatte, die Nummer eins der Weltrangliste wurde und am Sonntagabend nach der Feier im Bett lag und einfach nur Leere empfunden hat. Mit dieser Situation und diesem Gefühl muss man erst einmal zurechtkommen.

Äußerer Erfolg ist nicht automatisch innerer Erfolg und Zufriedenheit. Gerade deshalb ist es wichtig, zwar das Ziel nicht aus den Augen zu verlieren, den Fokus aber auf den eigenen Entwicklungsprozess zu legen. Vor lauter Starren auf den Gipfel darf man nicht vergessen, einen Fuß vor den anderen zu setzen und muss sich trauen und gönnen, Abzweigungen zu nehmen und ab und zu auch mal die Aussicht zu genießen.

Es wird eine spannende Reise, in diesem Buch all die Erfahrungen zusammenzubringen und daraus Impulse zu entwickeln, wie sich herausfordernde Aufgaben bewältigen lassen.

Deshalb trägt unser Buch den Titel *Wild Card* – sie steht dafür, eine Chance zu bekommen, etwas Großartiges zu leisten und sich und andere zu überraschen. Wie ich, als ich 2017 mithilfe einer Wild Card den Porsche Tennis Grand Prix in Stuttgart gewinnen konnte, einer der größten Einzelerfolge meiner Karriere. Eine Wild Card steht auch für etwas, das man noch nicht kennt und das nicht immer den gängigen Regeln folgt. Gleichzeitig bedeutet die Karte aber auch Verantwortung für denjenigen, der sie erhält und an dessen Potenzial man glaubt.

Wir wünschen uns, dass die Leserinnen und Leser in diesem Buch ihre persönliche Wild Card erkennen – und damit die Chance nutzen und von unserer Symbiose profitieren: dem Zusammenwirken aus den großen Erfahrungswelten des Sports, des Coachings und der Wissenschaft.

1

Das Match beginnen

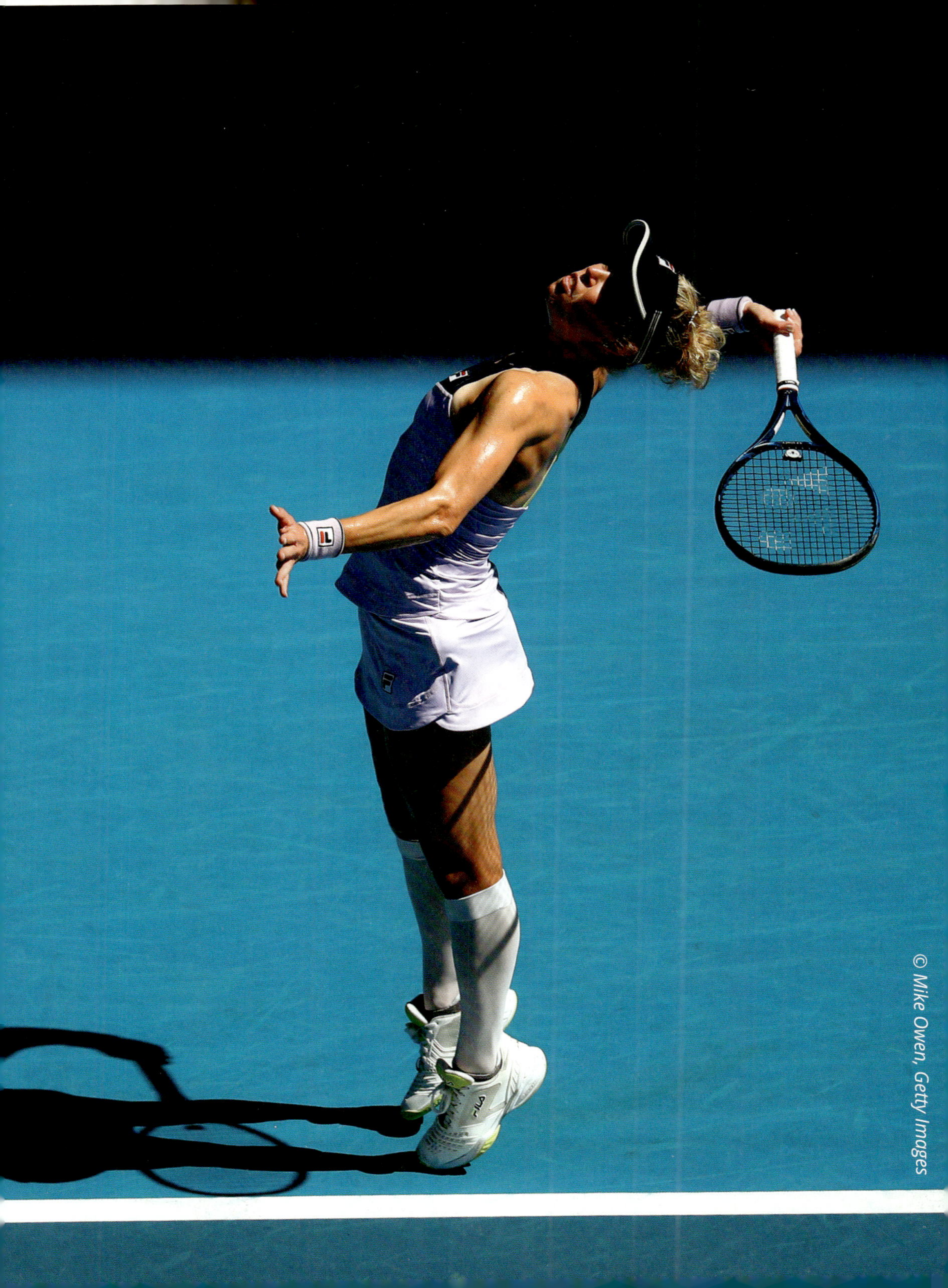

© Mike Owen, Getty Images

ERSTER AUFSCHLAG: DEN EINSTIEG MEISTERN

Erich Kästner, ein sportpsychologischer Experte par excellence! Ja? Nun würde man viele Namen im ersten Kapitel erwarten. Dass sich Erich Kästner aber hier an allervorderster Stelle ins mentale Fachbuch schiebt, verwundert. Erst einmal zumindest. Der Erfinder von *Pünktchen und Anton* als Ratgeber für Psychologen und andere?

Durchaus, denn Kästner bewies ein sehr gutes Gespür für die Besonderheit des Sports im Allgemeinen: „Die Skiläufer kämpfen gegen die Uhr. Die Schwimmer kämpfen nebeneinander. Die Stabhochkämpfer kämpfen nacheinander." Und für die Tennisspieler im Speziellen: „Bis zur letzten Minute bleibt ungewiss, wer Sieger sein wird."[1] Kästner sprach damit eine für die Psyche ganz elementare Besonderheit des Tennissports an: Das Reglement kennt kein zeitliches Limit, es gewinnt, wer den letzten Punkt macht. Bis zuletzt kann man deshalb an sich glauben, auch wenn der aktuelle Spielstand gegen einen spricht.

Wie aber schaffen wir es, diesen Glauben an uns aufrechtzuerhalten, ihn zu entwickeln oder überhaupt erst zu wecken?

Inzwischen greift die Sportpsychologie auf jahrzehntelange Erfahrung zurück. Wissenschaftliche Erkenntnisse und der immense Erfahrungsschatz von Spitzensportlern und anderen leistungsorientierten Menschen vereinen sich und legen – wie im vorliegenden Buch – Erfolg versprechende Handlungsideen offen. Allerdings hat es gedauert, bis der Sportler, so schnell und explosionsartig er sonst auch aus dem Startblock kommen mag, die Kraft mentaler Einflussnahme erkannt hat.

Da war Erich Kästner schneller. Seine Einsichten liegen schon weit zurück im letzten Jahrhundert, was ihn posthum ein wenig zu einem der Urväter sportpsychologischer Einschätzungen macht.

Wir schreiben dann immerhin schon die 1980er-Jahre, als der legendäre Skirennläufer Frank Wörndl auch mental zu trainieren begann. Er ließ sich vom Sportpsychologen Hans Eberspächer beraten, wurde 1987 Weltmeister und 1988 Olympiazweiter. Den Erfolg führte Wörndl auch

1 Kästner (o. J.).

auf eben diese Zusammenarbeit zurück.[2] Seine Einsicht war Weitsicht und indes unüblich, noch für lange Zeit.

Gerade die Teamsportler haben etwas länger gebraucht, bis sie die erweiterten Chancen mittels psychologischen Trainings erkannten. Schwer taten sich vor allem die Fußballer. Noch 1998, bei der Weltmeisterschaft in Frankreich, gab es kaum eine Nationalmannschaft, die sich mentale Unterstützung holte.[3] Ein psychologisch betreuter Fußballer? Er hätte gemeinhin eher als schwächelnder Patient gegolten denn als hochprofessioneller Sportler, der, die Zähne zusammenbeißend, alles aus sich herausholt.

Die mentale Arbeit sei lange Zeit nicht üblich gewesen, sagt auch die ehemalige Ausnahme-Biathletin Magdalena Neuner. Als sie 2007 anfing, mit einem Mentaltrainer zu arbeiten, „haben mich alle belächelt". Es war ihr aber wichtig, ihr Potenzial zu erkennen und auszuschöpfen. Psychologie, um sich von den anderen abzusetzen? „Das wollte ich ausprobieren. Wir haben mit dem Unterbewusstsein gearbeitet, ich habe viel über mich gelernt."

Die Notwendigkeit psychologischer Interventionen

Fragt man sportaffines Publikum, dann kann jeder eine ganze Liste von klassischen Trainern nennen, Sportpsychologen kennt hingegen kaum jemand. Sie agieren im Hintergrund, obwohl ihre Arbeit große Bedeutung hat. Auch die Medien haben wenig Interesse an dieser Berufsgruppe, gefragte Interviewpartner sind neben den Cheftrainern eher ehemalige Sportler, vielleicht noch Taktikexperten. Physiologen, Ernährungswissenschaftler, Athletiktrainer und sportpsychologische Coaches sieht man allenfalls an der Peripherie des Trainerstabes und übersieht sie deshalb leicht.

Vielleicht bräuchte es ein paar Erich Kästners, die ein bisschen mehr Spotlight in alle relevanten Trainingsfelder werfen würden. Immerhin hat er in seinen Ausführungen auch schon Konzentration, Ahnungsvermögen, Witz, Ruhe, Selbstbeherrschung und Verstand als qualitativ wichtige Sportlereigenschaften hervorgehoben.[4]

---

2 Brunner (1998).

3 Ebd.

4 Kästner (o. J.).

Im Spitzensport ist es inzwischen sehr eng geworden. Einmal gewinnt Mikaela Shiffrin, einmal Petra Vlhová, einmal Rafael Nadal, einmal Novak Djoković, einmal Real Madrid, einmal Bayern München. Eine hundertstel Sekunde kann reichen, ein glückliches Tor in der Nachspielzeit ebenso. Die Athleten sind physisch austrainiert. Das Bewusstsein ist gewachsen, dass ein Trainer allein nicht alle entwickelbaren Teilaspekte angehen kann.

Damit ist der Startschuss – inzwischen für alle gut hörbar – für ein breit angelegtes Betreuungsteam gefallen, in dem der Sportpsychologe eine wichtige Position einnimmt. Spitzen-Golfer Bernhard Langer schränkt hier zwar noch einmal etwas ein. „Falsch liegen all jene“, relativiert er, „die sagen: 90 Prozent im Golf sind mental.“[5] Allerdings ist er überzeugt: „Wenn zwei gleich gut sind, dann wird der mental Stärkere gewinnen.“

GUT INS SPIEL KOMMEN

Als Brasilien 2014 bei der Fußball-Weltmeisterschaft 1:7 gegen Deutschland verlor, reichten sechs Minuten, um vier Tore zu kassieren. Ein historischer WM-Rekord, ein Negativrekord für Brasilien. Die Aufmerksamkeit des Spitzensportlers verträgt eben keine Hänger, nicht im Fußball, nicht im Tennis, in vielen Sportarten nicht, generell nicht.

Besonders heikel ist die erste Phase in einem Wettkampf. Die Betriebstemperatur muss stimmen, der Muskeltonus muss passen, Körper und Kopf müssen auf den Wettkampf eingestellt sein. Denn den Start zu verschlafen, die ersten Minuten zu verpassen – das könnte bereits die Niederlage einleiten. Das so besondere Eröffnungsspiel einer Fußball-WM nach einem Rückstand noch zu gewinnen, ist statistisch gesehen fast aussichtslos. Das gelang bislang nur zweimal, den Chilenen 1962 und den Brasilianern 2014.

So gilt es also, auf dem Punkt zu funktionieren, ab dem ersten Aufschlag. Wie aber gelingt das, im Sport und überhaupt? Man kennt den Vorwurf, den Start verschlafen zu haben und deshalb ins Hintertreffen oder in Rückstand geraten zu sein. Viele geflügelte Worte sind daraus entstanden: mit dem Rücken zur Wand stehen, es vergeigt haben. Es bleibt also,

5 Brunner (2020, S. 48).

um ein letztes Mal im Floskeldeutsch zu verweilen, noch eine Menge Luft nach oben. Und die gilt es zu nutzen. Sein Potenzial auszuschöpfen, von der ersten Sekunde an.

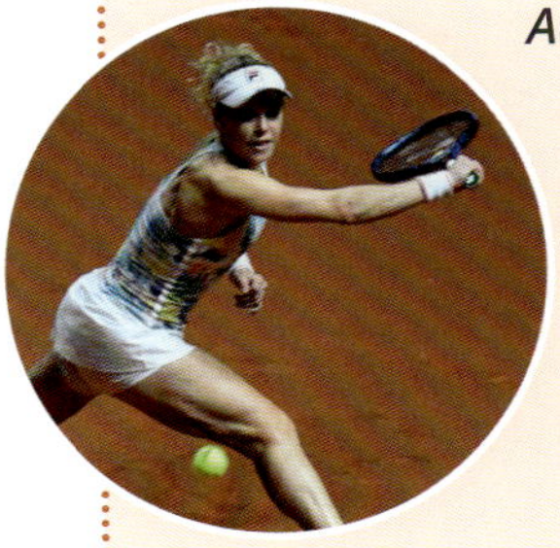

Auf Weltklasseniveau ist ein guter Start unverzichtbar. Vom ersten Punkt an voll da zu sein, gleich die ersten sich bietenden Chancen zu ergreifen, um sich einerseits so früh wie möglich einen Vorsprung zu sichern, aber auch – noch wichtiger –, um der Gegnerin gleich von Beginn an zu signalisieren: Heute wird es schwer für dich! All deine Fehler werden bestraft!

Der Anfang eines Matches, die ersten Punkte, die ersten Spiele sind also extrem wichtig. Klar, im Verlauf eines Spiels bekomme ich durchaus zweite Chancen. Und auch die Zählweise im Tennis gibt mir bis zuletzt die theoretische Möglichkeit, das Spiel noch zu drehen. Je höher aber das Niveau und je konsequenter und konstanter die Gegnerinnen, desto kleiner werden meine theoretischen Möglichkeiten, begangene Fehler zu korrigieren.

Ich brauche also einen guten Start, ich muss zügig zur geplanten Taktik und zügig an mein Leistungslimit an diesem Tag gelangen.

Bei Anpfiff muss *es*, muss *ich* unmittelbar losgehen. Erst einmal wächst die Leistung direkt proportional mit zunehmender Aktivierung. Bei zu hoher Aktivierung kann die Leistungskurve indes wieder sinken. Ziel ist es deshalb, das individuelle, situationsgerechte Aktivierungspotenzial zu finden und abrufbar in Körper und Geist abzulegen.

Yuri L. Hanin, langjähriger Professor am Research Institute for Olympic Sports in Finnland, nennt das sehr passend die **„Individual Zones of Optimal Functioning“**.[6] Das Modell erlaubt es, seinen aktuellen „psycho-bio-sozialen Zustand“ zu identifizieren. Dieser emotionale Kennwert ist eng verknüpft mit weiteren Bedingungen fürs generelle Funktionieren eines Menschen – verknüpft etwa mit dem allgemeinen, subjektiven Wohlempfinden sowie den wettkampfbedingten Empfindungen.

6 Hanin (2000).

Der Redner auf der Bühne muss sein Publikum mit dem ersten Eindruck auf seine Seite holen. Er kann überraschen, überzeugen, je nach Typ auch provozieren, erheitern, betroffen machen, den Schulterschluss anbieten. Die Möglichkeiten sind reichhaltig. Die Wahl hängt von vielen Einflussgrößen ab, vor allem von der Situation und vom Publikum. Übertragen in reale Situationen, bedeutet das: Der Redner, der einen gemeinsamen Abend mit seinem Publikum anstrebt, muss sein Gegenüber abholen, sich mit ihm vereinen. Er müsse sein Publikum lieben, verlautet da gern einvernehmlich der Tipp der Rhetorikexperten.

Der Sportler, der sein Gegenüber möglichst schnell aus dem Rennen nehmen möchte, verfolgt natürlich eine andere Strategie. Beiden Situationen ist aber gemeinsam, dass die ersten Augenblicke bedeutsam und unter Umständen entscheidend sind.

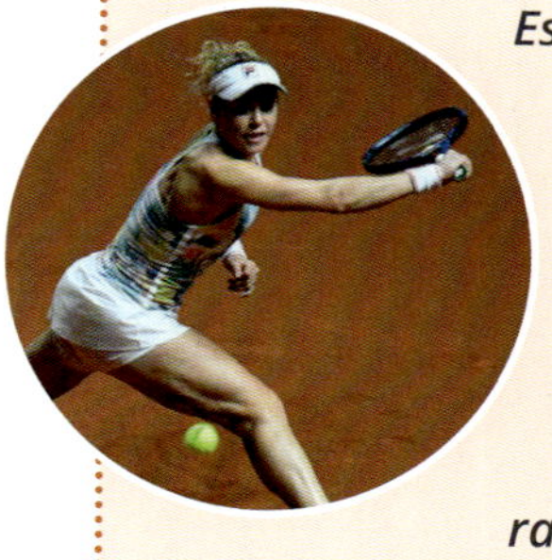

Es ist nicht so einfach, seinen optimalen Vorstartzustand hinzubekommen. Klar, mit der Zeit entwickelt man Routinen, die einem helfen, sich auf eine Aufgabe einzustimmen, im Idealfall gelingt das durch mehr Erfahrung immer schneller und besser und ist dann auch auf unterschiedliche Situationen übertragbar. Wichtig dabei: Es gibt kein Richtig oder Falsch. Jeder muss selbst herausfinden, wie sich sein optimales Aktivierungsniveau anfühlt und wie man es erreichen kann. Es hilft, zu rekapitulieren, wie man sich an einem Tag mit besonders guter Leistung vorbereitet hat.

- *Wie war das Gefühl?*
- *Was war im Rahmen der Vorbereitung besonders effektiv, um einen klaren Kopf zu bekommen?*
- *Auch: Was war kontraproduktiv und sollte keinesfalls in der Vorbereitung wiederholt werden?*

Ich habe vieles ausprobiert: zum Beispiel die letzten Minuten vor einem Match Hardrock gehört, um mich richtig zu pushen. In den letzten Jahren habe ich meine Vorbereitung immer mehr davon abhängig gemacht, wie ich mich im jeweiligen Moment fühle. Grundsätzlich gilt für mich, dass mein ganz persönliches Aktivierungsniveau für eine optimale Leistungsfähigkeit von Anfang an eher hoch sein muss.

> ***Zur Regulierung habe ich aber kein klares Schema F, das ich immer abspule, sondern ein Arsenal an Werkzeugen, auf die ich je nach mentalem und körperlichem Befinden zugreife. Wichtig ist mir, mich zurückziehen zu können und meine Ruhe zu haben. Am besten hilft ein separater Raum. Dort kann ich zum Beispiel auch am besten eine kurze Meditation einbauen, wenn ich merke, dass meine Anspannung – bei aller Notwendigkeit – einfach zu hoch ist.***

Die Aktivierung kann im Startmoment zu hoch, aber auch zu niedrig sein; man kann übernervös oder mit lethargischer Tendenz in ein Bewerbungsgespräch, in ein Meeting, in eine Präsentation gehen. Wo und wann sich die beanspruchende Situation auch ergibt, wir brauchen das passende Maß für eine passende Aufgabenbewältigung.

Die Erkenntnis ist schon mehr als 100 Jahre alt. Die US-amerikanischen Psychologen Robert Yerkes und John Dodson erprobten schon Anfang des letzten Jahrhunderts an Ratten, was sich später auf den Menschen übertrage ließ: eine umgekehrt U-förmige Relation zwischen Erregung und Leistung im Umgang mit Lernaufgaben. So stellt sich die beste Leistungsumsetzung bei einem mittleren Erregungsniveau ein. Dieses wissenschaftliche Ergebnis ging als **Yerkes-Dodson-Gesetz** in die Psychologie ein[7].

Wer also übersteuert – man kennt es von der Stereoanlage, die in jenem übersteuerten Modus nur noch zur verzerrten Kakophonie imstande ist –, der verkrampft; im übertragenen wie im physiologischen Sinne. Sportlich gesehen, steht Wettkampffieber der Wettkampfapathie gegenüber[8]. Psychische Anspannung an sich fördert die Leistungsfähigkeit erst einmal, bis die Förderlichkeit ab einem bestimmten Niveau wieder kippt.

Der Läufer zum Beispiel wird „fest", wie er sagt. Orientiert man sich am Herzschlag, so liegt der optimale Pulsbereich eines 20-Jährigen beim Tennisservice zwischen 120 und 160 Schlägen.[9] Und allein diese Zahlen veranschaulichen das nicht ganz einfache Sensibilisieren für das optimale **Aktivierungsniveau**: Die Spannbreite ist groß, der Unterschied

---

7 Yerkes & Dodson (1908).

8 Puni (1961).

9 Burchard (2015).

zwischen 120 und 160 Herzschlägen ist – unabhängig vom Lebensalter – gravierend.

Und in dieser großzügigen Spannbreite sollen wir uns sodann verorten. Schwierig. Abhängig vom Individuum. Abhängig vom Trainingszustand. Und abhängig von der Herausforderung. Auf den Sport übertragen, heißt das, dass die 100-Meter-Sprinterin ein anderes Erregungsniveau braucht als der Marathonläufer, der Boxer ein anderes als der Turmspringer oder die Sportschützin.

Analog zu verstehen sind die unterschiedlichen Situationen großer Anforderungen auch in anderen Lebensbereichen. Piloten und Erzieher, Rocksänger und Radiomoderatoren – sie funktionieren allein der beruflichen Herausforderung wegen mit unterschiedlichem Spannungsgrad.

Den Tonus nach oben oder unten zu regulieren – dazu gleich mehr –, ist vergleichsweise leicht. Den besten eigenen Tonus zu finden, ist hingegen ein Prozess, der Erfahrung, Geduld und Sensibilität braucht. Der richtige Herzschlag, so viel ist klar, lässt sich im Lehrbuch leider nicht nachschlagen. Wir müssen unseren effektivsten Tonus also erfühlen. W. Timothy Gallwey spricht von „relaxed concentration"[10], von entspannter Konzentration.

Ein Oxymoron auf den ersten Blick, eine interessante Idee auf den zweiten Blick. Denn es weist einen Weg, sich für seinen Körper zu sensibilisieren: ihn spürbar machen, indem man muskuläre Spannungszustände unterschiedlicher Stärke differenziert wahrnimmt.

Der Tonus als wichtiger Indikator

Progressive Muskelentspannung, auch kurz PMR genannt, vom US-amerikanischen Physiologen Edmund Jacobson im Jahr 1929 entwickelt[11], ist eine wissenschaftlich belegte Methode, die uns diesen Blick in den Körper ermöglicht. Muskeln und Muskelgruppen werden nacheinander angespannt und wieder entspannt, sodass wir den möglichen Tonus als eine Art Kontinuum erleben. Die Herausforderung ist nun, die

10 Gallwey (2015).
11 Jacobson (2011).

situationsgerecht richtige Einstellung auf diesem Kontinuum zu finden. Wo ist das Maß, das mir guttut?

Hier hilft die therapeutisch gern bemühte Frage:

- Wann hat es sich mal gut angefühlt?
- Wann also war mein empfundener Spannungszustand der Situation zuträglich?
- Wann, wenn der Schiedsrichter das Spiel angepfiffen hat, war mein bester Fokus, meine beste Konzentration, meine beste Wahrnehmung und Aufmerksamkeit, mein **Flow**?

So ermögliche ich es mir, Stück um Stück das externe Übungsgefühl mit dem wahrhaftigen, mir innewohnenden Spielgefühl übereinanderzuschieben, so lange, bis sie wie wertige Dubletten übereinanderliegen.

Es ist wie bei einem Klavierstimmer, der mit seinem absoluten Gehör die feinen akustischen Schwingungen erfasst und jeder tonalen Dysbalance den Garaus macht. Nur nimmt sich PMR-Erfinder Jacobson eben der muskulären Dysbalancen an. Er erkannte den direkt-proportionalen Zusammenhang zwischen Muskelspannung und Erregung.

Aktivität, so der medizinische Zusammenhang, spricht den Sympathikus an, der wiederum die Muskeln zur Anspannung treibt. Ein glücklicher Umstand, aber auch ein sinnvoller Schutzmechanismus der Natur, dass wir dieses Hochschaukeln nicht unbegrenzt hinnehmen müssen. Wir können, wie schon oben angedeutet, den Tonus senken und damit den Gegenspieler des Sympathikus, den Parasympathikus, rettend ins Spiel bringen.

Dafür gibt es gleich mehrere Möglichkeiten, die allesamt den Entspannungsverfahren zugeordnet werden: die bereits angesprochene progressive Muskelentspannung, **Atementspannung** und autosuggestive Methoden wie das **autogene Training** und die Fantasiereise.

Jahrelang hat Sportschützin Barbara Engleder damit gekämpft, dass zu hoher Puls ihren Körper beeinträchtigt und sich dadurch vorne das Gewehr gehoben hat – „und zwar im Pulstakt". Durch ausgeklügeltes

Timing hat sie es geschafft, abzuziehen, wenn es ihr der Puls gerade mal erlaubt hat. Dann die effektive Maßnahme: „Mir hat progressive Muskelentspannung geholfen. Und ich habe viel mit Atemübungen gearbeitet."

Es ist längst wissenschaftlich belegt, dass sich nicht nur die Muskeln entspannen, sondern in der Folge auch Blutdruck, Pulsschlag, Atmung und Darmtätigkeit per PMR beruhigen lassen.[12] Die Übungsform ist darüber hinaus so einfach umsetzbar – auch im Sitzen –, dass sie bereits im Jungendalter Effekte zeitigt und zum autarken Üben führen kann[13]. Am autogenen Training finden indes eher Erwachsene Gefallen. Für Kinder wurde die bildhaftere Variante der Fantasiereise entwickelt.

Die Kraft der Autosuggestion

Beiden Techniken ist gemeinsam, dass sie unter anderem zu Gefühlen der Schwere und Wärme führen, die das Herbeiführen von Entspannung begünstigen und den Tonus senken helfen. Auch das autogene Training basiert auf wissenschaftlicher Erkenntnis.

Noch leichter: die Atementspannung, die eine eigenständige Form darstellt, aber auch als einstimmende Sequenz anderen Verfahren vorangestellt wird. Die Aufmerksamkeit gilt hier – sowieso geschieht die Einatmung von allein – vor allem der Ausatmung, bei der sich der angespannte Brustkorb wieder entspannt. Allein schon, sich auf die Ausatmung zu konzentrieren, führt zur Wahrnehmung von Entspannung.[14]

Die Wissenschaftler Anne-Marie Elbe und Jürgen Beckmann weisen auf einen weiteren Vorzug der Atementspannung hin: Während Techniken wie das autogene Training generell das allgemeine Aktivierungsniveau senken, greift die Atementspannung weniger stark in den Wettkampftonus ein. Sie kann auch einfach dem Zweck dienen, sich auf das Bevorstehende zu fokussieren oder störende Gedanken gezielt wegzuatmen.

---

12 Gröninger & Stade-Gröninger (1996).

13 Brunner (2002).

14 Beckmann & Elbe (2008, S. 53).

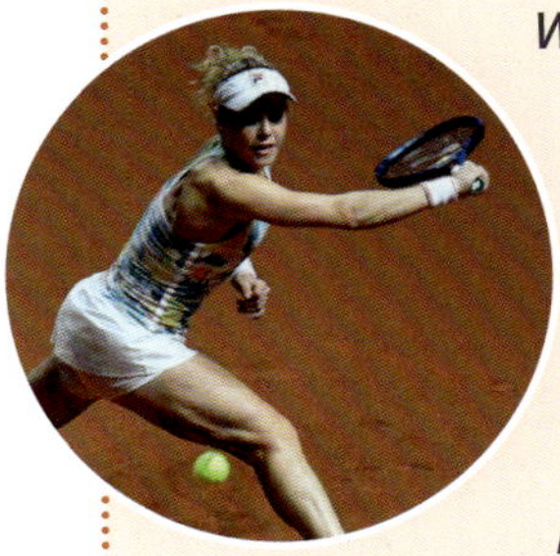

Wenn ich meinen Fokus zurückgewinnen und überhaupt wieder klar sehen möchte, dann versuche ich, meine innere Ruhe zu finden. Am schnellsten gelingt mir das durch eine kurze Atementspannung beim Seitenwechsel. Diese 90 Sekunden nutze ich, schließe die Augen, versuche, in mich zu gehen und alles andere draußen zu lassen.

Die Musik, die beim Seitenwechsel Partystimmung auf der Tribüne verbreiten soll, das Feiern der Menge, die Durchsagen des Spielstands, die von den Nachbarplätzen herüberschallen. Alles verschwindet langsam aus meiner Aufmerksamkeit. Ich bin ganz bei mir, atme tief ein und aus, spüre, wie mein Qi[15] *wie eine Welle durch meinen Körper strömt.*

Wenn es mir gerade schwerfällt, meine Aufmerksamkeit nach innen zu lenken, dann lenke ich sie auf etwas Bestimmtes in meinem Körper. Zum Beispiel darauf, wie meine Füße den Boden berühren oder wie sich mein Po und mein Rücken an die Sitzfläche schmiegen. Ich denke an nichts, sondern nehme stattdessen eine kurze Auszeit von allem.

Ich mache mir keine Gedanken über den Spielstand, nicht über das nächste Aufschlagspiel, nicht über die Konsequenzen meiner Performance, ich bin für einige Sekunden einfach da und achte auf das Fließen meines Atems.

Wenn der Schiedsrichter „Time" ruft, öffne ich die Augen und mache mir auf dem Weg zur Grundlinie einen taktischen Fahrplan für das kommende Spiel. Ich fühle mich erfrischt, mein Kopf ist leichter, als hätte ich Ballast auf der Bank zurückgelassen. Jetzt kann ich mich wieder auf meine Aufgabe konzentrieren.

Dem Ein- und Ausatmen können also auch spezifische Aufgaben zugeschrieben werden: Mit dem Einatmen inhaliere ich frische Energie, mit dem Ausatmen entledige ich mich unnötiger Altlasten, eben zum Beispiel störender Gedanken.

15 Lebensenergie.

„Mir hat das wahnsinnig geholfen", sagt Michael Niedermeier, zweimaliger Kunstradweltmeister. „Durch die Atemtechniken konnte ich besser mit der Nervosität umgehen"[16], erklärt Judoka Theresa Stoll. 2021 gewann sie mit dem Mixed-Team Bronze bei den Olympischen Spielen in Tokio.

Auch aus dieser Region stammen hilfreiche Entspannungswerkzeuge. Fernöstliche Techniken wie Qigong, Tai-Chi und Yoga haben ebenso eine tonusregulierende Wirkung. Manchmal gelingt die Beruhigung auch einfach banal durch ein Gespräch, das die Wirrnis im Kopf gliedern hilft und einen roten Faden erkennbar macht.

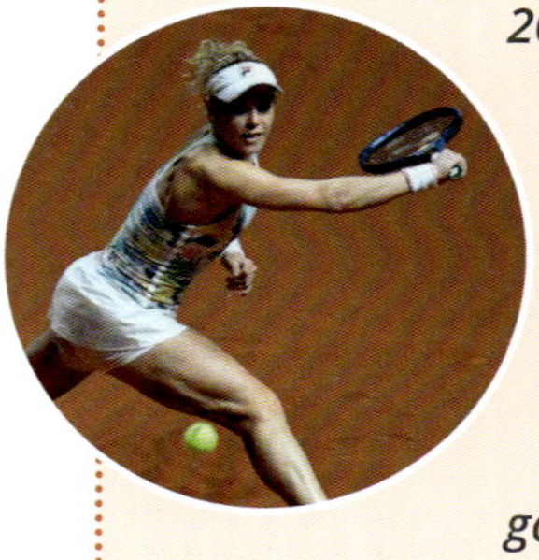

2016 stand ich das erste Mal in der zweiten Runde der Australian Open und spielte das erste Mal in einer richtig großen Arena, damals in der Hisense Arena gegen Jelena Jankovic, an Nummer 19 gesetzt. Vor dem Match war ich extrem nervös, wollte auf keinen Fall hinter meinen Möglichkeiten zurückbleiben. Ich war gut drauf und ich habe gespürt, dass es eine realistische Chance gab zu gewinnen.

Meine Anspannung war enorm hoch. Meine üblichen Routinen sollten es richten und mich beruhigen: das Einspielen mit meinem Trainer, das Zeitlassen zwischen Training und Match – um mich umzuziehen und mein Equipment penibel herzurichten –, meine gewohnten Aufwärmübungen unmittelbar vor dem Match, um mich auf Temperatur zu bringen.

All das wollte an diesem Tag aber nicht helfen. Kurz vor dem Spiel, also mitten im Aufwärmen, wandte ich mich an meinen Trainer. Ich habe ihm erklärt, dass ich mich viel zu angespannt fühle, und ihn um ein paar Minuten unter vier Augen gebeten; ein Gespräch in einer ruhigen Nische, irgendwo in den Katakomben der Rod Laver Arena, weit weg von all den anderen Spielerinnen, die gerade durch die Gänge sprinteten, sich mit ihren Fitness-Coaches Bälle zuwarfen oder an Thera-Bändern® zogen.

16 Brunner (2017a).

Ich wusste, dass ich das brauche, bevor ich in die Arena hinausgehen würde. Dass es mir helfen würde, mit ihm noch einmal zu formulieren, wo wir gemeinsam in diesem Moment meiner Karriere stehen, was wir uns für dieses wichtige Match vornehmen und wie wir es umsetzen wollen. Es ging also einerseits um die taktischen und spielerischen Ziele dieses speziellen Matches, andererseits aber auch um die Bedeutung in einem größeren Zusammenhang.

Nach dem Gespräch war ich klarer im Kopf, ruhiger, alles war sortierter. Ich wusste – und das war sehr wichtig –, wo ich stand und wo wir hinwollten. Der Fahrplan war vor Augen. Jetzt musste ich hinausgehen und ihn umsetzen.

Manchmal hilft es, Zeit strategisch klug zu nutzen, etwa zum kurzen Gespräch vor dem Wettkampf oder in der Pause, um den Kopf auf Reset zu stellen. Auch kann das Spielen mit der Zeit helfen: um den gegnerischen Rhythmus zu durchbrechen und den eigenen wiederzufinden.

Zeit zu gewinnen, heißt, sich wertvolle Momente für die körperliche und gedankliche Regeneration zu sichern: zum Beispiel der Tennisspieler, der seinen Schläger wechselt. Beispielhaft wären aber ebenso Situationen aus ganz anderen Lebensfeldern. Auch der Gesprächsteilnehmer eines Meetings oder einer Versammlung kann sich in der Regel für einen kurzen Toilettengang entschuldigen, um einen klaren Kopf zu bekommen und einen vernünftigen Gedanken zu fassen.

Nicht immer müssen wir Rhythmus ins Chaos bringen, nicht immer haben wir die Tendenz zu überschießender Aktivierung. Mitunter zwingt uns auch Antriebslosigkeit in die Knie. Das kann bis zum Ausmaß einer permanenten Ermüdung reichen, die wiederum Teil einer depressiven Episode sein kann, wie sie als Krankheitsbild im ICD-10, der Diagnoseklassifikation der Weltgesundheitsorganisation, definiert ist.[17]

Der sensible Blick auf die Niedergeschlagenheit vieler Menschen tut durchaus not, allein 4,2 Prozent der Bevölkerung in Deutschland, so eine Erhebung im Jahr 2021, leiden unter einem **Burn-out**-Syndrom[18];

17 Bundesinstitut für Arzneimittel und Medizinprodukte (2019).

18 Statista Research Department (2012).

jeder 25. quält sich also mit dieser Form der Erschöpfung. Und es ist davon auszugehen, dass bei Weitem nicht alle Fälle erfasst sind (dazu mehr in Kap. V).

Bleiben wir bei der unbedenklichen Variante der Antriebslosigkeit, bei temporär unterschwelligem Tonus. Spontanes und schnelles Energetisieren erfordern Situationen immer wieder, vor allem im Startmoment: der 100-Meter-Läufer und die 100-Meter-Schwimmerin vor dem Startsignal, die Ballsportler vor dem Anpfiff, die Rodler, wenn es ab in den Eiskanal geht.

Gut zu sehen ist das sogenannte **Psyching-up** bei Boxern und alpinen Skirennläufern, die sich unmittelbar vor dem Start auf den Brustkorb klopfen, Frauen wie Männer. Skeleton-Olympiasiegerin Hannah Neise schlug sich vor ihren einzelnen Erfolgsfahrten auf die Oberschenkel. Es ist der taktile Weckruf, der den Körper auf hohe Vorstartaktivität bringen soll. Dem wohnt auch ein archaisches Muster inne, die Geste steht für Stärke.

Gut beobachtbar in der etwas einfacher gestrickten Tierwelt, beim Gorillamännchen. Im nicht sportlichen Teil der Öffentlichkeit ist dieses Verhalten leider nicht opportun, sonst täte auch der Manager vor seiner Präsentation noch einmal gut daran, sich kraftschöpfend auf die Brust zu schlagen. Er sollte sich dafür aber besser in die Privatheit seines Büros oder der Toilettenräume zurückziehen.

Oftmals ist die Geste akustisch begleitet, als druckvolle Variante des Selbstgesprächs: „Come on!", wurde zum nationenübergreifenden Motivationsslogan. Die an sich selbst gerichtete Leistungsaufforderung kann aber auch still nach innen gerichtet werden. Gedacht, statt geschrien, muss dabei nicht weniger wirkungsvoll sein. Der Manager müsste dafür auch nicht mehr in diverse Räume entschwinden.

Ebenso dienen der **Aktivierung** schnelle Bewegungen, zum Beispiel das Tänzeln des Tennisspielers auf der Stelle oder die kurzen Sprints des Fußballers vor dem Anpfiff. Auch die bewusste Erhöhung der Atemfrequenz ist aktivierend. Die Autoren Beckmann und Elbe ergänzen die Liste noch um den Einsatz aktivierender Bilder[19] und führen als Beispiel

19 Beckmann & Elbe (2008, S. 66).

eine 400-Meter-Läuferin an, die sich vorstellte, mit der Dynamik eines Pumas über die Bahn zu rennen.

Die Idee dieser visualisierten Aktivierung ist übertragbar auf alle Bereiche des Lebens. Passende bildhafte Inspiration liefert, wie mit dem Puma bereits angedeutet, die Tierwelt – insbesondere, wenn Bewegung eine Rolle spielt. Das Kopfkino-Setting könnte ein Beute jagender Gepard liefern.

Für passende Inspiration sorgt auch die Pflanzenwelt – vor allem, wenn es um Stabilität geht. Für Standhaftigkeit schickt zum Beispiel der Baum passende Metaphern in den Kopf. Womöglich verschafft auch die Vorstellung jubelnder Menschenmassen einen Widerpart zur gefühlten Tristesse, wie sie von vielen Sportlern empfunden wurde, als Stadien virusbedingt ihre Tore schließen mussten.

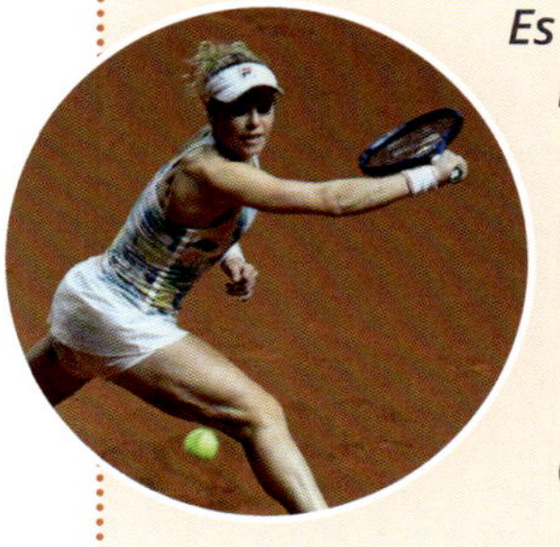

Es war alles andere als leicht, während der Corona-Pandemie ohne Zuschauer vor leeren Rängen zu spielen. Es fehlte das „Tamtam", das einen großen Einfluss auf das subjektive Empfinden der bevorstehenden Aufgabe hat. Es gab keine Pre-Interviews vor dem Match oder gar vor dem Turnier, auch die große Show beim Einlaufen fiel Corona zum Opfer.

Ich hatte auf dem Platz oft das Gefühl, dass Spannung fehlt und dass das Aktivierungsniveau nicht im Verhältnis zur Relevanz der Aufgabe steht. Man musste sich gezielt klarmachen, welche Wichtigkeit ein Punkt oder ein Spiel hatte, um seine Aktivierung entsprechend zu steigern.

Bei den French Open im Oktober 2020 habe ich zwar mein bestes Grand-Slam-Ergebnis überhaupt erzielt, der Weg dorthin war aber ganz schön steinig: Miserable Wetterbedingungen und leere Tribünen machten meinem Körper und Geist sehr zu schaffen. Ohne die Energie der Zuschauer, die so großartige Atmosphäre bei einem Grand-Slam-Turnier und die damit einhergehende Anspannung war es schwer, konzentriert zu bleiben. Alles fühlte sich irgendwie lasch an, unmotiviert.

In vielen Situationen hat mir die nötige Spannung gefehlt, die eine bestmögliche Leistung braucht. Es war egal, ob man den Ballwechsel seines Lebens spielte oder einen gravierenden Fehler machte, so oder so gab es keine Zuschauerreaktion. Es blieb totenstill auf dem Platz.

Als ich in einem meiner ersten Matches im ersten Satz weit hinten lag, war mein Aktivierungsniveau gefühlt am Nullpunkt angelangt. Ich habe eine ungewöhnliche Strategie gewählt. Normalerweise würde ich vor den Big Points keinesfalls daran denken wollen, um wie viele Ranglistenpunkte, um wie viel Geld und um wie viel Prestige es beim nächsten Punkt geht.

Aber genau das habe ich in diesem Moment ohne Spannung und Puls gebraucht: die Relevanz des nächsten Punktes zu spüren, im Kopf und im Körper. Die nötige Anspannung konstruieren, wenn sie sich schon nicht von allein ergab.

Ich machte kurze Sprints und Tappings auf dem Platz, habe bewusst schneller und flacher geatmet und versucht, damit den Puls zu erhöhen. Und gleichzeitig habe ich darüber nachgedacht, wie wichtig dieser nächste Punkt war, welche Bedeutung der Sieg oder die Niederlage in dieser Partie für meine Karriere hatten.

Ganz klar: Es war kurios und genau das Gegenteil von dem, was ich unter normalen Umständen in einer vergleichbaren Situation tun würde, aber es war in diesem Moment meine Rettung und hat funktioniert.

Und dann ist da noch die Kraft der **Musik**. Blickt man beispielsweise in das Stadionrund während der Olympischen Spiele, sieht man viele Athletinnen und Athleten, liegend, sitzend, laufend, mit geschlossenen wie mit offenen Augen, mit Handtuch über dem Kopf oder nur über den Schultern und eben Musik auf den Ohren. Hier mag sich der eine oder andere Sportler mit Influencer-Ambitionen untermischen, der sich dem Ziel verpflichtet fühlt, seine Kopfhörermarke in die Kamera zu halten. Doch auch er wird, wie all die anderen im Stadionrund, den Effekt der Musik nutzen.

Über die Wirkung von Musik auf unsere Gefühle gibt es Belege, die sich bis in die Antike zurückverfolgen lassen.[20] Schon lange widmet sich die Forschung den Möglichkeiten von Bass und Beat und hat herausgefunden, „dass eine Musik, die ein starkes Erlebnismaximum innerhalb des Stücks und eine langsame, aber starke Steigerung zum Ende besitzt, als sehr lustvoll erlebt werden wird"[21], so das Autorenteam um Herbert Bruhn. „Lustvolle Bewegungsempfindungen", so weiter, lassen sich im Hirn auslösen, wenn laute Musik über 90 Dezibel gehört wird. Die Forscher beziehen sich dabei auf Neil McAngus Todd, der hier plakativ von der „rock and roll threshold", der Rock-and-Roll-Schwelle spricht. Auslöser sei der Sacculus, der zum Vestibularsystem im Kopf gehört, das im Körper ansonsten für das Gleichgewicht zuständig ist.

Musik kann dem Verstand dienen, sich zu organisieren und „reduziert daher psychische Entropie oder die Unordnung, die wir erleben, wenn zufällige Informationen mit unseren Zielen in Konflikt geraten"[22], sagt Glücksforscher Mihaly Csikszentmihalyi. „Musik kann Flow auslösen."

Es ist also weit mehr als Gefühlsduselei, wenn man sich der Musik bedient, um bestimmte Momente erinnerbar zu machen oder sich von den Wellen der Musik in bestimmte Gefühlsregionen tragen lässt.

Das kennt auch der weltbekannte deutsche Jazzmusiker Klaus Doldinger. Er schätzt es, wenn die Teilnehmer einer Jam-Session mit Elan bei der Sache sind. „Wenn die Musiker, mit denen ich spielen darf, Entsprechendes mitbringen, dann werde ich mitgerissen. Das bringt Bewegung in mich."[23]

Menschen sitzen mit feuchten Augen in der Oper und fühlen sich gefangen von der Ouvertüre, die vom Orchester gespielt wird, Fans im Fußballstadion schmettern emotional die Clubhymne hinaus, die Nationalhymne verleiht dem Moment der Ehrung seinen feierlichen Rahmen; allein der filmische Einsatz eines Herzschlags, der unter die Bilder gelegt wird, sorgt für Dramaturgie, die Bilder werden zur Nebensache.

20 Bruhn et al. (2008, S. 548).
21 Ebd., S. 526, zitiert nach McAngus Todd (2000).
22 Csikszentmihalyi (2017, S. 175).
23 Brunner (2017b, S. 83).

Ron-Thorben Hoffmann, Vertragstorhüter des FC Bayern München, ausgeliehen nach England an den AFC Sunderland, beschreibt das Gänsehautgefühl im Interview mit der *Süddeutschen Zeitung*: wie die Fans vor dem Spielanpfiff den Elvis-Klassiker „Can't help falling in love" singen. „Im Anschluss schreien sie ‚Sunderland!' – und zwar so laut, dass für einen Moment das ganze Stadion bebt."[24]

Und eine wichtige wissenschaftliche Erkenntnis sei noch angefügt. Beckmann und Elbe geben zu bedenken, dass die Leistung weniger von der körperlichen Erregung als von der **individuellen Situationsbewertung** des Sportlers abhängt. Das bezieht sich auch auf die Einordnung der eigenen Wettkampfspannung. Wird sie als zu hoch eingestuft und zu unerwünschter Nervosität hochstilisiert, kann das die selbstbewusste Handlungsorientierung hemmen.[25]

Wird die gleiche Anspannung indes als notwendige Reaktion auf eine Herausforderung interpretiert, kann sich daraus Motivation und Handlungsfokussierung ergeben. Wir kommen, so viel steht nach all den Ausführungen fest, um die Erkenntnis nicht umhin: „Dieser erste Schuss kann schon ein wichtiges Gefühl vermitteln", beschreibt Sportschützin und Goldmedaillengewinnerin Barbara Engleder den wohltuenden ersten Eindruck. „War er gut, komme ich viel besser in den Wettkampf."

DIE ANGST DAS FÜRCHTEN LEHREN

Ein gänzlich unerwünschtes Gefühl vor dem Start ist die **Angst**, die mit ganz unterschiedlichem Vokabular umschrieben wird und unbedingt zu differenzieren ist. **Nervosität, Schüchternheit, Aufregung** und **Lampenfieber** sind zum Beispiel Begriffe, die im Dunstkreis der Angst genannt werden. Die Abgrenzungen sind indes nicht immer leicht. Der Übergang etwa von Lampenfieber zu Auftrittsangst, betrachtet bei Musikern, „verläuft fließend"[26].

Wie wir das Gefühl auch etikettieren, entscheidend ist, ab welchem Maß es uns an unserer Aufgabenerfüllung hindert. Und dann stellt sich kon-

24 Hopper (2021, S. 26).
25 Beckmann & Elbe (2008, S. 56f.)
26 Mumm et al. (2020, S. 75).

sequenterweise die Frage, ob und gegebenenfalls wann und wie oft wir dieses Maß erreichen. Diese kritische Grenze zu kennen, ist also entscheidend.

Grenzen, das weiß man aus dem Alltag, lassen sich nicht einfach hin- und herschieben. Grenzen, auch das ist aus dem Alltag bekannt, können aber gemieden oder manchmal umgangen werden.

Und an dieser Stelle wird es interessant, wir können unsere Möglichkeiten ermitteln, unerwünschte Gefühlslagen zu vermeiden – wenngleich sich der Sport hier in einer Hinsicht von den meisten anderen Präsentationsfeldern unterscheidet: Er ist von Haus aus kompetitiv angelegt. Das Schauspiel oder die Musik, die ebenso von ihrer öffentlichen Darbietung leben, befinden sich im Normalfall nicht im Wettstreit.

Spitzen wir trotzdem mal bei den Musikern durchs Schlüsselloch. Wie gehen sie mit **Auftrittsängsten** um? Der unruhige Finger auf dem Griffbrett der Violine ist ja ebenso desaströs wie der wacklige Ton im Gesang. Ein Zittern als körperlicher Ausdruck innerer Dysbalance ist also unbedingt zu vermeiden.

„Die Schauspielerei ist ein Angstberuf", sagte der berühmte Theaterschauspieler Nicholas Ofczarek im Januar 2022 im Interview. „Beim Proben waren Angst und Scham mein ständiger Begleiter."[27]

Und das Ensemble-Mitglied des Wiener Burgtheaters schildert einen weiteren, oft ungesehenen Aspekt der Angst: die damit einhergehende Ermüdung. „Ständig von Angst übermannt zu werden, ist sehr erschöpfend." Sich der Angst zu entledigen oder sie zumindest zu mildern und zu lernen, mit ihr umzugehen, ist ein erstrebenswertes, aber natürlich nicht ganz leichtes Unterfangen – immer bedenkend, dass sich einer unterschwelligen Vorstartangst auch ein aufmerksamkeitsaktivierender Nutzen abgewinnen lässt.

Eine Form der Angstbekämpfung besteht in der systematischen Desensibilisierung, in der sich der Betroffene mit Angstsituationen – hierarchisch gegliedert – konfrontiert, gedanklich oder visuell über Fotos und Videos. Beginnend mit dem schwächsten Angstauslöser, wird versucht,

27 Michaelsen (2022).

sich Stück um Stück widerstandsfähig gegen spezifische Lebensmomente zu machen: die **Resilienz** zu steigern, wie es im Fachjargon heißt.

Entspannungstechniken als bewährte Methode

Und wie holt sich der Burgtheater-Schauspieler aus der Gefühlsmisere? „So oft es geht, sage ich mir: ‚Niki, du weißt, es ist okay, jedes Mal wieder bei null zu beginnen.'" Früher habe er sich zudem mit **Entspannungsübungen** geholfen. Eine intuitiv vernünftige Wahl, bestätigt wird die Wirkung auch vom Autorengespann um die Psychologin Jennifer Mumm, die seit 2018 am Berliner Centrum für Musikermedizin an der Charité forscht.

Entspannung helfe, Angst zu bewältigen, das allgemeine Wohlbefinden zu erhöhen und der Anstrengung generell einen Ausgleich entgegenzusetzen.[28]

Einen hochinteressanten Aspekt ergänzt Österreicher Ofczarek noch: „Das Seltsame ist, dass ich ganz ruhig werde, wenn sich bei den Endproben das Auditorium füllt. Durch das Publikum fühle ich mich geschützt, und die Angst ist schlagartig weg." Hand aufs Herz: Wer käme schon auf die Idee, die Menschengruppe, die für Verunsicherung und Angst verantwortlich zeichnet, ins pure Gegenteil zu verkehren und zu einem therapeutischen Team zu machen, das Geborgenheit und Sicherheit gibt?!

Alles, was Sorgen bereitet, lässt sich natürlich nicht im Handumdrehen zum neuen Glücksbringer umfunktionieren. Doch der hier so eindrucksvoll geschilderte Schwenk muss nicht auf einen Vom-Schwarzen-ins-Weiße-Wechsel reduziert werden.

Näherliegend und damit auch etwas weniger kurios wird es, wenn wir uns ein sachtes Verschieben auf einem Kontinuum vorstellen. Ganz im Sinne des israelisch-amerikanischen Medizinsoziologen Aaron Antonovsky, der in den 1970er-Jahren den Begriff der **Salutogenese** prägte und damit einen fließenden Übergang von Krankheit zu Gesundheit

---

28 Mumm et al. (2020).

meinte.[29] Es also ausschloss, die beiden offenbar gegensätzlichen Begriffe in dieser dichotomen Sicht zuzulassen. Man sei nicht ausschließlich das eine oder das andere, man trage vielmehr Anteile von beidem in sich.

Die Übertragung auf Bühnen- und Vorstartangst auf der einen, sowie auf Selbstsicherheit und -vertrauen auf der anderen Seite birgt hier Chancen. Ohnehin wurde das sprichwörtliche Schwarz-Weiß-Denken längst als pauschalisierendes und damit unpassendes Kategoriensystem disqualifiziert. Nach wie vor schleicht es sich allerdings als lästiges Bewertungsschema in unser Bewusstsein. Antonovskys Anregung sollte uns ausreichenden Anlass geben, uns davon loszusagen und differenzierende Maßstäbe anzusetzen.

Die Angst hat den garstigen Wunsch, sich breitzumachen und alles andere zu überlagern. Dem widerstehen wir ab sofort allein schon in dem Bewusstsein, dass unser ja ebenso veranlagtes Selbstbewusstsein nicht verschwindet, nur weil die Angst es ersticken möchte. Wir üben uns also darin, unsere Gefühle auf einem Kontinuum zu sehen und den Regler mit Bedacht Stück um Stück in die gewünschte Richtung zu schieben.

So muss es wohl auch Helene Fischer gemacht haben. Früher in ihrer Karriere habe sie ein bevorstehender Auftritt durchaus nervös gemacht. Daraus sei über die Jahre dann aber „pure Vorfreude“ entstanden. Das erzählte sie Interviewer Sven Gätjen im November 2021 im *Sat.1*-Gespräch und sie ergänzte, dass die Grundanspannung, die sie vor Auftritten spüre, gleichzeitig auch „wahnsinnig beflügelnd ist“.

Auch hier mag man sich fragen, wie sich Nervosität einfach in Vorfreude transformieren lasse. Dem Gedanken wohnt der gleiche, oben schon angesprochene, Impuls inne, sich auf einem Kontinuum zu betrachten.

- Was verstehen wir überhaupt unter Angst?
- Wann wird sie zum Problem, wann ist sie gar pathologisch?

Zu Recht sollte uns Angst dann Sorgen bereiten, „wenn sie in objektiv ungefährlichen Situationen auftritt, wir sie nicht bewältigen können und

29 Antonovsky (1997).

sie zu Leistungseinbußen und subjektivem Leid führt"[30]. Dann, wenn der Zustand „durch eine quälende, überdauernde Angst gekennzeichnet ist oder durch unangemessene Verhaltensweisen zum Abbau der Angst"[31].

Die Angst verstehen lernen

Ängste lassen sich mitunter evolutionsbiologisch herleiten, auch scheinen manche Menschen „genetisch mehr als andere dafür prädisponiert zu sein, bestimmte Dinge zu fürchten und Angst zu entwickeln"[32]. Erst das wiederholte Auftreten von Angst-Episoden kann Beleg für eine dauerhafte Störung sein.

Phobien, Panik-, Zwangs- und posttraumatische Belastungsstörungen etwa kennzeichnen eine krankhafte Angst-Ausprägung und werden im Folgenden nicht weiter ausgeführt. Die einzelne Episode, etwa eine **Panikattacke**, muss trotzdem ernst genommen werden. Sie kann „einen wichtigen Hinweis auf eine mögliche Überlastung liefern"[33].

Auch Anpassungsstörungen zeigen sich immer wieder. Sie können zum Beispiel durch einen Wechsel des Arbeitsplatzes oder des Trainingsstandortes hervorgerufen werden.

Im sportlichen Kontext werden **State Anxiety** und **Trait Anxiety** unterschieden, die **Zustandsangst** und die generelle **Ängstlichkeit**. Die Zustandsangst wird hervorgerufen durch bedrohlich erlebte Situationen, etwa wenn das Spiel gegen den Angstgegner ansteht. Oder wenn wir an einem uns unbekannten Ort antreten müssen. Oder wenn uns die Verletzungsangst hemmt. Oder wenn wir Angst haben, uns zu blamieren, weil uns das Vertrauen in die Aufgabe fehlt.

Wir fühlen uns überfordert, wir sind verunsichert. Angstgegner, Verletzungsangst, Angst vor der Blamage, dem Versagen, dem Imageverlust, dem sozialen Abstieg – die Übermacht des Gefühls ist erdrückend.

---

30 Mumm et al. (2020, S. 75).

31 Myers (2008, S. 756).

32 Ebd., (S. 763).

33 Staufenbiel et al. (2019).

Die Zustandsangst hat einen kognitiven Anteil – das Befürchten – und einen somatischen Anteil – in dem sich das Wahrnehmen der eigenen Aufgeregtheit spiegelt, abzulesen an Muskelanspannung und erhöhtem Puls.[34] Die permanenten Leistungssituationen im Sport führen zu vielen solchen Momenten. Leistungssituationen begegnen uns aber letztlich in allen Lebenskontexten, in denen uns etwas abverlangt wird.

Anders verhält es sich mit der Ängstlichkeit, die als überdauernde Persönlichkeitsdisposition im Menschen stecken kann – in dieser Funktion aber auch Zustandsangst zu provozieren vermag. Denn wer ängstlich ist, fühlt sich auch schneller bedroht. Hier mehr über die Veranlagung des Athleten zu erfahren, das liegt auf der Hand, ist sinnvoll.

Leistungsdiagnose per Fragebogen

Zu beiden Formen der Angst – der Angst als Zustand und der Angst als Eigenschaft – gibt es standardisierte Fragebögen, die der Persönlichkeitserfassung des Athleten dienen und Grundlage einer Leistungsdiagnostik bilden können.

Angst ist, darüber herrscht weitgehend Einigkeit, erst einmal kein guter Berater, wenn es ums Ausschöpfen des Leistungsvermögens geht. Denn: „Lockerheit geht verloren, die Bewegungskoordination leidet; häufig werden keine situationsangemessenen Entscheidungen getroffen; keine optimale Einstellung auf die nächste Aufgabe; Lernen wird beeinträchtigt."[35]

Wird Angst zum stetig wiederkehrenden Gefühl, tritt in der Regel eine zusätzliche Variante in Erscheinung, auf die man nun wirklich ganz und gar verzichten möchte: die **Erwartungsangst**, eine Angst vor der Angst. Diese tritt nicht nur früher als die eigentliche Angst in Erscheinung, sie ebnet den Weg zur Angst auch im Sinne einer sich selbst erfüllenden Prophezeiung.

---

34 Güllich & Krüger (2013, S. 296).

35 Beckmann & Elbe (2008, S. 119).

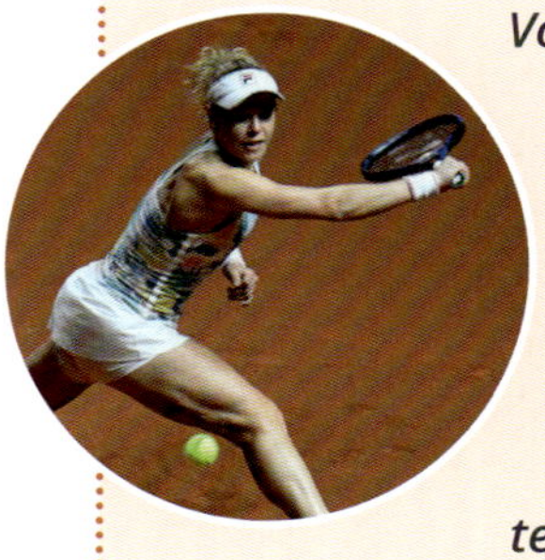

Vor meinen Matches war und bin ich im Normalfall extrem nervös. Nervosität und Angst liegen sehr nah beieinander, die Übergänge sind fließend. Ängste und Zweifel waren für mich immer ein ständiger Begleiter. Das ist auch nichts, wofür man sich schämen müsste. Im Gegenteil. Ich glaube, dass die meisten Hochleister Ängste und Zweifel haben, nicht zuletzt, weil sie Perfektionisten sind und nur das Beste für gut genug halten. Manche lassen es sich nur weniger anmerken als andere.

Um mich zu steigern, war es sehr wichtig zu lernen, wie ich mit diesen Gefühlen souveräner umgehen kann. Im Tennis kann man Angst davor haben, schlecht zu spielen, und daran zweifeln, sein Potenzial voll abrufen zu können und dadurch zu verlieren. Im Verlauf des Matches können sich Befürchtungen einstellen, erarbeitete Chancen ungenutzt zu lassen, alles schon auf dem Silbertablett vor sich liegen zu sehen und doch noch zu versagen – beispielsweise bei einer 5:2-Führung im dritten Satz in einem wichtigen Match.

Nicht selten glaubt man, eine zu erwartende Schmach bereits in einer Phase des Spiels zu spüren, in der man sich noch gar nicht viel hat zuschulden kommen lassen. Nervosität, Angst und Zweifel fangen im Kopf an, befallen aber schnell den Körper: Sie aktivieren uns übermäßig, machen hibbelig. Es wird schwer, dann wieder zur Ruhe zu kommen und im Kopf klar zu bleiben.

Im schlimmsten Fall kann einen die Angst lähmen, sodass man den Zugriff auf seinen Körper verliert. Kritisch wird es, wenn man Angst und Scheitern schon antizipiert und sie dann als Folge einer Selffulfilling Prophecy tatsächlich eintreten.

„Die Sache mit dem Brechreiz, es ist das erste Mal, dass ich darüber spreche" – so die Überschrift über dem *Spiegel*-Interview mit dem Profi-Fußballer Per Mertesacker am 9. März 2018.[36] Angeblich würde er auch vor Spielen mit dem rechten Fuß zittern, in einem Ausmaß, dass die ganze Bettdecke raschelt. Mertesacker spricht von Druck und von der

36 Windmann (2018).

Angst, davon, „dass du immer wieder zur Anzeigetafel guckst, die Minuten zählst. Aber bei der WM, das war unmenschlich".

Er ist kein Einzelfall, aber darüber spricht man insbesondere in der Fußball-Community nicht. Das Kaschieren und Verheimlichen der Szene hat schlimme Folgen. 2009 ist der Torhüter Robert Enke gestorben. Seine Depressionen hatte er für sich behalten. Angst im doppelten Sinne wurde ihm zum Verhängnis: die Ängste, die ihn depressiv werden ließen. Und die Angst, damit an die Öffentlichkeit zu gehen.

Es ist ein Teufelskreis. Und Teufelskreise gibt es in diesen Kontexten häufig. Der von Therapeuten zur Transparenz eingesetzte „Teufelskreis der Angst" ist auch im Sport anwendbar. Wir setzen ihn aber erst einmal etwas milder, als „Teufelskreis der Unsicherheit" an.

Ein denkbarer Verlauf: Der als später Joker eingewechselte Fußballer ist ohnehin nervös, muss sein Können jetzt komprimiert in kurzer Zeit unter Beweis stellen. Die ersten zwei Ballkontakte verlaufen unglücklich: Den ersten Pass spielt er nicht dem Mitspieler, sondern dem Gegner in die Füße, der zweite Pass geht ins Aus. Der Eingewechselte fängt an, an sich zu zweifeln. Gleichzeitig geht er davon aus, dass sein schwacher Einstieg auch dem Zuschauer nicht verborgen geblieben ist. Und dem Trainer sowieso nicht. „Bereut er meine Einwechslung gar schon?"

Die Gedanken lenken vom Spiel ab, der Fokus geht verloren, es geht bergab mit der Psyche. Auch die Physis bekommt Schlagseite, die Bewegungen werden fahrig. An ein präzises wie überlegtes Zuspiel ist kaum mehr zu denken. Mit der Ruhe geht auch der Überblick über das Spiel verloren. Die Nervosität erreicht ihr nächstes Level und der Teufelskreis zieht die nächste Schlinge um sein Opfer.

Je früher man diesen Teufelskreis durchbricht, desto leichter ist es. Am besten wäre es im genannten Beispiel, wenn es dem Fußballer gelänge, den Gedankenautomatismus gleich nach seinem zweiten Fehlpass zu durchbrechen. Sich nicht in Zuschauer- und Trainerperspektiven zu begeben – die damit verbundenen Gedankenspiele wären sowieso nur spekulativ, also keinesfalls verlässlich –, sondern in der eigenen Perspektive zu bleiben; und den Verstand regulierend etwa feststellen lassen, dass zwei von zwei Ballkontakten noch keine statistische Relevanz fürs eigene Spiel haben.

Wir können uns gar nicht häufig genug darin trainieren, die Dinge zu relativieren. Und umzudeuten. Die Psychologen Beckmann und Elbe empfehlen, das Gefahrenpotenzial zu analysieren und ihm dann lieber den Titel „Furcht" zu geben. Denn unter ihr „wird eine emotionale Reaktion auf konkrete, gut identifizierbare Reize verstanden, die Gefahr signalisieren. Demzufolge kann Furcht in spezifische, den Gefahrenreizen entsprechende Vermeidungsreaktionen kanalisiert und damit abgebaut werden"[37]. Die Angst umzudeuten, ihr mit einer anderen Haltung entgegenzutreten – hierin steckt ein probates Mittel, das vielen Athleten hilft.

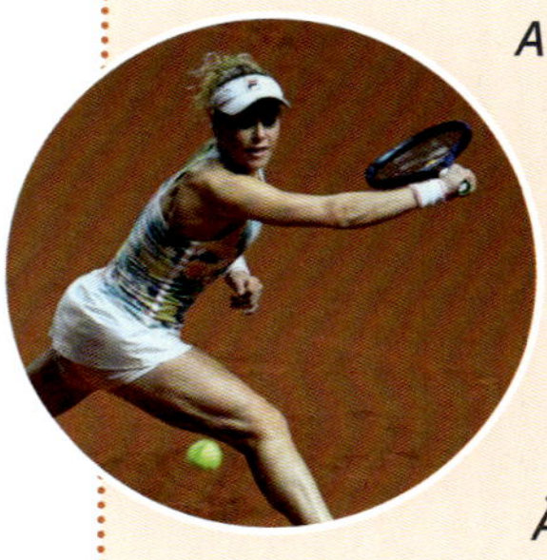

Auch wenn es sich in den Stunden und Minuten vor einem Match wahnsinnig unangenehm anfühlt, so weiß ich einfach mittlerweile, dass eine recht hohe Anspannung und Nervosität für meine optimale Performance notwendig ist.

In meiner Karriere haben mir drei Schritte geholfen, sowohl mit Nervosität als auch mit Ängsten und Zweifeln umzugehen.

- *Erster Schritt: verstehen, woher die Gefühle kommen.*
- *Zweiter Schritt: die Gefühle akzeptieren.*
- *Dritter Schritt: die Gefühle bewusst angehen.*

Zum „Verstehen": *Es half mir, einen großen Schritt weiter zu verstehen, woher die Ängste und Zweifel kamen, was wirklich dahintersteckte.*

- *Woher rührt die Angst, dieses Finale zu verlieren?*
- *Ist es das Match an sich?*
- *Liegt es an der spezifischen Gegnerin?*
- *Oder fürchtet man, die Chance zu verpassen, ein Turnier zu gewinnen?*

Angst entsteht oft durch das immense Gefühl der Einmaligkeit, das Gefühl, eine einzige Chance zu haben und diese Chance womöglich nie wieder zu bekommen.

37 Beckmann & Elbe (2008, S. 119).

Werden Angst und Zweifel zu groß, suche ich das Gespräch mit einer vertrauten Person, zum Beispiel mit meinem Trainer oder meinem Sportpsychologen. Oft stellt sich heraus, dass die Befürchtungen nur zum Teil begründet sind.

Etwa, dass bereits das Erreichen des Finales ein grandioser Erfolg ist und es eher ein toller Bonus wäre, es auch noch zu gewinnen. Oder dass es sehr realistisch ist, davon auszugehen, dass ich auch weitere Endspiele erreichen werde. Von einer Einmaligkeit zu sprechen, wäre allzu pessimistisch.

Zum „Akzeptieren": *Wenn ich die tieferen Ursachen meiner Ängste und Zweifel kenne, fällt es mir auch leichter, sie zu akzeptieren. Es gibt Menschen, die machen sich weniger Gedanken und haben daher weniger Sorgen. Ich gehöre jedoch zu den Überdenkern und muss akzeptieren, dass mich Ängste und Zweifel immer begleiten werden.*

So sehe ich Nervosität, Angst und Zweifel mehr als Teil meiner persönlichen Challenge, die ich genauso wie körperliche und taktische Herausforderungen zu überwinden habe.

Zum „bewussten Angehen": *Ich bearbeite Ängste, Nervosität und Zweifel proaktiv und personalisiere sie zum Beispiel als Freunde – vor den Matches und auch währenddessen. In meiner Gedankenwelt erwarte ich ihren Besuch. Ich komme ihnen also zuvor, bin vorbereitet und habe bereits den imaginären Kaffeetisch für sie gedeckt.*

Es folgt ein kurzer Smalltalk:

- *Wo sie gerade herkämen?*
- *Was sie mir zu erzählen hätten?*

Ich höre geduldig zu, mache dann aber auch schnell klar, dass wir hier in meinem Haus sind und ich gerade wirklich Wichtiges zu erledigen habe – zum Beispiel ein Finale zu gewinnen.

Dann gibt es zwei Möglichkeiten: Entweder ich begleite sie noch schnell zur Tür und verabschiede sie wieder aus meinen Gedanken, oder sie bleiben und bestreiten gemeinsam mit mir das Match. Sozusagen als Team. Die Gefühle zu personifizieren, ist eine klassische Strategie aus der angewandten Psychologie, die für den einen oder anderen merkwürdig klingen mag. Für mich funktioniert es.

Betrachten wir die kleine Schwester der Angst etwas näher: die **Nervosität**. Ihr Bekanntheitsgrad schlägt wohl alle Rekorde. Kaum einer, der sie nicht wenigstens in einer leichten Variante kennengelernt hat. Und kaum einer, der sie nicht verflucht und sich gegen sie immunisieren möchte.

Genau das macht es aber meistens nur noch schlimmer. Wer mit seiner Nervosität hadert, gerät üblicherweise in einen unliebsamen Strudel. Nicht nur die Nervosität ist es nunmehr, die einen zu drangsalieren scheint, hinzu drängt sich der unaufhörliche Gedanke an die eigene Nervosität, der Gedanke daran, nervös und damit geschwächt zu sein. Wut und Ärger über sich selbst setzen ein. Das Resultat: eine Negativspirale.

Dabei könnten wir der Nervosität recht leicht ihre bedrohliche Maske entreißen. Oft ist die Nervosität nämlich gar nicht so schlimm, wie sie sich anfühlt.

Schritt eins: Wir stellen uns nicht mehr dumm und verstehen, dass die Nervosität etwas Natürliches ist. Sie als normale Reaktion zu begreifen, die sich allen Menschen in Performance-Situationen als vermeintliche Hürde in den Weg schiebt, hilft ungemein.

Damit folgt automatisch Schritt zwei: Wir akzeptieren die Nervosität als gegebenen Begleiter, der sich nicht einfach eliminieren lässt – ähnlich den Voreinstellungen in unserem Computer.

Auch Schritt drei ergibt sich dann von allein: die Erkenntnis, dass Nervosität keine exotische Erscheinung ist und ich damit auch kein schwächelnder Performer bin.

In Schritt vier überhöhen wir die Nervosität sogar und sehen in ihr ein wichtiges Signal, ein Mich-an-der-Schulter-Packen, um mir deutlich zu machen, dass ein wichtiger Moment bevorsteht. Ich soll wachsam sein, klar, konzentriert.

Auch wenn die Nervosität nach all diesen Schritten schon vernünftig verortet ist, gebe ich ihr in Schritt fünf noch einen unbelasteten, aber sehr passenden, neuen Namen. Ich mache aus ihr eine *hilfreiche Anspannung* – mit der ich dann auch begrifflich vom ersten Augenblick an im Reinen bin. Best Buddy mit meiner Nervosität, was für ein Luxus!

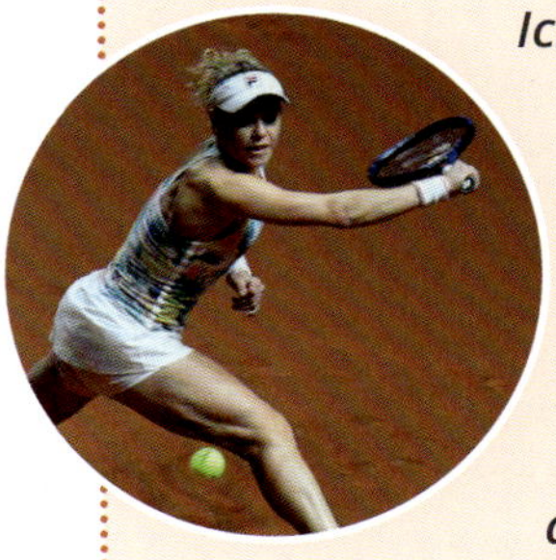

Ich habe mich früher sehr darüber geärgert, dass ich vor meinen Spielen übermäßig nervös war. Gern wäre ich die Matches cooler angegangen. Ich dachte immer, alle anderen sind so entspannt, bloß ich nicht.

Dann hatte ich ein Gespräch mit der Sportpsychologin der WTA Tour, mit der ich über die Jahre angefangen hatte zu arbeiten. Sie steht uns Spielerinnen auf einigen großen Turnieren vor Ort zur Verfügung. Als sie mir erzählte, dass die meisten Spielerinnen enorme Nervosität vor ihren Matches empfanden und solche Gespräche für sie an der Tagesordnung waren, veränderte das meine Einschätzung.

„Mach dich nicht kleiner, als du bist!", denke ich mir seitdem. Die anderen kämpfen schließlich mit den gleichen Problemen wie du, auch wenn man es ihnen nicht ansieht. Entscheidend ist, wer besser mit ihnen umgeht.

Meine Nervosität ist durch diese Erkenntnis zwar nicht verschwunden, aber ich gehe jetzt anders mit ihr um. Ich rege mich nicht mehr über sie auf, vergeude nicht unnötig Energie, sondern versuche, die Nervosität zu akzeptieren und im besten Fall sogar zu nutzen: als Aktivator und Antriebsfeder, als Signal meines Körpers an mich, dass ich bereit bin und mir die bevorstehende Aufgabe wirklich wichtig ist.

Denn eines wurde mir auch klar: Die mit Abstand schlechtesten Matches hatte ich über die Jahre immer dann gespielt, wenn ich zu locker, zu positiv, zu sorglos war.

Zu guter Letzt dienen der eigenen Beruhigung natürlich auch verschiedene Formen der Entspannung. Das kann der Spaziergang sein, die Runde Schwimmen im See, das Genießen bestimmter Musik, ein Schaumbad mit ätherischen Ölen, auch das Treffen mit Freunden. Die Aufzählung ist endlos, es kursieren viele „Listen angenehmer Tätigkeiten" – allesamt angelehnt an den psychotherapeutischen Umgang mit Depressionen –, um herauszufinden, in welchen Phasen gedrückter Stimmung eine Milderung denkbar wäre.

Aber auch eigens entwickelte **Entspannungstechniken** und **Achtsamkeitsverfahren** entfachen Wirkung. Es ist nachgewiesen, wie oben bereits erwähnt, dass etwa autogenes Training, Meditation und Atemtechniken der Angstbewältigung zuträglich sind. Allein schon, sich Wärme vorzustellen, kann Muskeln dazu animieren, sich zu entspannen.

Doch bei aller Einflussnahme durch die diversen Verfahren: Wir müssen das Gefühl hüten, dass Nervosität ein Art Leistungsbaustein ist. „Wenn ich nicht nervös war, lief es nicht", sagt Barbara Engleder, die Sportschützin, die bei den Olympischen Spielen 2016 in Rio de Janeiro Gold holte. „Nervosität muss sein, sonst geht die Aufmerksamkeit verloren."

Und Jeff Greenwald zitiert passend dazu Basketball-Legende Michael Air Jordan: „The day I don't feel nervous is the day I know I must quit the game of basketball."[38]

Es geht also nur mit Nervosität. Und dann zitiert er noch Pete Sampras, die ehemalige Nummer eins der Tennis-Weltrangliste. Was er nach dem Beenden seiner Karriere am meisten vermisse? Es sei, soll er dem Magazin *Inside Tennis* gegenüber gesagt haben, die Nervosität, die ihm vor dem Wimbledon-Finale das Gefühl gab, sich übergeben zu müssen.

„Embracing the feeling of pressure", das helfe, so Greenwald. Es erhöhe die Gewinnchance, wenn es gelingt, das Gefühl von Druck nicht nur anzunehmen, sondern am besten gleich zu umarmen. Wenn man glaubt, mit dem Rücken zur Wand zu stehen, gerade dann muss man sich besonders aufrecht und groß geben. Gerade dann muss man sich sagen, dass man den Moment liebe und genau jetzt nirgendwo sonst sein möchte.

DIE EIGENE ATMOSPHÄRE SCHAFFEN

„Du gewinnst oder verlierst das Spiel, bevor du überhaupt rausgehst." So hat es Venus Williams einmal formuliert.[39] Die Qualität der Zeit vor einem Match zählt, eine durchdachte Vorbereitung ist essenziell. „Im Wesentlichen versuche ich", so hat es Kobe Bryant beschrieben, „die

38 Greenwald (2007, S. 4f.).

39 Williams (2020).

Energie der Umgebung zu fühlen und sie durch mich hindurchfließen zu lassen. Das treibt mich an und schürt mein Verlangen, gut zu spielen."[40]

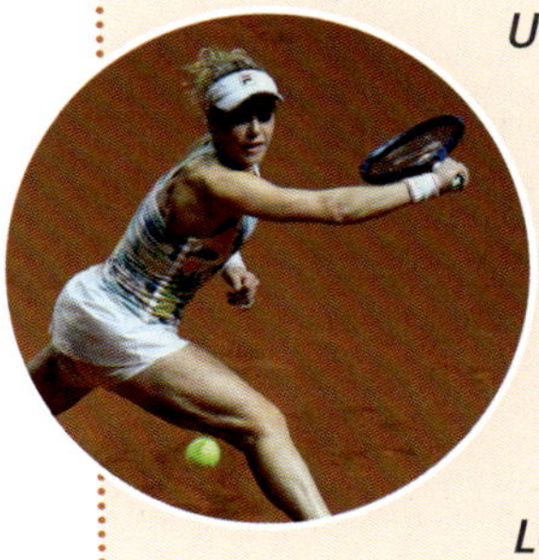

Und diese Vorbereitung ist auch sehr individuell. Es gibt Spieler, die wollen es vor dem Match eher entspannt, sich kurz einschlagen, noch etwas essen und los geht's. Andere spielen lange am Handy oder schauen sich im Umkleideraum auf den großen Bildschirmen die Matches der anderen an. Wieder andere mögen es möglichst locker, spielen Karten mit ihrem Team in der Players' Lounge und versuchen, durch eine Mischung aus Lachen und Entspanntheit ihr eigenes Aktivierungsniveau auf einem nicht zu hohen, aber angenehmen Level zu halten.

Und dann gibt es die Akribiker, zu denen gehöre ich. Wir wollen, selbst wenn das Match erst um 20 Uhr stattfindet, den ganzen Tag, ja sogar schon den Abend zuvor, perfekt auf den Matchstart ausrichten:

- *Was und um wie viel Uhr esse ich zu Abend?*
- *Wann gehe ich ins Bett?*
- *Welches Frühstück, welches Mittagessen?*

Noch ein kurzer Powernap nach dem Essen, dann ein ausgiebiges Warm-up mit meinem Trainer oder Sparringspartner, Taktikbesprechung, noch einmal eine Physiobehandlung nach dem Training, um den Muskeltonus ideal einzustellen.

Die Sportdrinks sind gemixt, die Schläger mit unterschiedlichen Härten besaitet, beschriftet, alle Griffbänder neu gewickelt, auf eine bestimmte Art, so, wie ich es mag. Nicht zu dick, nicht zu rund. Die Logos sind gemalt, die Tasche so gepackt, dass ich alles dort habe, wo ich es brauche – mit einem Griff erreichbar.

Alles ist für jeden möglichen Spielverlauf vorbereitet – ich habe genug Equipment und Verpflegung für ein Marathonmatch. Und unmittelbar vor dem Match dann: Ruhe – und die wohltuende Gewissheit, dass alles optimal vorbereitet ist und es jetzt losgehen kann.

40 Bryant (2019, S. 87).

Immer wieder wird klar: Die Verschiedenartigkeit der menschlichen Persönlichkeit bedingt individualisierte Herangehensweisen. Das Vorgehen muss zur Person passen. Wenn der Bühnenredner nicht authentisch wirkt, kann er einpacken. Wenn der Spitzensportler nicht seine Stärken ausspielend handelt, steigt die Wahrscheinlichkeit zu verlieren.

Auch sind Strategien immer wieder anzupassen, etwa ans Alter und hier wiederum noch einmal spezifiziert ans kalendarische, ans biologische und ans Trainingsalter. Wesentlicher Faktor sind die Erfahrungen, die ein Mensch allgemein im Leben und speziell im Sport gesammelt hat.

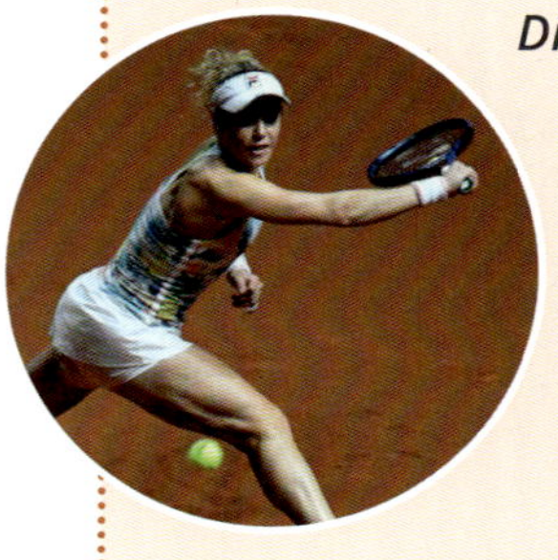

Die Art und Weise, wie man in seine persönliche „Zone of Optimal Functioning" findet, verändert sich über die Zeit. So, wie man sich auch selbst über die Zeit verändert. Es lohnt sich, verschiedene Strategien auszuprobieren, sich dann für eine zu entscheiden und sie detailliert auszuarbeiten – um sie am Ende in ganz unterschiedlichen Situationen anwenden zu können.

Im besten Falle geht alles in eine Form der Routine über und der Prozess nimmt jeweils ganz automatisch seinen Lauf. Das optimale Aktivierungsniveau fühlt sich an wie eine gute Mischung aus Nervosität und Klarheit, aus Unvorhersehbarkeit und tiefem Vertrauen in die eigenen Fähigkeiten.

Es geht also darum, ein der Herausforderung entsprechendes Emotionsniveau herzustellen. In genau diese effektive Hochleistungszone muss der Athlet gelangen – nicht zufällig, sondern bewusst und kontrolliert, von Beginn an. Die Koordinaten des Wettkampftages sind zu bestimmen:

- Was lässt sich im Rahmen der heutigen Möglichkeiten erreichen? Im Rahmen *meiner* Möglichkeiten.

- Wo verorte ich meine maximale Leistung auf der x-Achse, die zu maximalem Erfolg auf der y-Achse führt?

Wer die Erfüllung im maximal Erreichbaren sucht, geht ein hohes Risiko ein; das Risiko, durch Reißen dieser immens hohen Messlatte schnell frustriert zu sein. Fest steht, dass Frust kein PS-starker Motor für große Leistungen ist. Die Tage, an denen alles oder zumindest nahezu alles gelingt, sind – so ehrlich müssen wir zu uns sein – die Ausnahme. Unser Bestreben gilt eher einem Optimum: Immer wieder aufs Neue sind für das Heute und Jetzt die eigenen Möglichkeiten zu optimieren.

Die imaginären Grenzen, die die Tagesform um einen zieht, müssen erkannt und vor allem anerkannt werden. Auch Golflegende Bernhard Langer – ehemalige Nummer eins der Weltrangliste und aktuell erfolgreichster Senior-Tour-Spieler – verfährt nach dieser Idee, um sich zu motivieren. So strebt er an, immer wieder den besten Bernhard Langer aus sich herauszuholen, den – aufgepasst – „der Tag hergibt".[41]

Sich im besten Falle also klug im Rahmen der aktuellen Möglichkeiten zu bewegen, das mag als wegweisendes Motiv funktionieren – für sportliche wie für viele andere Herausforderungen. Für die eigene Strategie bedeutet das, diesen Rahmen frühzeitig zu setzen.

Dass dieses Unterfangen oft zur unerwünschten Utopie auswuchert, zeigte 2021 eine Studie der Sporthochschule Köln[42]. „Mental nicht voll da", so stand es am Tag nach der Vorveröffentlichung in gleich mehreren deutschen Zeitungen. 1.122 von der Sporthilfe geförderte Kaderathleten wurden befragt. Es zeigte sich, dass drei von zehn Athletinnen und Athleten aus dem olympischen und paralympischen Kader bei ihrem Saisonhöhepunkt „mental nicht voll präsent" waren. Sogar unter den olympischen Finalisten waren es noch knapp 24 Prozent.

Die Quote stimmt bedenklich, nimmt sie dem hiesigen Spitzensport doch die internationale Konkurrenzfähigkeit. Die Quote stimmt aber auch bedenklich, weil sie offenbart, dass der psychischen Optimierung nicht die ihr zustehende Priorisierung zukommt. Auch die Studie hebt hervor, dass die mentale Präsenz eine der wirklich wichtigen Stellgrößen für den Erfolg im Sport ist.

41 Brunner (2020, S. 51).

42 Deutsche Sporthilfe (2021).

Strukturen straffen, Sicherheit schaffen

Das Ergebnis bedeutet aber nicht, dass die Hochleistungsathleten ihre mentale Verfassung nicht ausreichend beachten würden. Immer wieder sind es auch funktionale Hemmnisse, die aus mentaler Präsenz vorübergehende Ablenkung und gar geistige Abwesenheit machen. Denn mentale Stärke resultiert natürlich nicht einfach nur aus zielgerichteten Selbstgesprächen und Entspannungstechniken. Es sind ganz viele Faktoren, die hier zusammenspielen.

Mehrfachbelastung und logistischer Aufwand sind sehr ernst zu nehmende Probleme. Mehrfachbelastung etwa, weil Sponsorenverträge und die Sporthilfe allein nicht zum Stemmen des Lebensunterhalts ausreichen und deshalb parallel gearbeitet werden muss. Oder, da man sich – wenn man nicht gerade Spitzenfußballer, -golfer oder -tennisspieler ist – kein finanzielles Polster für die Zeit nach der aktiven Karriere ansparen kann und deshalb parallel studiert oder eine Ausbildung macht.

Zwangsläufig muss es also eine wesentliche Rolle spielen, den Alltag klug zu durchtakten. Die Untersuchung der Olympioniken ergab, dass etwa einem Drittel der Befragten die finanziellen Mittel nicht reichten, um sich ausreichend auf den Sport zu konzentrieren. So ist Mehrfachbelastung generell zum unschönen Trend in der Gesellschaft geworden. Die Statistik beweist es: 4,1 Millionen Menschen standen 2019 in mehr als einem Beschäftigungsverhältnis. 20 Jahre zuvor waren es nur 1,8 Millionen.[43]

Wird Geld zum limitierenden Faktor, lassen Schwierigkeiten in Form von Kompromissen und Einschränkungen nicht lange auf sich warten. Wenn es die Umstände zulassen, ist es sinnvoll, den Blick über das Geld hinaus auf das Gesamtpaket zu richten. Nur viel Geld zu verdienen, macht auf Dauer nicht zufrieden und hemmt beizeiten die Produktivität, ganz zu schweigen von der Beeinträchtigung der Kreativität.

Auch im außersportlichen Arbeitsleben kommt es auf das Gesamtpaket an, darauf, was mir der Job außer Geld noch bietet.

---

43 Statista Research Department (2020).

- Wie stressig sind die einzelnen Prozesse?
- Wie steht es um das Kollegium, um mein Team, wie um das Arbeitsklima?

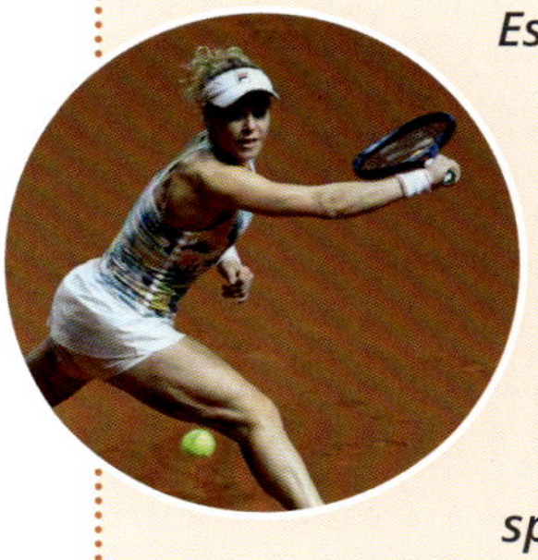

Es ist wichtig, mir die richtige Atmosphäre auf dem Platz zu schaffen, eine Art Flow, den ich selbst kreiere: indem ich mich durch meine eigenen Schläge, Punkte und mein Verhalten von Anfang an ins Match spiele. Ich will keine Hektik. Ich will ankommen, aber gleichzeitig früh Zeichen setzen. Ich sauge positive Aspekte auf und blende negative aus. Für mich ist es wichtig, die Atmosphäre auf dem Platz zu erspüren und dann zu meinen Gunsten zu beeinflussen.

Vieles ist vorgegeben, bedingt durch die Sportart oder auch allgemein bedingt durch die Berufsbranche. Klar werden muss aber, dass man in manche Settingstrukturen gestalterisch eingreifen kann und gerade bei großer Zielsetzung auch muss. Diese Notwendigkeit wächst proportional zur Größe der gesteckten Sport- und Arbeitsziele.

Das neu zu beziehende Büro sieht chaotisch aus – dann räumen wir es eben auf. Das neue Arbeitszimmer ist kahl und kühl – dann gestalten wir es um in ein Wohlfühlrefugium. Unzufriedenheit lässt sich oftmals auf sehr profanem Weg sinnvoll beheben.

Wir machen uns unser Umfeld zu eigen und generieren Vertrauen durch Vertrautheit – **Habituation**, wie es im Fachjargon heißt. Aus dieser Kraft speist sich unter anderem der Heimvorteil. Der eigene Konferenzraum, das eigene Firmengelände, der eigene Sport-, Fußball-, Tennisplatz. Die Vertrautheit mit dem heimischen Setting verhilft zum Vorteil.

Vertraut ist man mit jeder Ecke, mit der Akustik, den Lichtverhältnissen, der Beschaffenheit des Bodens. Die Atmosphäre heimischer Stadien und Center-Courts erzeugt im Zusammenspiel mit den anfeuernden Fans einen Wettbewerbsvorteil. Allein die Erinnerung an die bebende Heimkulisse euphorisiert. Ein Gefühl, das man sich schon im Vorfeld zunutze machen kann: etwa durch ein Sich-Hineinfühlen in diese unterstützenden Fan-Szenarien, etwa in Form einer allabendlichen, berauschend förderlichen Imaginationsübung.

Am besten läuft ein Wettkampf also zu Hause? In 6.500 internationalen Fußball-Spitzenspielen haben Wissenschaftler den Dribblern ganz genau auf ihre Füße geguckt und herausgefunden, dass es ihn wirklich gibt, den Heimvorteil. Jedes zweite Spiel gewann das gastgebende Team, die andere Hälfte der Partien wurden zu gleichen Teilen unentschieden gespielt oder eben verloren.[44]

Vom Heimvorteil profitieren

Und werden nicht in der jeweils austragenden Olympiastadt überproportional viele Medaillen für die eigene Nation geholt? Japan holte bei den (2021 ausgetragenen) Olympischen Spielen von 2020 in Tokio Platz drei im Medaillenspiegel. 2016 in Rio de Janeiro war das Land nur Sechster, 2012 in London gar nur Elfter.

Das Phänomen lässt sich auch auf biologische Ursachen zurückführen, wie britische Forscher herausfanden. Mithilfe von Speicheltests erkannten sie, dass der Testosteronspiegel bei Fußballspielern vor einem Heimspiel signifikant höher war als bei einem Auswärtsspiel. Das Testosteron, so die Wissenschaftler, spiele in verschiedenen Mannschaftssportarten eine wichtige Rolle, um zu Hause das Quäntchen besser zu sein als der Gegner.[45]

Bei Olympischen Spielen kommen zusätzliche Aktivierungsaspekte hinzu, vor allem der enorme Stellenwert des Spitzenevents und die damit verbundene, hohe Aufmerksamkeit der Medien und ebenso die hohe Erwartungshaltung gerade des heimischen Publikums. Heimspielatmosphäre und die damit verbundene Euphorisierung – diese Qualität kennen alle Athleten.

44 Czycholl (2020).

45 Neave & Wolfson (2003).

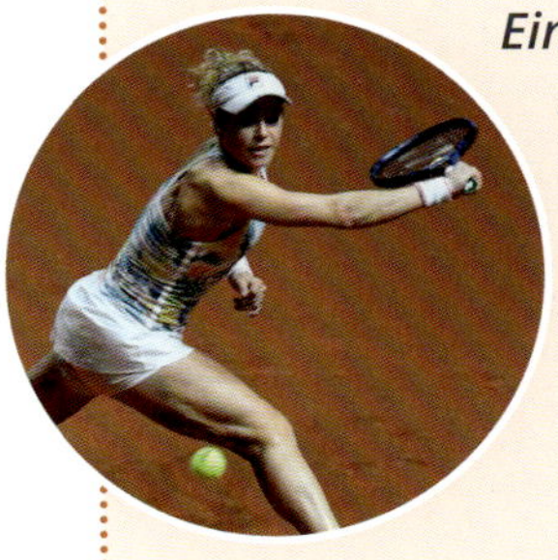

Ein gutes Beispiel ist mein Sieg in Stuttgart, mein Heimspiel. Drei Top-Ten-Spielerinnen habe ich nacheinander geschlagen. Ich hatte Selbstvertrauen ohne Ende. Und je erfolgreicher ich spielte, desto mehr wurde alles nach meinen Wünschen ausgerichtet.

- ***Welches Abendessen dürfen wir aufs Zimmer bringen?***
- ***Welche Einlaufmusik darf es fürs Halbfinale sein?***
- ***Wann und wie lang sollen wir den Trainingsplatz reservieren?***

Das Publikum hat mich geliebt und mit ihm habe ich mich in jedem Match in eine Art Rausch gespielt. Das ganze Turnier war ein einziges euphorisches Wellenreiten.

„Stopp", sagte aber ein belgisches Forscherteam, es sei doch ein wenig anders mit dem Heimvorteil. Die Wissenschaftler untersuchten Hinspiel-Rückspiel-Konstellationen von Fußball-Europa-League- und Champions-League-Spielen zwischen 2010 und 2017. Und sie schauten, ob ein Team, das im zweiten Spiel zu Hause antreten musste, daraus Profit schlagen und etwaige Rückstände wieder wettmachen konnte. Die Vermutung läge sodann nahe, dass sie womöglich vom heimischen Publikum zum Sieg geklatscht, gegrölt und getragen worden wären.

„We find that playing the second leg of a knock-out confrontation at home is not associated with a substantially higher chance of proceeding to the next stage of the tournament."[46] Also: 100-prozentiger Verlass ist auf den Heimvorteil nicht. Eine verbindliche Erkenntnis gibt es trotzdem: Je vertrauter ich mich mit dem Bevorstehenden mache, desto heimischer fühle ich mich und desto weniger Überraschungsgefahr und damit verknüpfte Ablenkung droht.

Anders auf auswärtigen Anlagen. Es sorgt ja unter Umständen schon für die erste Mühe, mich in der Ferne und Fremde dem vorgegebenen Hallenschwingboden oder dem Golfplatzdesign zu stellen. Eben deshalb spielt der Golfer Proberunden vor Beginn eines Wettbewerbs.

46 Amez et al. (2020)

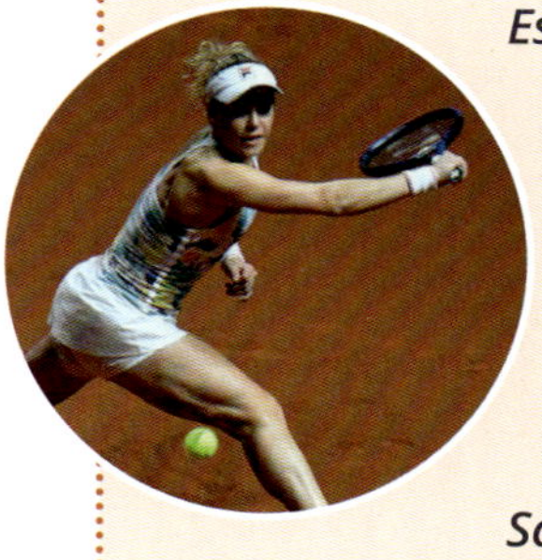

Es gibt Plätze, mit denen man sich schwertut. Etwa wenn man tagelang auf einem Außenplatz gespielt hat, bevor es im fortgeschrittenen Teil des Turniers endlich auf einem der großen Courts weitergeht. Dort ist dann alles ungewohnt, alles sieht anders aus: viel mehr Auslauf an den Seiten und nach hinten, meterhohe Tribünen im Hintergrund des Gegenspielers, manchmal störende Screens oder Werbeanzeigen – die sogar den Ball für einen kurzen Moment unsichtbar machen.

Wenn mir ein Platz Unbehagen bereitet, muss ich versuchen, ihn mir mit der Zeit zu eigen zu machen. Es ist wichtig, im Einklang mit den Bedingungen zu sein, um eine gute Leistung abrufen zu können. Ohne diesen Einklang wird es schwer und man findet nicht gut ins Match.

Ergibt sich dann die Möglichkeit, auf demselben Platz mehrere Male zu spielen, dann kommt einem im Turnierverlauf alles zunehmend bekannt vor, man ist vorbereitet. Das fängt schon mit dem Weg zum Court an und geht mit der dir bekannten Stimme des Sprechers weiter, der deinen Namen beim Einlaufen theatralisch ins Mikrofon brüllt. Schließlich der Applaus der Zuschauer – der ganz unterschiedlich ist, je nachdem, ob du Landsfrau, Favoritin, Underdog, beliebt oder unbeliebt bist.

Du kennst die Bank, weißt, wo du deine Tasche abstellst, nickst dem Schiedsrichter zu, den du vielleicht schon aus einem anderen Match in dieser Woche kennst. Alles ist an Ort und Stelle, die Getränke, die Handtücher, alles ist, wie es die ganze Zeit schon war – und das gibt, gerade in Momenten, in denen man sehr angespannt ist, ein angenehmes Gefühl der Vertrautheit. Der Mensch ist ein Gewohnheitstier, der Sportler sowieso.

Jedes Tennismatch hat einen eigenen Charakter, der sich zusammensetzt aus dem Platz, dem Match selbst, dem Verhalten der Akteure, dem Einwirken der Zuschauer, diversen weiteren Faktoren, natürlich auch Störfaktoren.

Auf manchen Plätzen fühlt man sich von vornherein pudelwohl, das Spiel läuft einem nur so von der Hand und man bekommt schnell eine gute Beziehung zum Platz. Manchmal ist auch das Gegenteil der Fall, nichts fügt sich, es bleibt unangenehm und holprig.

Mein Ziel, wenn ich auf den Platz gehe: eine Beziehung herzustellen zu diesem Tag, diesem Platz, diesen Bedingungen. Es ist dabei wichtig, zu akzeptieren, was unkontrollierbar und unveränderbar ist. Man muss flexibel sein, sich anpassen können.

Aber wenn man es schafft, in Einklang mit dem Gegner, dem Court, dem Wetter, den Zuschauern und allen anderen Bedingungen zu kommen, das Gute aufzusaugen und das weniger Gute hinzunehmen, dann kann sich das eigene Spiel richtig entfalten. Das klingt so leicht, ist aber Arbeit – in Form einer guten Vorbereitung. Ungewissheit und der damit einhergehende Kontrollverlust lösen viel Stress aus.

Die Diskussion um Heimvorteile und Auswärtsnachteile relativiert sich etwas. Meinungen und, wie zu sehen war, selbst Studienergebnisse gehen diesbezüglich etwas auseinander. Sich nur auf Statistiken zu verlassen, entspräche auch nicht der mentalen Trainingssteuerung. Denn das hieße ja, die Entscheidung über Sieg und Niederlage äußeren Umständen zu überlassen. Diese Art von Fremdbestimmung wäre kein tragfähiges Gerüst für dauerhafte Höchstleistung.

Das stärkere Konzept besteht darin, der fernen Wettkampfstätte das Fremde zu nehmen. Fremdes bindet Energie, muss man sich darauf doch in kurzer Zeit einstellen. Unkalkulierbare Unsicherheit könnte die Folge sein.

Als probates Gegenmittel empfiehlt es sich also, sich mit dem auswärtigen Wettkampfareal vorab vertraut zu machen. Im besten Fall kennt man den Court, die Halle, das Gewässer, das Gelände, generell den Raum schon oder hat zumindest vor dem Wettkampftag noch einmal die Möglichkeit, sich vor Ort mit allem vertraut zu machen.

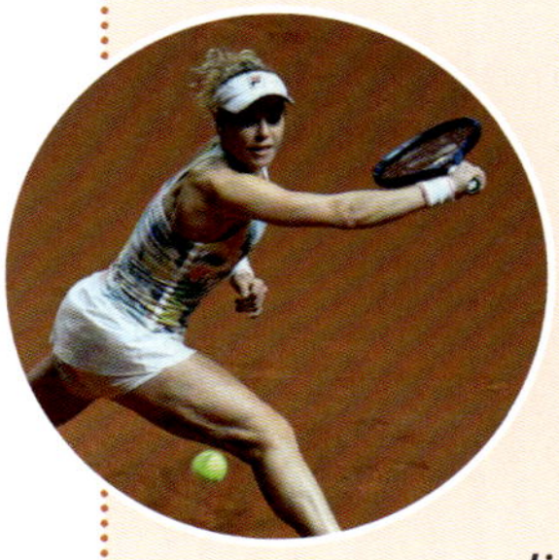

- *Wie schaffe ich es, mich auf einen Ort vorzubereiten?*
- *Kenne ich den Platz nicht ohnehin schon in- und auswendig?*

Sonst muss ich mich eben mit ihm vertraut machen. Als ich 2016 das erste Mal bei den US Open vor vollem Haus im Arthur Ashe Stadium in Flushing Meadows, dem größten Tennisstadion der Welt, ein Nightsession-Match gegen Petra Kvitova spielen musste, habe ich schon morgens eine Trainingseinheit auf diesem Platz gebucht. Frühmorgens, als alles noch leer war und keine Spiele angesetzt waren, war die Arena still und ich hatte meine Ruhe.

Ich stellte mir vor, wie 10.000 Fans auf den Rängen sitzen, Stimmung machen, möglicherweise auch zwischen den Punkten lärmen oder Dinge reinrufen. Ich habe zwischen meinen Trainingsaufschlägen visualisiert, wie die bunte Menge aus Zuschauern im Hintergrund aussehen würde, die Linienrichter, die Ballkinder.

Auf der Bank sitzend, habe ich mir vorgestellt, wie die Werbebanner, die den Platz umrahmen, aufleuchten; wie Werbung über sie flimmern und wie laute Musik die Seitenwechsel begleiten würde. All das stellte ich mir vor. Als ich dann nachts auf den Platz ging, um das Match zu bestreiten, war vieles genauso, wie ich es mir ausgemalt hatte. Ein gutes Gefühl.

Das echte Platzerlebnis lässt sich natürlich nie in Gänze simulieren. Stets müssen wir damit rechnen, dass sich über das Vorstellbare hinaus Unerwartetes dazwischendrängt. Jeder Raum und jede darin bevorstehende Erfahrung hat einen eigenen Charakter.

Vertraute, fremde und neutrale Ort spielen auch in anderen Lebenskontexten eine Rolle. Einen prognostizierbar harten Verhandlungstag lasse ich lieber in den eigenen Büros stattfinden als auf dem Terrain des Vertragspartners. Die eigenen vier Wände geben Sicherheit. Die Variable des Unbekannten bleibt außen vor, meine Vorbereitungsbemühungen kann ich darauf reduzieren, worauf es ankommt: auf das Inhaltliche.

Zu den besten Vorbereitungsstrategen zählen, wie oben bereits angedeutet, die Golfer. Sie reisen Tage vor Turnierbeginn an, um den Platz in Proberunden zu spielen und Detailinformationen zu jedem Loch zu notieren.

Die sogenannten *Birdiebooks*, in die sie diese strategisch wichtigen Hinweise schreiben, sind an sich schon ein sauber vermessenes Raster des Golfplatzes. Hinzu kommen dann die persönlichen Notizen, die Erkenntnisse zur Ondulierung des Grüns, zu lochspezifischen Spielstrategien und so weiter.

„Etwas besser als die anderen war ich, glaube ich, immer schon in der Vorbereitung", sagt Bernhard Langer. „Wenn ich zum ersten Mal einen Golfplatz spiele, dann spiele ich ihn gern allein, damit ich nicht von anderen abgelenkt werde. Ich möchte wirklich alles auf dem Golfplatz sehen, was ich sehen muss: wohin und wohin ich nicht schlagen will."[47]

Golfplätze mögen sich stärker voneinander unterscheiden als Hallenschwingböden und Tennissand. Doch Unterschiede gibt es hier wie dort. Und je mehr man diesen Unterschieden das Unabwägbare nimmt, desto mehr beraubt man sie ihrer Irritationskräfte. Dazu kann es auch beitragen, in den Trainingsphasen immer wieder unbekannte Plätze zu spielen. Allein um das Gefühl, auf Neues zu stoßen, alltäglich werden zu lassen.

SICH AUF DAS UNVORHERSEHBARE VORBEREITEN

Ungewissheit, Kontrollverlust, Stress. Die Sportpsychologen Anna-Maria Elbe und Jürgen Beckmann sprechen von einem „negativen emotionalen Zustand mit ungerichteter Aktivierung"[48], unter dem Lockerheit und Bewegungskoordination und damit letztlich die Wettbewerbsfähigkeit leiden. Verloren geht die Fähigkeit, kommende Herausforderungen realistisch einzuordnen und ihnen reflektiert und lösungsorientiert zu begegnen.

47 Brunner (2020, S. 48).
48 Beckmann & Elbe (2008, S. 119).

Mitunter schlägt das Gefühl der Ungewissheit in Angst um. Angst ist störend, hemmend, paralysierend, wir haben darüber gesprochen. Deshalb empfehlen Elbe und Beckmann, wie oben schon gesagt, Angst in Furcht umzudeuten.

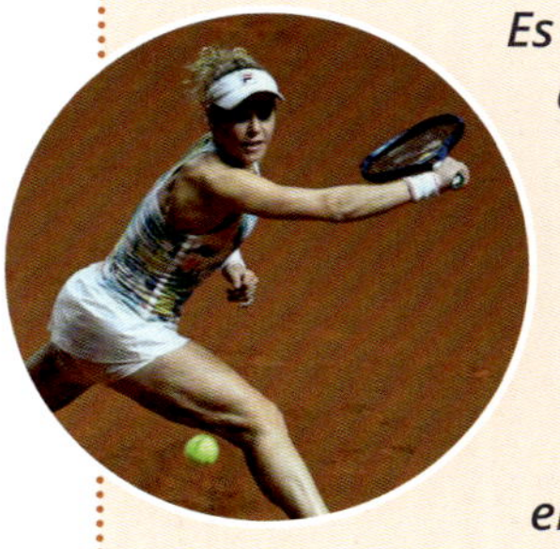

Es ist von hohem Wert, Drucksituationen im Voraus einschätzen zu können, möglichst genau zu wissen, was kommen wird und – ganz wichtig – welche Strategien man im Repertoire hat, um souverän antworten zu können. Alles kann man aber nicht vorhersehen.

So beruht eine gute Leistung also in der Regel auf einer sehr guten Vorbereitung und eben auch auf einem hohen Maß an Flexibilität, um auf ganz unterschiedliche Situationen passend reagieren zu können.

Überraschungen – insofern wir es uns überhaupt erlauben wollen, sie als solche einzustufen – sind Teil des großen Ganzen und es liegt an unserer Flexibilität, wie wir damit umgehen. Doch auch, wenn wir nur 80 Prozent oder 50 Prozent oder sogar nur 10 Prozent antizipieren, dann sind das eben 80, 50 oder 10 Prozent weniger unerwarteter Stress und dementsprechend bleibt uns mehr Kapazität, uns mit der eigentlichen Aufgabe zu beschäftigen. Das kann das Tennismatch sein, aber auch ein Vortrag, ein Bewerbungsgespräch und jede andere herausfordernde Lebensaufgabe im privaten wie beruflichen Kontext.

Zielführend ist, das Neue zum Freund zu machen, der uns ab und zu gern mal mit etwas Unerwartetem überrascht. Und noch einen anderen Freund wollen wir in diese Clique der Gelassenen aufnehmen: das Bewusstsein und Selbstverständnis, dass sich da draußen nicht alles kontrollieren lässt und man Kontrolle nicht erzwingen kann.

Wie es Carsten Arriens, ehemaliger Davis-Cup-Teamchef und Trainer von Jan-Lennard Struff, beschreibt, wenn er morgens spürt, dass etwas mit dem Athleten nicht stimmt. „Wenn ich an diesen Tagen nur mein Expertenwissen zur Verfügung habe, werde ich nicht weit kommen.“[49] Es

49 Memmert & Leiner (2020, S. 12).

lässt sich also nicht alles mit herkömmlichen Maßstäben messen, kein Tag ist wie der andere.

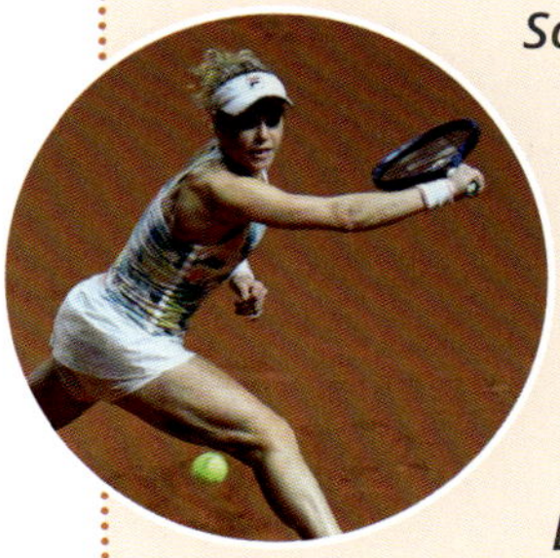

So war es auch bei besagtem Night-Match in Flushing Meadows. Vieles ist passiert, wie es sich hat antizipieren lassen. Einiges war aber auch anders: das Licht etwa, noch greller, als gedacht. Mit vollen Rängen wirkte alles noch größer. Und es war wesentlich lauter, als ich es mir je hätte vorstellen können!

Das ganze Stadion schien zu dröhnen, selbst dann, wenn gerade niemand grölte oder applaudierte. Ein Dauerrauschen, sodass es schwerfiel, bei den Seitenwechseln auf der Bank abzuschalten.

Es wäre also eine Illusion zu glauben, dass alles nach Plan läuft. Das trifft in 99 Prozent der Fälle leider nicht zu. Die Realität – und die beginnt schon lange vor dem ersten Service – weicht davon oft ab.

So war zum Beispiel die Vorbereitung trotz aller Akribie möglicherweise nicht ideal, vielleicht konnte man am Abend zuvor nicht einschlafen, vielleicht schepperte morgens um sechs Uhr vor dem Hotel die Müllabfuhr vorbei und riss einen aus dem für die Regeneration so wichtigen Schlaf. Vielleicht war eben dieser Trainingsplatz im Arthur Ashe Stadium oder auch der Warm-up-Court, auf dem man sich vor allen anderen Matches eingespielt hatte, nicht frei. Oder es fehlte das Winner-Shirt, das Oberteil, das man bisher bei jedem Sieg getragen hatte – das aber dieses Mal nicht rechtzeitig vom Wäscheservice zurückkam.

„Das Shirt? Wie, das ist nicht da?!" Dann schickt man jemanden aus dem Team auf die Suche. Am Ende muss es vielleicht ohne Sieger-Shirt funktionieren. Und man wird doch nicht wegen eines dummen Oberteils verlieren! Auch das besagte Match verlief nicht nach meinen Wünschen, aber ich hatte das Gefühl, mich vorbereitet zu haben, so gut es eben möglich war.

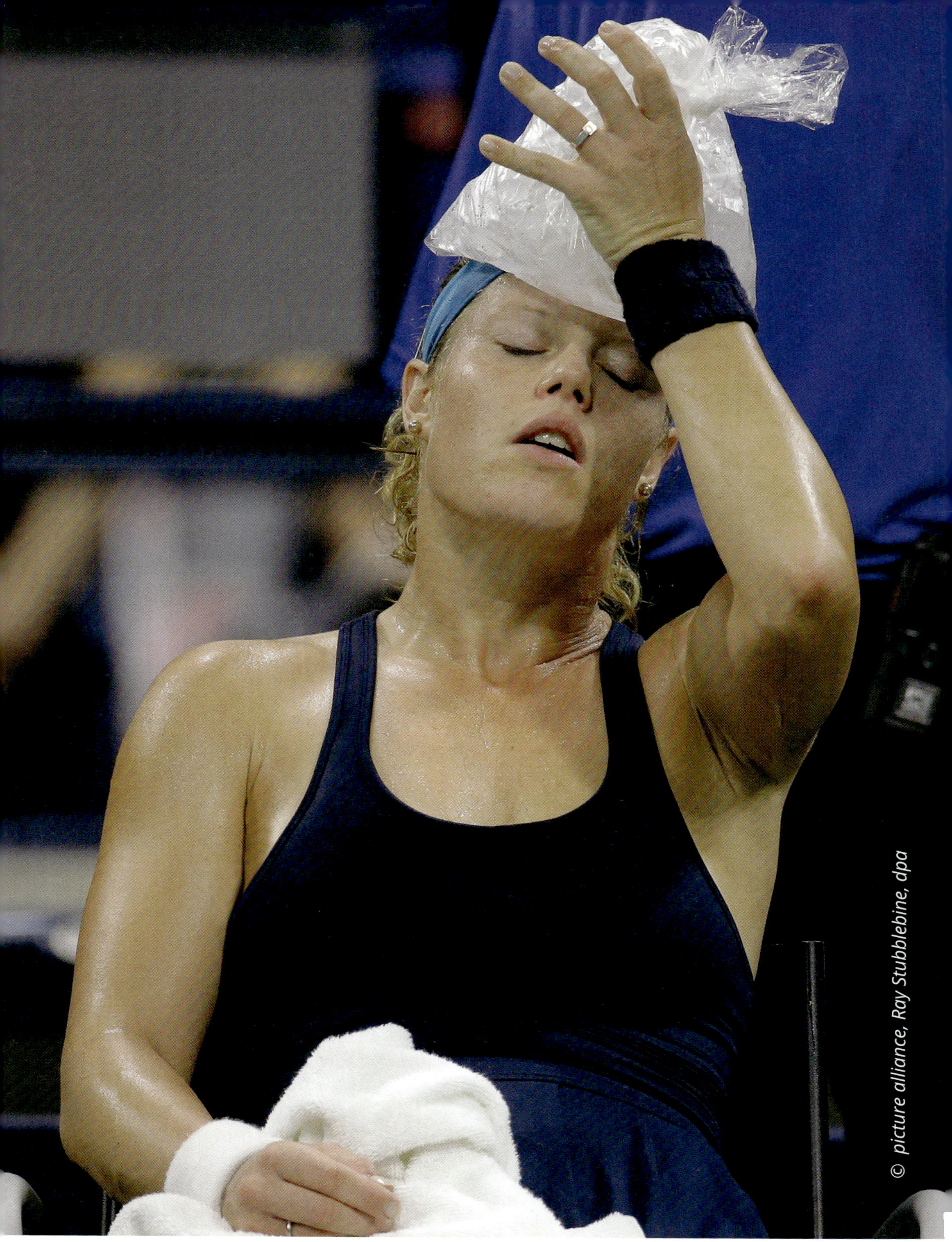

© picture alliance, Ray Stubblebine, dpa

US Open 2016: Eis, um mit kühlem Kopf das Unplanbare bewältigen zu können.

Störungen sind hinzunehmen. Besser noch: Man verändert die Funktion der Störung. Was bislang noch als Störung gebrandmarkt war, wird nunmehr zu einer Art Begleiter oder zu einer Spielerei des Alltags. Das Müllabfuhrgedröhne im Morgengrauen darf mir missfallen, aber es darf mich nicht beeinträchtigen. Die Assoziationskette Lärm-nervt-behindert-beeinträchtigt-schwächt muss durchtrennt werden.

Ein Wechsel der Perspektive würde ganz andere Assoziationen auslösen. Etwa das Bedauern, dass sich dieser Arbeiter schon so früh körperlich schinden muss. Nach wie vor brächte mich der Lärm womöglich um meinen Schlaf, ich erlaube diesem Getöse aber nicht, mich zu ärgern und damit wichtige Energie zu vergeuden, noch bevor ich aufgestanden bin.

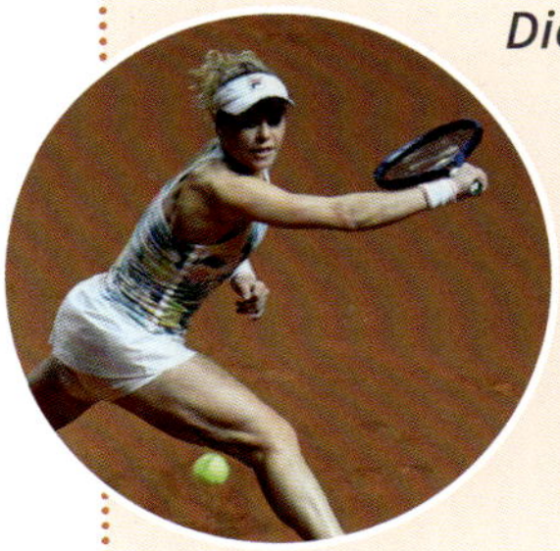

Die Fähigkeit, sich nicht ablenken zu lassen von irrelevanter Information, sich nicht aus der Ruhe bringen zu lassen, spontan entscheiden und handeln zu können und dabei Zugriff auf sein volles Repertoire zu haben, ist sicher eine der wichtigsten Eigenschaften von Champions. Das gilt besonders für unangenehme und überraschende Situationen, mit denen sie konfrontiert sind.

Und dann kam die Pandemie und damit das Allerunvorhersehbarste. Der Sport brach in sich zusammen, Ligen wurden ausgesetzt, große Turniere verschoben, sogar die Olympischen Spiele hat man in ein anderes Jahr verlegt. 2010, 2014, 2016, 2021 – dass eine solche Zeitreihe korrekt ist, hätte bis vor Kurzem keiner für möglich gehalten. Dann folgte die Phase mit Spielansetzungen, auf die man sich erst verlassen konnte, wenn sie schon hinter einem lagen. Coronabedingt und -infiziert konnte es auch zu kurzfristigen Absagen kommen. Oder zu Mannschaftsumstellungen und Spiel-System-Veränderungen.

Dem FC Bayern München fehlten im Januar 2022 gleich neun Spieler, sodass der Rückrundenauftakt lange auf der Kippe stand. Neun corona-positiv-getestete Spieler fehlten auch der deutschen Handball-Nationalmannschaft im dritten EM-Spiel gegen Polen am 18. Januar desselben Jahres. Und es wurden noch mehr.

All das schwächt die betroffenen Teams nicht nur, sondern sorgt für eine Menge Unsicherheit. Obendrein wartet man latent darauf, dass neue Positiv-Fälle vermeldet werden, was wiederum weitere Schwächungen, Spiel-Strategie-Umstellungen und generelle Verunsicherungen nach sich zöge. Und schnell gerät auch die sportliche Vergleichbarkeit in den Hintergrund, wenn nicht Spielstärke, sondern der Umfang des Kranken- und Infiziertenstandes über Sieg und Niederlage entscheidet.

Und auch regulär stattfindende Partien waren mitunter keine Partien unter gewohnt regulären Bedingungen. Manchmal hat man nur die Hälfte der Zuschauer zugelassen, manchmal nur ein Viertel, nur zehn Prozent oder eben auch gar keine. Die Arenen hallten, als wäre man im Trainingsbetrieb. Und die Ränge verstummten, als gäbe es nichts zu bejubeln. Sich auf das Unvorhersehbare vorbereiten – in diesem sehr speziellen Fall war es nicht möglich. Zumindest nicht zu Beginn der Pandemie.

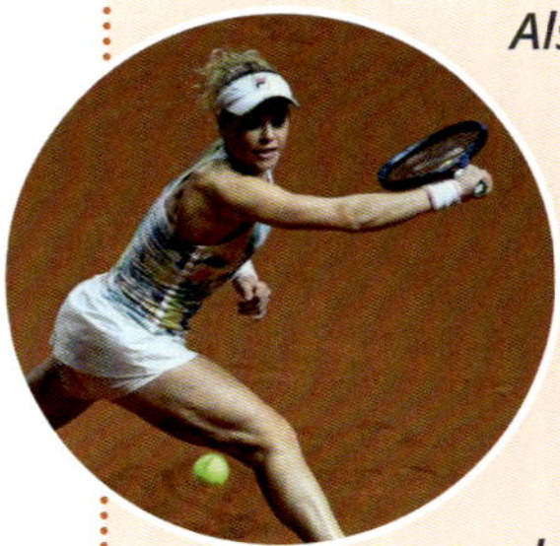

Als wir vor leerer Kulisse spielen mussten, wurde mir sehr bewusst, was mich am Turnierspielen überhaupt so reizt. Es ist der Nervenkitzel, die Atmosphäre auf dem Platz, die Spannung, die Reaktion der Fans, die von mucksmäuschenstill vor einem Big Point bis zum tosenden Applaus nach einer guten Rallye reicht. Während der Corona-Pandemie habe ich das alles sehr vermisst. Mir wurde bewusst, wie selbstverständlich es für mich immer wieder gewesen war, vor den Fans und den Fernsehkameras im Rampenlicht zu stehen.

Als es nach der Tourpause endlich wieder wenigstens ohne Zuschauer losging, hat erst einmal die Euphorie überwogen. Ich war einfach nur froh, überhaupt wieder Turniere spielen zu können. Sich zu motivieren, war nicht schwer. Aber mit jeder weiteren Woche ohne Zuschauer und Stimmung wurde es schwieriger, in den Matches ein gutes Spannungsniveau zu finden. Das Adrenalin fehlte einfach.

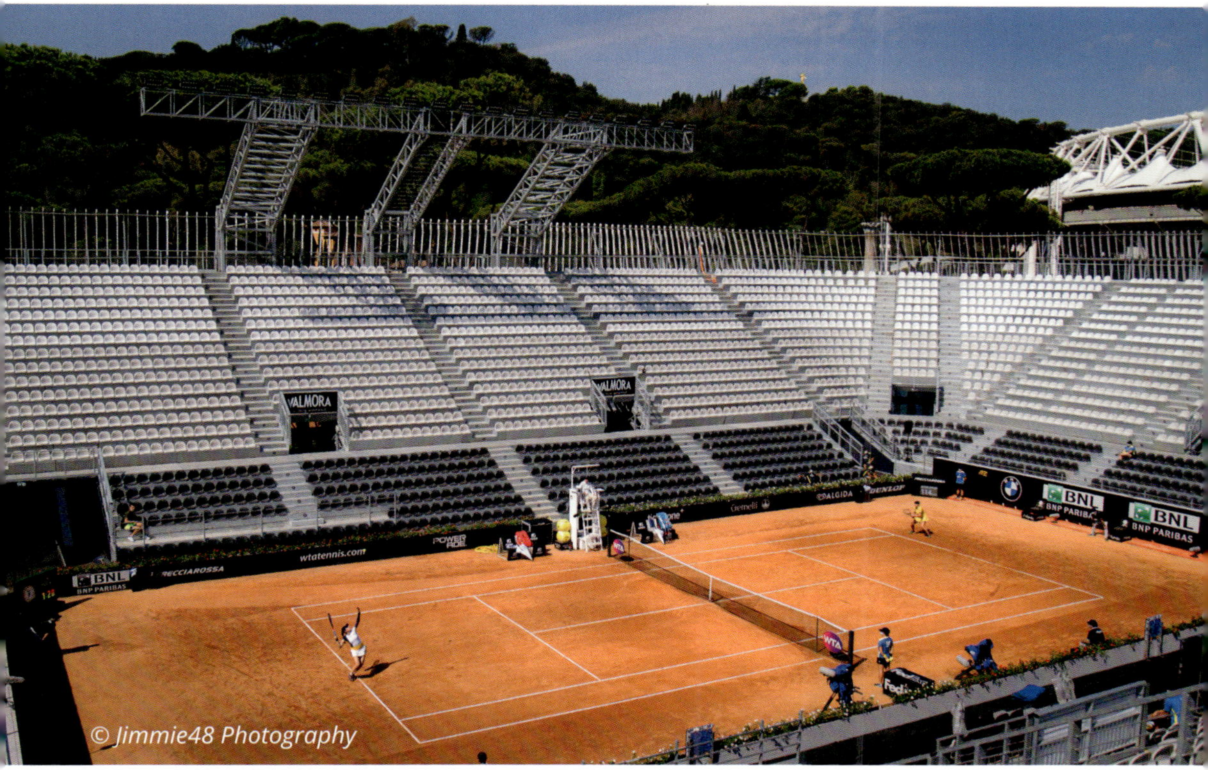

Die Folgen der Pandemie: Wenn hochkarätige Turnierpartien wie Trainingsbegegnungen wirken.

Die Pandemie hat den Bewegungsradius festgelegt und limitiert. Hotel, Tennisplatz, Hotel, Tennisplatz, Hotel, eine demütigende Endlosschleife. Auch in ein zeitliches Korsett wurde man gezwungen, eine frühere Anreise war unumgänglich, da PCR-Tests und Quarantänen eingerechnet werden mussten. Der Aktionsrahmen war eng gesetzt. Eine Stunde einfach Mensch oder Tourist zu sein, war nicht mehr möglich.

Nun kann man sagen, dass sich hier alle im gleichen Maß unterordnen mussten, wodurch keiner bevorzugt oder benachteiligt wurde. Doch Spieler, die generell mehr als nur Tennis im Blick haben, werden die Maßnahmen, respektive die Maßregelungen, stärker als Lebenseinschränkung erlebt haben.

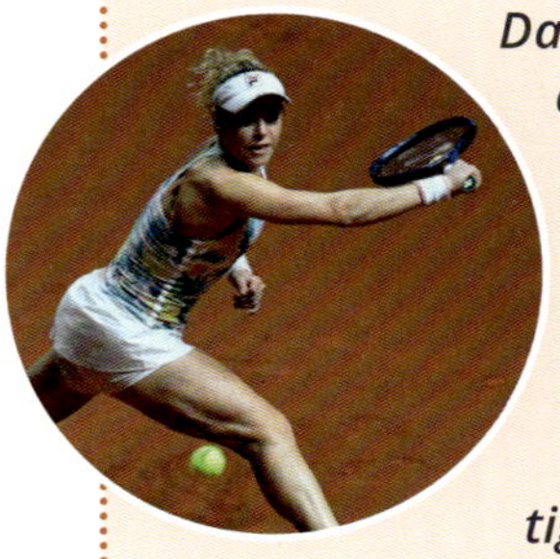

Da sich jegliche Aktivität auf die Tennisanlage und das Hotel beschränkte, trainierte man noch mehr als ohnehin schon. Aber mehr bringt nicht unbedingt mehr. Ich empfand es eher als Belastung, wie sich der eigene Fokus auf meine Arbeit einengte.

Denn normalerweise war es für mich immer wichtig, während der Turniere auch Freiräume für Erlebnisse zu schaffen, die nichts mit Tennis zu tun haben. Wenn ich das ganze Jahr von einem Turnier zum anderen fliege und mich auf Tennisanlagen und in Hotels ständig mit der Konkurrenz aufhalte, dann ist es geradezu erfrischend und für den Kopf enorm wichtig, auch mal etwas anderes zu sehen und sich mit anderen Menschen zu umgeben.

So habe ich normalerweise immer versucht, wenigstens ab und an vom Tenniszirkus abzuschalten und in einem tennisfreien Setting mal nicht an das nächste Match zu denken.

Die durch Coronamaßnahmen erzeugten Tennisrestriktionen stehen für eine ganz besondere Kategorie mentaler Aufgaben.

- **Herausforderungsstufe 1:** Dinge, die unveränderbar sind, einfach anzunehmen.
- **Herausforderungsstufe 2:** Auch zu verstehen, dass es stark beeinträchtigend wäre, durch Frust und Ärger notwendige Energien zu verlieren.
- **Herausforderungsstufe 3:** Sogar Genugtuung aus dem Bewusstsein zu ziehen, dass man so professionell und dazu imstande ist, Unliebsames zu akzeptieren. Zu solchen Unliebsamkeiten zählt dann auch, das Fitnessprogramm bei offenem Fenster im Hotelzimmer umzusetzen.

DAS GEGENÜBER KENNENLERNEN

Ein weiterer elementarer Bestandteil der Vorbereitung ist die Analyse des Gegners. Im Sport wie im sonstigen Leben kann das eine Person sein, aber auch eine Gruppe von Personen, ein ganzes Team. Im Spitzensport greift hier die Videoanalyse, die es ermöglicht, taktische und individuelle, spielerische Details des Gegners transparent zu machen, wenn nötig, in Superzeitlupe und als eingefrorenes Standbild.

Um auch dem verbleibenden Rest des Unbekannten seine Kraft zu nehmen, kann ich mich in der Vorbereitung mit unbequemen, auch unbekannten Trainingsgegnern konfrontieren.

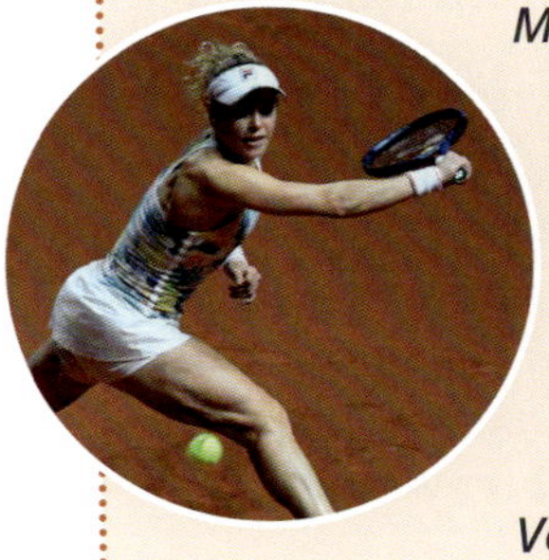

Mit der Gegnerin verfahre ich wie mit den Umgebungsbedingungen: Ich versuche, sie vorab schon zu analysieren, und damit mehr Gefühl dafür zu entwickeln, was auf mich zukommt. Einerseits natürlich, um eine möglichst gute Leistung abrufen zu können, andererseits aber auch, um mich mental zu stärken: um voller Selbstvertrauen in das Match gehen zu können. Eine gute Vorbereitung beruhigt die Nerven.

Meine Einstellung auf eine Gegnerin beginnt normalerweise mit einer Analyse ihres Spiels, am besten live, wenn sie noch ein Match bestreiten muss. Es kann aber auch eine Videoanalyse früherer Spiele sein.

Eine weitere Möglichkeit ist, sich mit anderen Spielerinnen, Trainern und externen Fachleuten zu unterhalten, wie sie das Spiel dieser Spielerin einschätzen und welche Ideen sie haben, dagegen anzugehen. So entwickle ich mit meinem Team einen Fahrplan, wie ich gegen sie das Match anlege.

Viele Spielerinnen auf der Tour sind rigide in ihrem Spielstil. Ihr Ziel ist es, ihrem Gegenüber ihr Spiel aufzuzwingen. Das haben sie von Kind auf gelernt und trainiert.

Klar, einen gewissen Spielstil hat jeder, manchmal sogar nur eine einzige Spielstrategie – die aber kann genügen! Denn wenn jemand zum Beispiel derart schnell und aggressiv spielt, dass ich davon ständig unter Druck gerate, dann nützt mir mein Wissen etwa über ihre läuferischen Schwächen in der Defensive nicht viel. Ich komme ja gar nicht dazu, dieses Wissen auszuspielen.

Das übrigens kann zur ganz besonderen mentalen Herausforderung werden: dann nämlich, wenn man mit dieser einen Strategie in die Knie gezwungen wird, obwohl man womöglich in allen anderen Belangen die Oberhand behalten würde.

So ist es natürlich ein Qualitätsmerkmal besonders guter Spielerinnen und Spieler, dass sie kaum erkennbare Schwächen haben und auch ihr eigenes Spiel – sofern notwendig – clever an die Matchsituation und ihre Gegnerinnen anpassen können.

Ich selbst bin schon immer von der Sorte, die sich stark an der Gegnerin orientiert, mit dem Fokus darauf, ihr Spiel bestmöglich auszuhebeln. Andere hingegen empfinden es eher als Stress, sich intensiv mit der Kontrahentin auseinanderzusetzen. Es würde sie zu sehr vom eigenen Spiel abbringen. Auch dieses Thema muss sicherlich vorbehaltlich der individuellen Präferenzen betrachtet werden.

Es liegt auf der Hand: Bei allem Wert, den man Spontaneität und Intuition beimisst: Je mehr Wettkampfdetails sich antizipieren lassen, desto besser können wir uns darauf einstellen –, was einerseits die innere Ruhe und Zuversicht stärkt, andererseits aber auch die Vorbereitung auf den Wettbewerb effektiv macht.

Henning Fritz, Deutschlands Welthandballer von 2004, studierte während der Weltmeisterschaft 2007 vorab die Wurfbilder des Gegners. „Vor meinen geschlossenen Augen bin ich diese Wurfbilder mit Affirmationen durchgegangen, jede gegnerische Position. Am Abend vor dem Spiel und noch einmal direkt vor dem Spiel." Das habe ihm Sicherheit gegeben. Stück für Stück hat sich bei der WM diese innere Ruhe auf die Qualität seines Spiels übertragen.

Eine sehr viel wahrscheinlichere *Unruhe*, die sich der Umstände wegen hätte zeigen müssen – sie blieb aus. Fritz war zu dieser Zeit nur dritte

Wahl bei seinem Verein, dem THW Kiel. Ihm fehlte demzufolge Spielpraxis und dann sollte er aus dem Nichts – als erste Wahl von Nationaltrainer Heiner Brand – eine Leistung auf Weltniveau bringen? Er brachte sie und die WM ging als legendäres Wintermärchen in die Geschichtsbücher des deutschen Handballsports ein.

Generell ist die Videoanalyse ein seit geraumer Zeit bewährtes Vorgehen, um den Gegner nicht nur kennenzulernen, sondern um ihn regelrecht zu studieren. Beim Amateurverein wie beim Spitzenclub. Dem Fußball-Erfolgstrainer Ralf Rangnick wird nachgesagt, dass er per Bewegtbild akribisch in die Tiefen gegnerischer Top-Team-Strategien vorgedrungen sei. Gepaart mit statistischem sowie eigenem Wissen, hat er sich den häufig spürbaren Vorsprung auf dem Platz erarbeitet.

Das Gegenüber also kennen, bevor man ihm begegnet: seine Muster, seine Statik, seine physischen, kognitiven und psychischen Stärken und Schwächen. Ihn im besten Fall überraschen, weil man ihn besser kennt, als er es jemals erwartet hätte. Gerade in Eins-zu-eins-Situationen, in denen man sich dem direkten Zweikampf aussetzt – das kann im Eishockey wie im Handball sein, in ausgeprägter Form natürlich in allen Kampfsportarten –, greift die intensive Vorbereitung auf den Gegner.

Mit der Überraschung spielen

Es ist der Effekt, den der schon verstorbene Talkmaster Roger Willemsen in seinen Interviews ausgelöst hat: Sein Gesprächspartner war immer wieder verblüfft ob des Detailwissens, das Willemsen über ihn hatte. „Woher wissen Sie denn das?“ Die Wirkung war immens: Der Interviewte fühlt sich ernst und wichtig genommen.

Und das sportliche Gegenüber? Es fühlt sich bedroht und kurz davor, mit den eigenen Waffen geschlagen zu werden. Ich muss nur die richtigen Signale aussenden, verbal, mimisch, gestisch, ein Zweifel über meine Siegessicherheit sollte gar nicht erst aufkommen.

Schlecht fühlt sich der Gegner auch, wenn er nachweislich zum **Spieler mit Schwächen** degradiert wird. Das passiert zum Beispiel sehr offensichtlich im Beachvolleyball. Der Spieler, den ich zum Ziel meines Aufschlags mache, weiß, dass ich ihn in seinem Zweierteam entweder als schwächeren Annahmespieler sehe – denn *er* ist es ja, der den Ball jetzt sicher annehmen muss – oder dass ich ihn als den schwächeren Angriffsspieler ausgemacht habe – denn *er* wird es erneut sein, der in Offensiv-Aktion tritt, wenn er nach eigener Annahme vom Mitspieler den Ball zum Angriff gestellt bekommt.

Im schlimmsten Fall sieht sich der Spieler in gleich beiden Techniken als der Schwache stigmatisiert, in der Annahme wie im Angriff. Natürlich ist davon auszugehen, dass in einem Beachvolleyball-Team die Rollen und Stärken-Schwächen-Verteilung beiden bekannt sind, man also vor Überraschungen der oben genannten Art gefeit ist. Trotzdem baut es Druck auf, immer den verantwortungsvollen Part der Annahme übernehmen zu müssen, wenn mit dem Ball gleichzeitig die Botschaft mitgesegelt kommt, dass man technisch nicht überzeuge.

Bestätigt man diese Botschaft durch Annahmefehler, macht das nicht nur den Gegner stärker, sondern den Betroffenen auch zunehmend unsicherer. Eine Spirale, die nur der aufschlagenden Seite Freude bereitet.

Und dann wäre da noch die besondere Spezies des **Angstgegners**. Auch ihm nimmt man natürlich seine Macht, wenn man ihn relativiert, ihm Schwächen nachweist und ihn damit vermenschlicht und entzaubert.

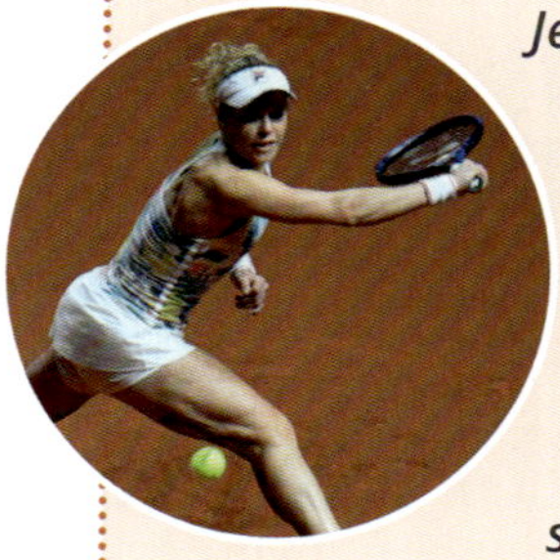

Jeder hat mindestens einen Angstgegner. Das rührt daher, dass einem manche Spielertypen weniger liegen als andere. Ihre Spielweise ist besonders unangenehm oder ihre Art des Auftretens nervt.

Es gibt diese speziellen Kontrahenten, bei denen einem schon das Herz in die Hose rutscht, wenn sie sich im Turnierbaum auch nur in der Nähe befinden: Sie erinnern uns an üble Niederlagen, die wir so nie wieder erleben wollen. Oder an einen so harten Kampf, ein so langes, zähes Ringen, dass einen schon beim Gedanken daran das Grauen überkommt.

Die beste Strategie gegen diese Art von Widersacher ist, eine persönliche Herausforderung daraus zu machen, der ich mich stellen will. Es geht mir also nicht darum, wer auf der anderen Seite steht, sondern es geht mir um mich und meine Entwicklung.

Manchmal macht man die ganz entscheidenden Fortschritte gerade dann, wenn man sich den unangenehmsten Herausforderungen stellt – und sie meistert. Man wächst daran und lernt mehr über sich als in den meisten anderen Situationen.

Es wird viel zu viel prognostiziert und über Personenkonstellationen philosophiert. Spielerin A hat B und C geschlagen und dann verliert sie gegen D. Solche Gedankenspiele sind sinnlos und lenken nur ab.

2016 habe ich in Indian Wells in der zweiten Runde gegen Serena Williams gespielt. Mir war im Voraus so viel über sie erzählt worden, über ihre Stärken und auf welche Aspekte ihres Spiels ich unbedingt aufpassen müsste. Ich hatte mir viel vorgenommen für das Match, war aber auch sehr nervös.

Sang- und klanglos ging die Partie für mich mit 2:6 und 1:6 verloren. Vor lauter Respekt habe ich mehr gegen ihren Namen und ihren Mythos verloren als gegen sie selbst.

Seit diesem Match versuche ich, im Kopf immer so sachlich wie möglich zu bleiben. Alle haben ihre Tagesform, auch die Besten. Ich mache mir klar: Es geht nur darum, an diesem Tag und in diesem Match besser als die Gegnerin zu sein.

David hat es doch auch gegen Goliath geschafft. Zahlreiche Beispiele reihen sich aneinander, bei denen nicht ganz so sportliche Davids supersportliche Goliaths in die Knie zwangen. Nehmen wir die Fußball-Nationalmannschaft der USA, die bei der WM 1950 in Brasilien die überdeutlich favorisierten Engländer mit 1:0 aus dem Turnier schossen. Den Treffer erzielte Josef Gaetjens, ein Student. Die Wettquote vor der Partie: 1:500.[50] Es geht also!

Auch der renommierte Sportpsychologe Lothar Linz verweist auf den historischen David, der gute Voraussetzungen mitbrachte, die in ihrem

50 Neue Szene (2018).

Zusammenwirken den Ausschlag für seinen Erfolg gaben; am Kampf gegen Goliath lassen sie sich ablesen: David war mutig, siegessicher, gnadenlos, kannte seine Stärken, setzte sie auch ein, handelte unvermittelt und als Erster.[51] Diese Attribute stünden jedem, der gewinnen will, gut zu Gesichte.

Nicht alle Attribute sind dem Underdog von Anfang einverleibt, ein paar kann man sich aber ungeachtet der äußeren Umstände vornehmen: Gnadenlosigkeit – die hier nichts mit Brutalität zu tun hat – ist eine sportliche Maxime, nach der sich streben lässt. Und seine Stärken sollte ohnehin jeder kennen und einsetzen und dann – strategisch effektiv – den Moment der Überraschung nutzen, den man insbesondere provoziert, wenn man schneller handelt als sein Gegenüber.

Legt mal all das zugrunde, ist die Basis für einen mutigen Auftritt gelegt. Ob daraus auch gleich noch Siegessicherheit erwächst, sei mal dahingestellt. Der Glaube an einen Überraschungssieg muss aber drin sein.

Eine ganz andere, aber mindestens ebenso überlegenswerte und überlebensstarke Strategie wäre, sich selbst zum Angstgegner der anderen zu machen. Gewiss sind die Möglichkeiten dazu im Sport begrenzt, denn unser Handeln sollte stimmig sein, zu uns passen. Den Aufschlag von unten und zudem noch durch die Beine zu spielen, wie es Nick Kyrgios regelmäßig erfolgreich macht, ist nicht jedermanns Sache.

Im Berufsleben sind die Optionen breiter gefächert. Und wir müssen ja auch nicht gleich alle ängstigen wollen, gepunktet hätten wir auch, wenn wir dem Gegenüber ein „Chapeau" entlocken. Ein probates Mittel bestünde in der Überraschung. Sie funktioniert universell, im Kinofilm, in der Zeitungsreportage, im Lebenslauf, in jeder Form der Bühnenpräsentation.

Die Überraschung durchstößt nicht nur Monotonie und Langeweile, sie schafft es auch noch, sich aus einem lebhaften Drumherum herauszuheben. Was also spräche dagegen, jeden unserer Auftritte mit mindestens einem überraschenden Moment anzureichern? Überraschungen sind erinnerbar. Etwas Bereicherndes nicht erwartet zu haben und trotzdem zu bekommen, ist wie ein Geschenk.

51 Linz (2014, S. 169).

ZUSAMMENGEFASST: PRAKTISCHES IN STICHWORTEN AUS KAPITEL I

Den eigenen idealen Vorstartzustand zu finden, mit Angst und Nervosität klarzukommen und sich optimal auf eine bevorstehende Aufgabe einzustellen, sind Fähigkeiten, die Erfahrung, Geduld und Sensibilität erfordern – und individuell recht unterschiedliche Vorgehensweisen nach sich ziehen.

GUT INS SPIEL KOMMEN

Auf gute Erfahrungen zurückgreifen *** Musik einsetzen *** meditieren *** Entspannungstechniken nutzen *** sich zurückziehen *** Gespräch suchen *** Psyching-up

DIE ANGST DAS FÜRCHTEN LEHREN

Akzeptieren *** Grenzen kennen *** systematische Desensibilisierung *** Angst als Kontinuum sehen *** zwischen Angst und Ängstlichkeit unterscheiden *** Ursachen differenzieren *** Angst umdeuten *** Nervosität als Freund und Aktivierungshelfer *** Perspektiven wechseln *** Listen angenehmer Tätigkeiten nutzen.

DIE EIGENE ATMOSPHÄRE SCHAFFEN

Tagesform als Faktor akzeptieren *** Optimum statt Perfektion *** das für den Moment Mögliche aus sich herausholen *** mentale Präsenz von vielen Einflussgrößen bestimmt *** positive Aspekte einsaugen, negative ausblenden *** antizipierende Imaginationsübungen *** sich vertraut machen mit dem Wettkampfort.

SICH AUF DAS UNVORHERSEHBARE VORBEREITEN

Störungen hinnehmen *** Störungen umdeuten *** Perspektive ändern *** Genugtuung aus der eigenen professionellen Reaktion ziehen.

DAS GEGENÜBER KENNENLERNEN

Videoanalysen *** Gespräche mit anderen Spielerinnen, Experten *** Szenen mit Affirmationen durchgehen *** überraschen können *** Siegeswillen ausstrahlen *** Angstgegner relativieren und ihnen Schwächen nachweisen.

2 Das Spiel nimmt Fahrt auf

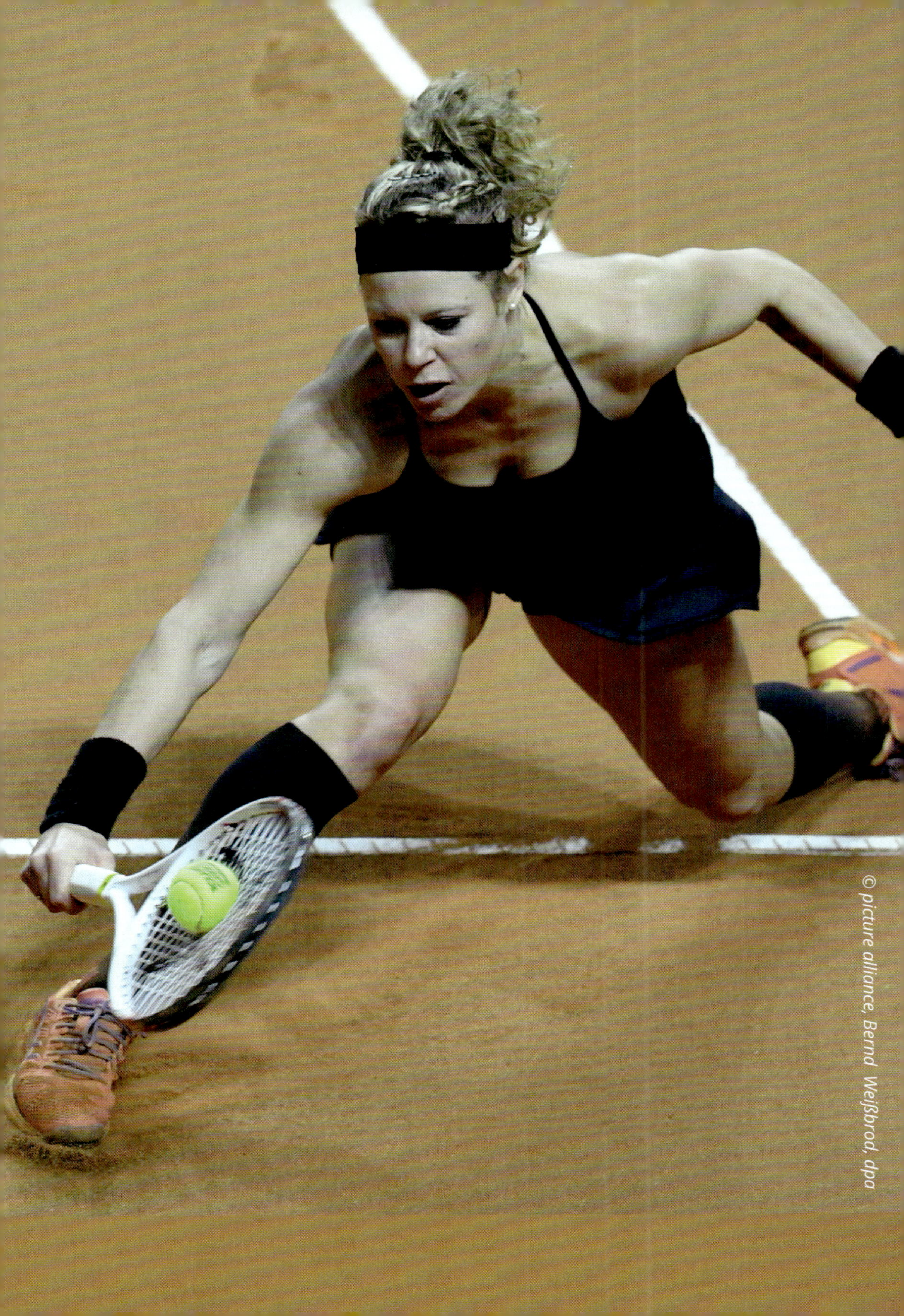

© picture alliance, Bernd Weißbrod, dpa

BREAK UND REBREAK: IM FLUSS SEIN

Serotonin, Dopamin und Noradrenalin – sie sind die Spaßvögel in unserem System, die Glückshormone. Wir müssen sie hegen und bei Laune halten. Und die Wissenschaft sagt uns, wie das geht, nennt uns Glückshormon-Booster: Schokolade zum Beispiel – die hier allerdings nur erwähnt und aus nahe liegendem Grund nicht besprochen wird. Viel wichtiger ist ein anderer Glückshormonbeschleuniger, die Bewegung, respektive der Sport, der es vermag, zum Glück oder mindestens zu glücklichen Momenten zu verhelfen.

Nehmen wir das Serotonin. Unter anderem mit ihm steht und fällt unser Zufriedenheitspegel. Ist es ausreichend vorhanden, bindet es sich an die Rezeptoren im Gehirn und schreibt uns ein Gute-Laune-Programm in die Schaltzentrale. Wir fühlen uns motiviert, unsere Stimmung hellt sich auf. Der Sport schenkt uns diese Momente der Hormonausschüttung, und das nicht nur im glorreichen Moment eines Sieges, sondern durchaus auch auf dem Weg dorthin. Obendrein auch, wenn der Sport um seiner selbst willen, frei von Wegen und Zielen, betrieben wird.

- Was passiert mit und in uns, wenn uns die Freude übermannt?
- Wenn uns der unerwartete und beeindruckende Olympiasieg feuchte Augen beschert?
- Warum weinen immer wieder Menschen, wenn sie es das erste Mal in ihrem Leben über die Ziellinie eines Marathons schaffen?

Überzeugende Antworten gibt Christian Kreienbühl. Der Zwei-Stunden-und-13-Minuten-Läufer war im „A-Kader Swiss Athletics“ und holte bei den Leichtathletik-Europameisterschaften 2014 und 2018 mit seinem Team den dritten und vierten Platz.

Wie die letzten Kilometer vor dem Ziel seien? „Wie wenn man als Kind barfuß über die abschüssige Wiese sprintet und man weiß, dass einen, unten angekommen, sein Lieblingseis erwartet.“ [52] Und wenn es so richtig gut gelaufen ist, etwa als er Bronze bei der EM gewann, „dann erlebt

52 Kreienbühl (2018).

man manchmal etwas vom Schönsten, was einem im Leben passieren kann: vor Freude zu weinen".

Was dem Schweizer Nationalmannschaftsläufer eine Europameisterschaft ist, ist dem ambitionierten Breitensportler der New-York-Marathon. Bei diesem weltbekannten Wettbewerb stehen die Einheimischen am Straßenrand, im Central Park auf den letzten Kilometern sogar in mehreren Reihen, links wie rechts. Läufer und Fanschaft kennen sich nicht, trotzdem ist man sich so nah, räumlich und emotional.

Das „Go, go, go!" der Zuschauer trägt die Läufer ins Ziel. Glückshormone sprudeln durch den Körper. Und das unter Umständen dauerhaft. Sein „High", wie Kreienbühl sagt, halte ein bis zwei Wochen an. „Während dieser Zeit fliege ich förmlich durch den Alltag. Vieles fällt mir dann enorm leicht."[53]

DEN WETTKAMPF VERSTEHEN

Wir können uns beflügeln, uns motivieren, High- und Flow-Zustände erlangen. Es wäre bedauerlich und sehr einschränkend, unser Glücksempfinden ausschließlich an das Gefühl zu binden, immer besser als die anderen sein zu müssen. Denn das generelle Konzept des Wettkampfs nimmt nur wenige Auserwählte in seinen Gewinnerzirkel auf.

Das Konzept lässt sich erst einmal auf eine sehr kurze Formel reduzieren: Einer gewinnt, einer verliert. Oder etwas differenzierter: Der Erste gewinnt, der Zweite und der Dritte gewinnen auch noch ein wenig, und alle anderen verlieren. Und in manchen Sportarten ist auch der dritte Platz schon nichts mehr wert. Im Tennis zum Beispiel. So geht es also um ein paar ganz wenige erste Plätze, um die eine unübersichtlich große Horde erfolgshungriger Athleten buhlt. Anders gesagt: Es gibt sehr wenige Gewinner und unheimlich viele Verlierer.

Das ist reichlich frustrierend für die Nichtgewinner, vor allem, wenn man bedenkt, dass es in der Gruppe der Gewinner nicht sonderlich viel Fluktuation gibt, es also oftmals immer wieder dieselben sind, die den Pokal hochrecken, die Messis und Ronaldos, die Williams', Woods, Bolts,

53 Ebd.

Bradys und Gretzkys, die Neuners, Grafs, Halmichs und Werths. Eine Ablösung auf dem Treppchen findet häufig erst statt, wenn den über Jahre Führenden altersbedingt langsam die Luft ausgeht.

Es verhält sich wie mit der weltweiten Verteilung des Geldes: Rund ein Prozent der Weltbevölkerung besaß Ende 2020 fast die Hälfte des Weltvermögens.[54] Sehr wenige ernten also die Früchte. In der Gesellschaft insgesamt und im Speziellen eben auch im Marktsegment Sport. Außer Frage: Es macht den Sport aus, dass es so schwer ist, ganz oben zu landen und dass letztlich die Hoffnung auf Erfolg stärker ist als jedwede Prognose.

Das ist kein philosophischer Exkurs zur überhöhenden Frage nach Gerechtigkeit. Vielmehr geht es darum, aus diesem eklatanten Missverhältnis mehr Zufriedenheit oder, besser gesagt, mehr Zufriedene zu generieren. Vereinfacht ausgedrückt:

- Wie lässt sich allgemein als ambitionierter, fleißiger Mensch, und speziell als hart trainierender, talentierter Sportler, auch neben dem Siegertreppchen eine Form der persönlichen Genugtuung finden?

Zufriedenheit also ausschließlich daran zu orientieren, wie oft man gewinnt, ist – bei solch limitierter Siegeswahrscheinlichkeit – mehr als heikel. Der Sieg mag hier das finale Ziel sein, das den Menschen antreibt. Aber auch der Weg dorthin verlangt seinen Wert. Das komplette Übereinkommen muss stimmen; das sagen auch Arbeitgeber und -nehmer gern, wenn sie Gehälter aushandeln.

Es geht also nicht nur darum, dass die Summe, die am Monatsende aufs Gehaltskonto überwiesen wird, dem Anspruch genügt: Auch die vier Wochen vor der Gehaltsauszahlung brauchen ihren Wert. Diese unternehmerische Idee greift gleichermaßen im Sport und lässt sich auf ein Match, ein Turnier, eine Saison, auch auf eine ganze Sportlerkarriere projizieren.

Wir müssen uns also Gedanken machen, mit welchen Ansprüchen und Wünschen wir unsere Ziele angehen. Und das ist – Sport hin, Athletik her – erst einmal keine Frage der Physis, sondern der Psyche – sie ist

54 Statista Research Department (2022d).

es, die als Vermittler und Regulator das System Mensch ordnet, wie ein Verkehrs- und Informationsnetz.

So beschrieb es bildhaft Paul Kunath, der die Abteilung der Sportpsychologie an der renommierten Deutschen Hochschule für Körperkultur in Leipzig aufbaute und ab 1961 leitete.[55] Wir müssen darüber nachdenken, was wir wirklich wollen, und das nicht nur auf die ferne Zukunft, sondern auch auf die Gegenwart bezogen.

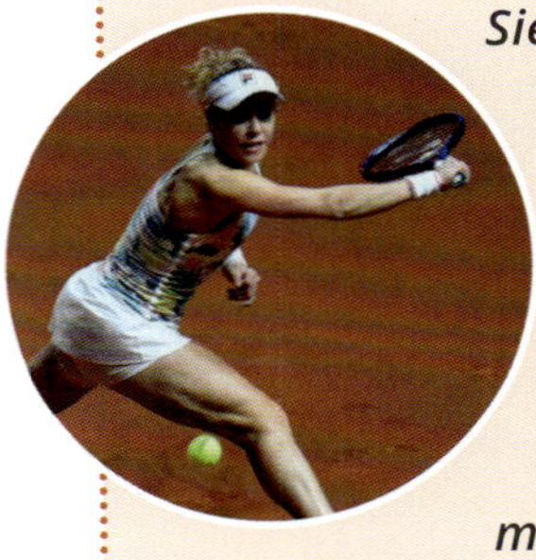

Sieg oder Niederlage. Gutes oder schlechtes Match. Gesund oder verletzt. Immer nur nach Perfektion zu streben, nur das Beste als gut genug zu erachten und es zur Not zu erzwingen, hat mich jahrelang gehindert, mein Potenzial voll abzurufen. Und es hat mir vor allem die Freude an den kleinen Schritten genommen. Den größten Entwicklungssprung habe ich gemacht, als ich mich endlich davon lösen konnte, alles in Schwarz und Weiß einzuteilen.

In meinen jungen Jahren war es besonders deutlich, alles musste perfekt sein: die Vorbereitung, das Training, das Match. Jede Leistungsdelle oder Ungereimtheit im Prozess auf dem Weg zum Ziel kam mir wie etwas Ungewolltes, wie etwas Schlechtes vor. Auf der Suche nach Perfektion wurde ich so gut wie immer enttäuscht. Eines ist klar: Das Ideal der Perfektion ist eine Seltenheit, nicht nur im Profisport.

Mein Wahn zur Perfektion führte sogar so weit, dass mir die Freude am Tennis völlig verloren ging und ich für eine Weile aufgehört habe, hauptberuflich Tennis zu spielen. In meiner Auszeit hat sich meine Sicht auf Perfektion, Leistung und Erfolg stark verändert.

Ich habe gelernt, meine Karriere insgesamt, aber auch meine Matches als kleine Reisen zu betrachten – mit ihren Höhen und Tiefen, auf die ich mich bewusst einlassen wollte. Mit dieser Einstellung im Hinterkopf habe ich ganz anders Tennis gespielt. Ich hatte nach wie vor ein Ziel, aber ein anderes.

55 Eberspächer (2012, S. 15).

Die eigene Performance und Entwicklung in kleinen Reiseetappen zu sehen, kann zum lohnenswerten Ziel werden und den Schaffensprozess mit noch mehr Sinn und Zufriedenheit unterfüttern. Das Arbeiten mit Alltagsmetaphern stellt sich hierbei immer wieder als effektives Vehikel heraus. Es transportiert uns imaginär durch vertraute Umgebungen.

Gerade für Verlaufsstrukturen ist die Reise eine sehr passende Parallelwelt. Wir können Gas geben, wenn es pressiert, wenn etwa die letzten Spielminuten die Entscheidung bringen müssen. Und wir gehen vom Gas, wenn wir den Rhythmus durchbrechen oder Zeit gewinnen wollen.

Und wenn es die Gegnerin ist, die das Tempo bestimmt? Dann passen wir die Metapher entsprechend an: Für kurze Zeit wird man zum Beifahrer und wartet den Moment ab, um das Steuer wieder zu übernehmen und die Fahrt selbstbestimmt in die eigene Wunschrichtung fortzuführen.

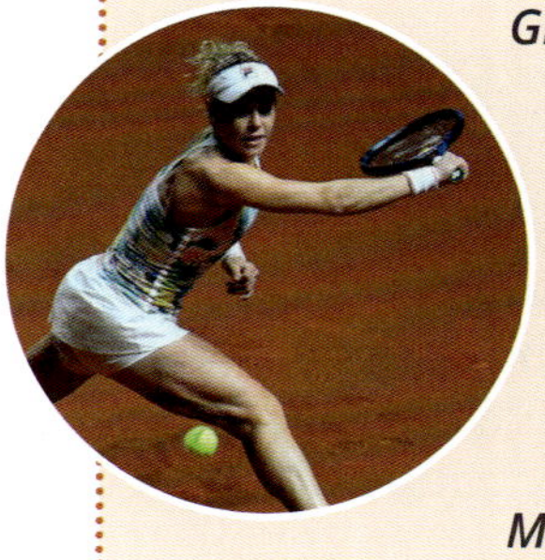

Grundsätzlich ist man bestrebt, in einem Match schnellstmöglich die Oberhand zu gewinnen. Man versucht, von vornherein die Ballwechsel zu dominieren, aber auch das Spieltempo, die Zeit zwischen den Ballwechseln, die ganze Atmosphäre auf dem Platz zu dirigieren, dem Spiel den eigenen Stempel aufzudrücken. Die Gegnerin soll das Gefühl bekommen, dass es nicht ihr Match ist, nicht ihr Platz, nicht ihr Tag.

Zeit, um abzuwarten oder mal zu schauen, wie sich das Spiel so entwickelt, gibt es auf Profiniveau nicht, es geht von Anfang an eiskalt zur Sache und wer da nicht mitkommt, verliert im Normalfall.

Im Tennis kann man einerseits gegen den Gegner verlieren – andererseits aber auch gegen sich selbst. Es kann in einem Match auch Phasen geben, in denen man spürt, dass sich die Gegnerin verrennt und mit ihrem eigenen Spiel Probleme hat, zum Beispiel, wenn sie anfängt, zu überpowern und unerzwungene Fehler zu produzieren. In solchen Momenten kann es ratsam sein, auf der Welle der Matchdynamik mitzureiten, sozusagen bewusst Beifahrer zu werden und relativ wenig aktiv einzugreifen.

So kann man beispielsweise von der eigenen offensiv ausgerichteten Spielweise etwas absehen und absichtlich mehr Bälle mit weniger Tempo zurückspielen – mit dem Ziel, die Gegnerin noch mehr zum Überpowern zu verleiten. Es ist allerdings wichtig, den richtigen Moment zu erkennen.

Spätestens, wenn sie beginnt, Lösungen zu finden, muss man selbst wieder aktiver werden und das Steuer übernehmen. Die Gefahr besteht vor allem darin, dann nicht schnell genug umschalten zu können, um zum eigenen, offensiven Spiel zurückzufinden. Der Wechsel vom Beifahrer zum Fahrer ist nicht einfach und will geübt sein.

Sinnvoller Umgang mit äußeren Einflüssen

Das Tempo wird nicht nur von den spielenden Akteuren bestimmt und variiert. Ebenso von Trainern, Mitspielern, Schiedsrichtern. Auch Fans können erheblichen Einfluss nehmen: indem sie im Moment der konzentrationsbedingten Stille dazwischenrufen, indem sie pfeifen, buhen, aber auch rhythmisch anfeuern, indem sie beim gegnerischen Basketballfreiwurf hinter dem Korb sitzen und wild gestikulieren. In welche Richtung die Irritation oder Unterstützung auch gehen mag, der Athlet muss lernen, die Signale zu ignorieren, zu akzeptieren oder als begleitenden Effekt zu nutzen, um auch weiterhin im eigenen Takt zu schwingen.

Nicht jeder braucht frenetischen Beifall, um gut zu funktionieren. Manch einen kann auch der Gegenwind beflügeln. „Diese unguten Schwingungen hat man ja immer, zum Beispiel auch durch Konkurrenten", sagt Magdalena Neuner. Und natürlich bauen gegnerische Fans und Teams nicht nur Druck auf, indem sie versuchen, die Konzentration des Athleten zu stören.

Druck entsteht auch durch Erwartung. Da hält man es dann am besten mit dem Sportpsychologen Jeff Greenwald und seiner Empfehlung „Find pleasure in pressure"[56].

56 Greenwald (2007, S. 4).

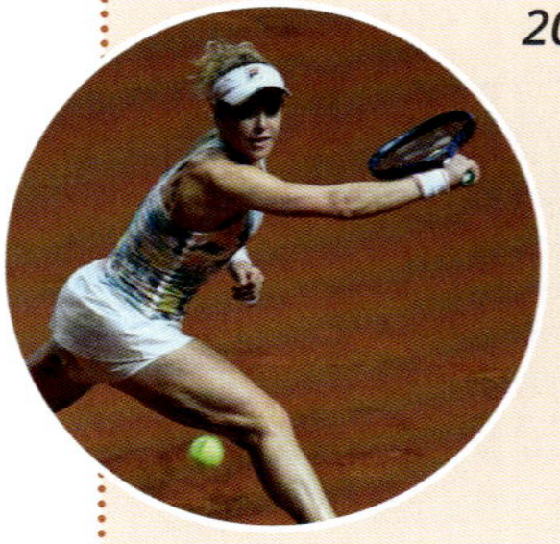

2017 stand ich gegen die Französin Kristina Mladenovic im Finale des Porsche Tennis Grand Prix in Stuttgart, beim Spielstand von 6:1, 2:6, 5:4 habe ich zum Match serviert. Zu diesem Zeitpunkt lagen neun Stunden Sandplatztennis und vier Siege hinter mir, drei davon gegen Top-10-Spielerinnen: Svetlana Kuznetsova, Karolina Pliskova und Simona Halep.

Ich wusste nicht, ob der Druck durch das heimische Publikum, das mich natürlich unbedingt gewinnen sehen wollte, größer war, oder der Druck, der sich aus meinem eigenen Anspruch ergab. Ein Jahr zuvor unterlag ich an gleicher Stelle Angelique Kerber im Finale, nachdem mir im achten Match innerhalb einer Woche – sieben Einzel und ein Doppel – die Kraft gefehlt hatte, um gegen eine Topspielerin wie sie zu gewinnen.

Auch damals konnte ich mehrere Top-10-Spielerinnen schlagen, hatte aber auch den langen Weg durch die Qualifikation gehen müssen und dadurch noch zwei Matches mehr in den Beinen als dieses Mal.

Jetzt also erneut Finale. Ich hatte es, ehrlich gesagt, nicht erwartet, noch einmal die Chance zu bekommen, bei diesem prestigeträchtigen Heimturnier zu gewinnen. Umso mehr wollte ich diesen Sieg. Es war ein gutes Match, ein sehr enger dritter Satz, der Ausgang völlig offen.

Mein Vorteil war, bei eigenem Aufschlag zum Matchgewinn zu servieren. Ich habe versucht, mit meinen Gedanken weder in die Zukunft noch in die Vergangenheit abzuschweifen, sondern ganz im Moment zu bleiben, mich nur auf den nächsten Punkt zu konzentrieren.

Beim wichtigen Spielstand von 15:30 gab mir die Stuhlschiedsrichterin dann eine Zeitstrafe, weil ich ihrer Ansicht nach zwischen den Punkten wiederholt zu langsam war. Laut Regelwerk stehen 25 Sekunden zwischen den Ballwechseln zur Verfügung, allerdings lag es damals im Ermessen der Schiedsrichter, wie penibel sie mit dieser Zeitregelung umgehen und wie hart sie Missachtungen bestrafen.

In dieser prekären Phase des Spiels derartig einzugreifen, war überraschend und brachte das Publikum in der Arena völlig auf die Barrikaden. Es hagelte Pfiffe und Buhrufe, der Center-Court bebte.

15:40 also, eine hohe Wahrscheinlichkeit, dass ich gebreakt werden und das Spiel durch den Ausgleich zum 5:5 wieder völlig offen sein würde.

Als die Schiedsrichterin den neuen Spielstand verkündete, war auch ich für einen kurzen Moment entrüstet. Wie konnte sie es wagen, in diesem engen Moment des Finales, in dem die Nerven blank lagen, derart unsensibel in das Spiel einzugreifen?! Also lief ich hin zu ihr, wollte mit ihr sprechen.

Auf dem Weg gingen mir viele Fragen durch den Kopf:
- *Wieso tut sie mir das an?*
- *Will das Schicksal, dass ich das Finale wieder verliere?*
- *War die unangemessene, aber vielleicht korrekte Entscheidung ein Wink mit dem Zaunpfahl?*
- *Sollte ich hier in Stuttgart einfach nicht gewinnen?*

Ich spürte einen tiefen inneren Zweifel.

Und dann ist etwas Fantastisches passiert, das ich nie vergessen werde. Es war eine Art Bewusstseinswandel: Mir wurde schlagartig klar, dass diese Schiedsrichterentscheidung, dieses kleine Detail, keinen so großen Einfluss auf mich nehmen durfte. Die Erkenntnis kam aus tiefstem Herzen.

Ich hatte so hart gearbeitet, um an diesen Punkt in meiner Karriere zu gelangen, hatte jahrelang dafür trainiert, mich aufgeopfert, Enttäuschungen hingenommen. Und jetzt stand ich hier auf dem Center-Court, um das Beste aus mir herauszuholen und zu gewinnen.

Konnte ich etwas an der Schiedsrichterentscheidung ändern? Nein. Durfte diese Entscheidung – gerechtfertigt oder nicht – auf meinen weiteren Matchverlauf Einfluss nehmen? Nein! Es war ein ausgeglichenes Spiel. Auch bei einem Stand von 5:5 blieben mir ebenso gute Möglichkeiten wie meiner Gegnerin, das Match noch zu gewinnen.

Ich gab mir keine Zeit mehr, mich mit dem Punktabzug zu belasten. Er lag außerhalb meiner Kontrolle und war faktisch Vergangenheit. Nichts außer der Gegnerin sollte mich vom Sieg abbringen können. Mein Aufschlagspiel ging verloren. Aber ich war gestärkt und so klar in meiner mentalen Ausrichtung wie nie. Es ging in den Tiebreak, den ich – nach 1:4-Rückstand! – mit 7:5 gewinnen konnte.

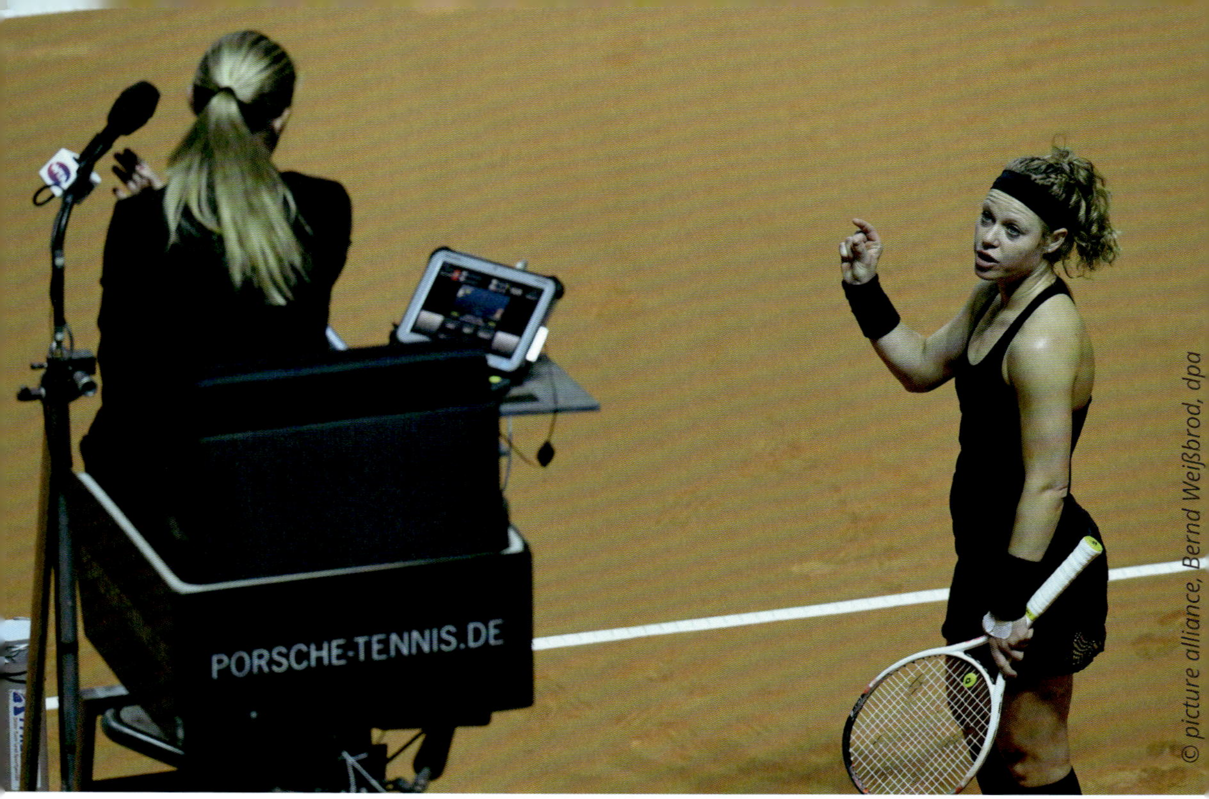

Stuttgart 2017: Zweifelhafte Schiedsrichterentscheidungen akzeptieren lernen und die Aufmerksamkeit auf das Kontrollierbare lenken.

In den verschiedenen Situationen adäquat zu reagieren, ist eine Herausforderung. Oft bleibt keine Zeit für strategische Überlegungen, Entscheidungen sind spontan zu treffen, unter Umständen sekundenschnell. Von Glück kann reden, wer bereits Erfahrungen ähnlicher Art gemacht hat und sich in – womöglich verschiedenen – Reaktionsmustern ausprobiert hat. Hilfreich sind zudem einfache Techniken, die uns helfen, Situationen zu rastern.

Etwa die Situation, in der man sich von einem Schiedsrichter ungerecht behandelt fühlt. Lohnt es sich, zu diskutieren, sich gar zu echauffieren?

Man kennt das Bild aus dem Fußball: Der Schiedsrichter pfeift ein Foul und eine Horde Unzufriedener rennt wild gestikulierend auf ihn zu und beschwört ihn, dass alles ganz anders gewesen sei und es obendrein alternativlos sei, die Entscheidung schnell wieder zurückzunehmen. Jedoch: Wie laut, wie vehement, wie bestimmend auch immer die Kritik vorgetragen wird – Schiedsrichter nehmen ihre Entscheidungen allenfalls zurück, wenn ihnen das der externe Videoschiedsrichter empfiehlt. Eine wilde, hochbefangene Meute schafft das nicht.

So kann man das theatralische Aufbegehren simpel als Zeit- und Energieverschwendung abtun. Mit entsprechender Vorab-Rasterung des Handlungsspielraums wäre viel gewonnen. Eine sehr einfache wie praktikable Drei-Fragen-Technik kann hier Großes leisten:

Konfrontiert mit einem Problem, stellen wir uns

Frage eins: Kann ich etwas ändern? „Ja", dann ändere ich es natürlich. „Nein", dann hake ich ab und gehe über zu

Frage zwei: Kann ich etwas daraus lernen? „Ja", dann benenne ich es und fühle mich bereichert. „Nein", dann ist die Situation als Ganzes abzuhaken oder zum späteren Bearbeiten im Kopf abzulegen. Wenn all das nicht hilft, dann bemühe ich noch

Frage drei: Was will ich, dass es mit mir macht? Unisono können wir hier die Antwort im Nu hinausbrüllen: Ich will, dass es keinen Einfluss auf mich hat. Damit wäre es im besten Fall erledigt, zumindest sollte die Situation damit ihrer Kraft beraubt sein.

Auch hier sei noch einmal ausdrücklich hervorgehoben, dass wir nicht für alles und immer 100-Prozent-Lösungen haben werden. Vielmehr sollten wir uns um jeden einzelnen Prozentpunkt freuen, um den wir ein Problem entkräften können. Im allerobersten Spitzenbereich kann schon ein vermeintlich läppischer Prozentpunkt über Sieg und Niederlage entscheiden. Womit wir wieder bei den vielen Verlierern wären, die so gern einen der so wenigen Gewinnerplätze eingenommen hätten.

Die Verliererposition sollten wir – hier beispielhaft ein profanes wie ausgesprochen häufiges Phänomen – auch in der folgenden Alltagssituation nicht akzeptieren. Die Situation hat längst den Status eines Klassikers: eine Kreuzung, zwei Autos, ich mache alles richtig, aber der andere missachtet meine Vorfahrt. Meistens verläuft es unfallfrei.

Nichts ist also passiert, genervt ist man trotzdem. Man flucht, fuchtelt mit den Händen. Der Moment ist energiegeladen, sodass ich mich noch minutenlang damit im Auto befasse, und auch zu Hause noch schimpfe: „Der Idiot!"

Da hat er es also geschafft, dass ich mich selbst idiotisch verhalte. Reicht es doch, dass mir der andere die Vorfahrt genommen und eine gefährliche Situation provoziert hat. Muss er auch noch umfänglich meine Gedanken bestimmen? Wollen wir einem solchen Umstand zugestehen, so viel Einfluss auf uns zu haben? Und es geht hier nicht nur um Einfluss, sondern auch um einen Angriff auf unser Gemüt.

Selbst über sich entscheiden

Das Verhalten anderer beeinträchtigt meinen geschützten Raum, über den ich doch Kontrolle haben sollte. Für Jonas Deichmann, einen Münchner Extremsportler, ist diese Kontrolle eine Form der **Selbstbestimmtheit** – die ein wichtiger Baustein im erfolgreichen Wettkampf ist. „Jeder hat schon erlebt", so Glücksforscher Mihaly Csikszentmihalyi, „dass man, statt von anonymen Kräften herumgestoßen zu werden, sich in Kontrolle der eigenen Handlungen, als Herr des eigenen Schicksals fühlt. Bei diesen seltenen Gelegenheiten spürt man ein Gefühl von Hochstimmung und tiefer Freude, das lange anhält und zu einem Maßstab dafür wird, wie das Leben aussehen sollte."[57]

Und Selbstbestimmtheit, so sagte Extremsportler Deichmann Anfang Dezember 2021 in einem Interview mit der *Süddeutschen Zeitung*[58], bedeute für ihn Freiheit. Welche Freiheit das wiederum entfacht, drückt sich überzeugend in Zahlen aus: 14 Monate lang war der damals 34-Jährige rennend, radelnd und schwimmend durch die Welt unterwegs und hat die Erde in rund 120 Ironman®-Distanzen umrundet. Selbstbestimmtheit als fruchtbare Grundlage für Leistungsfähigkeit, die hier gewiss auch mit Deichmanns **Selbstwirksamkeitserwartung** korrespondiert, der „subjektiven Einschätzung, dass man die Verfolgung und Verwirklichung von Zielen durch das eigene Verhalten beeinflussen kann"[59].

Und es ist mehr als bloße Offenheit für die Plattitüde, seines eigenen Glückes Schmied zu sein. Es ist ein Sich-Einlassen auf die eigene Vision, ein Pakt mit den eigenen Zielen. Das **Commitment** beschreiben Arbeits- und Kognitionspsychologe Jochen Müsseler und die experimen-

57 Csikszentmihalyi (2017, S. 17f.).

58 Regel (2021).

59 Müsseler & Rieger (2017, S. 245).

telle Psychologin Martina Rieger als einen der „besten Prädiktoren der Zielverwirklichung“[60].

Hierfür ist eine eigene Verortung Voraussetzung:

- Wo stehe ich?
- Wohin möchte ich?

Sodann kommt wieder der Glaube an die Selbstwirksamkeit ins Spiel, die den Ist-Zustand ja überwinden soll, um motiviert Kurs auf den Soll-Zustand zu nehmen.

So, wie es Barbara Engleder erfolgreich vor ihrem Olympiasieg im Sportschießen umgesetzt hat. „Ich habe mich im Selbstgespräch ständig reguliert: ‚Barbara, du bist nicht wegen der Nationalmannschaft hier, auch nicht wegen der Familie, sondern weil du es selbst so wolltest. Du hast 20 Jahre auf diesen Moment hingearbeitet. Deswegen kannst du auch entscheiden, wie es heute ablaufen soll.‘“

DIE KRAFT DER MOTIVATION

941 Tage musste sich Klay Thompson gedulden, bis er Anfang 2022 für die Golden State Warriors wieder den Basketball gen Korb abfeuern durfte. Ein Kreuzband- und im direkten Anschluss noch ein Achillessehnenriss hatten ihn in den mehr als zweieinhalbjährigen Krankenstand verbannt. Als wäre nichts gewesen, brachte sich der 31-jährige NBA-Basketballer gleich wieder mit 17 Punkten ein.

Thompson brilliert bei seinen Würfen schon vor der Verletzung mit einer 40-Prozent-Quote. Er ist der Dreierkönig der US-amerikanischen Liga, hält den Rekord mit 14 Dreierwürfen in einem einzigen Spiel.

Sein eigentlicher Rekord entzieht sich aber der bloßen Zahlenschieberei: Klay Thompson hat an sein Comeback geglaubt, unaufhörlich und über einen erstaunlich langen Zeitraum hinweg. Während mancher schon bei mehrmonatiger Verletzungspause strauchelt, hat Thompson 941 Tage Geduld bewahrt.

60 Ebd., S. 242., zitiert nach Brunstein (1993, S. 1061-1070).

Die Geschichte spricht für sich. Visionen zu haben und fest an etwas zu glauben, das kann Kraft entfachen, in hohem Maße motivieren und mit emotionaler und mentaler Widerstandsfähigkeit einhergehen. Diesen Zusammenhang stellt auch die pointierte Erzählung von Michael Steinbach her. Der Ruder-Olympiasieger im Doppelvierer von 1992 hätte sich die Goldmedaille auch für sein Talent verdient, die eigenen Ziele effektiv zu visualisieren:

„Ich erinnere mich noch gut an die Olympischen Winterspiele 1976 in Innsbruck. Stundenlang habe ich mit meinem Großvater vor dem Fernseher gesessen, Wettkämpfe angeschaut und Sportler wie Franz Klammer und Rosi Mittermaier bewundert. Und schon damals als Sechsjähriger habe ich mir gewünscht, auch einmal Olympiasieger zu werden.

1985 hatte ich meinen ersten Erfolg als Ruderer: Der zweite Platz im Einer bei den deutschen U16-Meisterschaften. Zu diesem Zeitpunkt habe ich mir ausgerechnet, dass ich in sieben Jahren so weit sein könnte, bei den Olympischen Spielen in Barcelona 1992 dabei zu sein.

Immer und immer wieder habe ich mir ab diesem Zeitpunkt beim Ausrudern auf dem Ergometer nach dem Krafttraining das Olympiafinale vorgestellt und bin in meinem ganz eigenen Kopfkino als Erster über die Ziellinie gerudert, habe mir den Erfolg unzählige Male herbeigedacht.

Im Frühjahr 1987 bin ich nicht mit auf Klassenfahrt nach Berlin, weil gleichzeitig ein Vorbereitungstrainingslager für die Junioren-Weltmeisterschaft stattgefunden hat. Kurz darauf saß meine Mitschülerin Astrid neben mir im Schulbus und hat mich gefragt, ob es sich denn lohnen würde, wenn man für den Sport auf so etwas verzichte. Ich habe ihr versichert, dass sich das lohnt und ihr gesagt, sie soll im August 1992 den Fernseher einschalten, dann könne sie sehen, wie ich Olympiasieger werde. Wir haben dann um eine Schwarzwälder Kirschtorte gewettet!

Fünf Jahre später, ich war gerade zurück aus Barcelona, stand Astrid vor meiner Haustür – mit einer selbstgebackenen Schwarzwälder Kirschtorte."

Viel sportpsychologisches Vokabular muss man bemühen, um diese Geschichte zu erklären. Es greift ineinander, was den Top-Performer ausmacht: **Visionen** haben, sich **Ziele** setzen, an sich glauben, den Willen – die sogenannte **Volition** – in sich tragen, um überdauernd motiviert zu sein. Hinzu kommt das grundsätzliche Zusammenspiel des individuellen Motivs und des situativen Anreizes.[61]

- Ist also zu erwarten, dass ich durch entsprechendes Engagement etwas mir besonders Wichtiges erreiche?

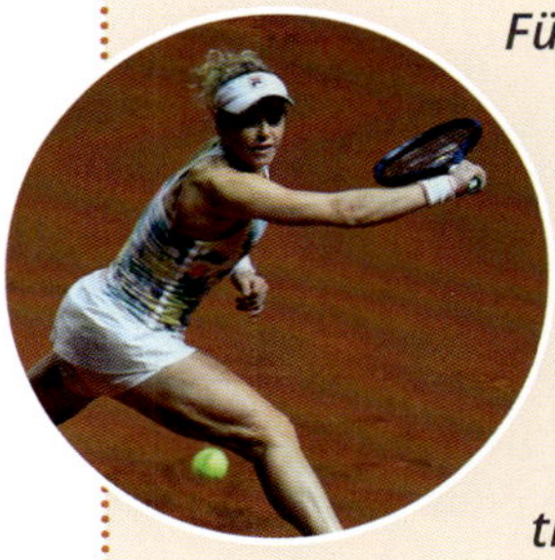

Für mich ist eine der größten Motivationsquellen im Sport, aber auch im Leben allgemein, mich weiterentwickeln zu können, nie stehen zu bleiben, immer wieder etwas Neues zu probieren. Das treibt mich an und das bereitet mir auch Freude.

Da hilft es, dass in mir sowohl die Perfektionistin steckt, die unermüdlich nach Selbstoptimierung strebt, als auch die ständig Suchende, die mit einer Ur-Neugier den Blick über den eigenen Tellerrand hinaus erhaschen will. Man kann von anderen und anderem lernen und den Lernstoff in das eigene System einbauen.

Ohne **Motivation** geht es nicht, sie ist der Motor erfolgreichen Handelns. Diese enge Verknüpfung lässt sich auch etymologisch belegen. Die Motivation hat ihren Ursprung im Lateinischen, *movere* steht für *bewegen*. So geht es darum, einen Prozess in Gang zu bringen, *sich* in Gang zu bringen.

In der Motivation steckt ebenso das ***Motiv***, der Beweggrund. Wir geben unserem Handeln Sinn und Struktur, grenzen es zeitlich ab, definieren einzelne Schritte, die sich zu einem zielgerichteten Prozess verbinden.

Inspirierend ist auch der Blick auf das Motiv in der Musik. Als Keimzelle wird das Motiv hier gern verstanden, aus der sich etwas Verbindliches herausbildet, das „dem Thema ein charakteristisches Gepräge geben" kann.[62]

61 Güllich & Krüger (2013, S. 278).

62 Ehlert (o. J.).

Und noch eine Analogie liefert interessante Einblicke: die Fotografie. Auch hier steht am Anfang das Motiv, das die richtige Abwägung zwischen Totale und Naheinstellung braucht, den richtigen Ausschnitt, den richtigen Hintergrund, das richtige Licht, die richtige Gesamtkomposition. Ist das Motiv stimmig in Szene gesetzt, dann lässt es seinen Betrachter nicht mehr los.

Gepackt werden vom Motiv, genau das ist es, was wir wollen. Genau das ist es, was es uns ermöglicht, etwas zu erreichen, etwas neu zu erschaffen, uns zu entwickeln und zu verbessern. Das Motiv schafft Motivation und Motivation schafft es, auch Unliebsames in Kauf zu nehmen, Anstrengung zum Beispiel.

Anstrengung zu akzeptieren, auch wenn es wehtut – dieses Niveau sollten wir erreichen. Doch: Warum umständlich und mühsam, wenn es auch eine nicht so aufwendige Alternative gibt? Die Anstrengung ist unser neuralgischer Punkt, die Stelle, an der – medizinisch gesprochen – ein Nerv hochsensibel auf Druck reagiert. Abhärtung gegen diesen Moment ist erstrebenswert – zumindest dann, wenn die Ziele ambitioniert sind. Wer höheren Ansprüchen genügen will, wird immer öfter auch anstrengenden Alternativen begegnen.

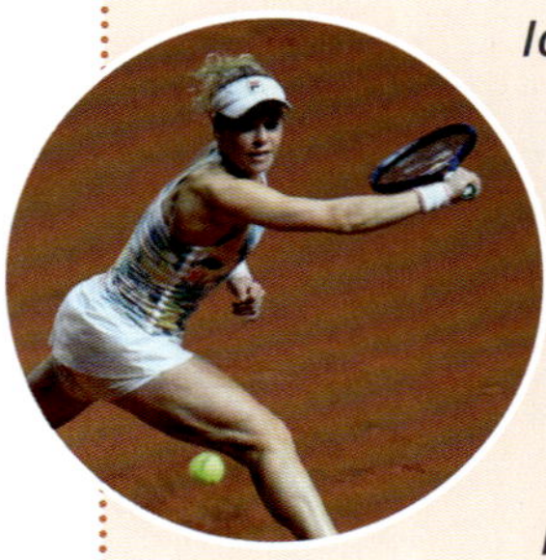

Ich hatte zum Glück nie Probleme, große Anstrengung auszuhalten, im Gegenteil: Körperliche Anstrengung ist für mich wohl fast eine Art Sucht.

Trotzdem kommen Momente, die einen nachdenken lassen und die Frage aufwerfen: Warum mache ich das alles? Viele Zweifel kamen mir in der Vorbereitungsphase für die Saison 2021. Die Pandemie hatte uns viel abverlangt – all die Turniere ohne Zuschauer und ohne Atmosphäre – und natürlich auch die Motivation auf eine harte Probe gestellt. Zeit, um zu reflektieren:

- *Wo stehe ich, wo will ich noch hin?*
- *Wie viele Male will ich mir diese Schinderei noch antun?*
- *Wie lange will ich generell noch spielen?*
- *Wie lange macht mein Körper überhaupt noch mit?*

Eines Freitagnachmittags, ich habe eine extrem harte Einheit auf dem Platz absolviert, und mein Körper gab an diesem letzten Tag einer im Gesamten sehr harten Trainingswoche noch viel her. Also weiter. Als ich nach gut drei Stunden völlig erschöpft auf den Boden sank und nach Luft ringen musste, hatte ich einen Schlüsselmoment: Mir wurde klar, dass ich genau diese Art der Verausgabung liebe.

So absurd es klingt: Genau diese unbarmherzige Seite der Arbeit bereitet mir die größte Freude und ist der Grund, warum ich das Ganze eigentlich noch mache. Sich auspowern, die eigenen körperlichen und geistigen Grenzen jedes Mal ein kleines Stück verschieben, Details optimieren, um den eigenen Zielen ein Stück näherzukommen. Ich konnte und kann mir noch nicht vorstellen, ohne all das zu leben.

Wem die Selbstüber*windung* nicht leicht fällt, den lockt die Industrie jetzt mit Selbstüber*listung*. Weil es vielen Menschen gar so schwerfällt, sich auch nur für einen regelmäßigen, kleinen Ausdauerlauf zu motivieren, springt seit einiger Zeit die App-Industrie mit ihrer ausgefeilten Technologie zur Seite. Findige App-Hersteller nützen den Mangel (aus) und schicken mit ihren **Aktivitätstrackern** mitunter sehr ertragreiche Unterstützer-Apps ins Rennen.

Die kognitive Basis ist ja gelegt: Der Mensch weiß eigentlich, dass er sich im Schnitt zu wenig bewegt, darauf wird er in den Medien immer wieder gebetsmühlenartig hingewiesen. Nur fällt es ihm eben schwer, den Missstand aus eigener Kraft zu beheben. Die Effekte einschlägiger Apps wurden an Tausenden von Probanden getestet. Ein „kleiner bis mäßiger Effekt auf das körperliche Aktivitätsverhalten“[63] konnte herausgestellt werden, mehr nicht. Es bleibt also mühsam.

Ansetzen müssen wir, daran führt kein effizienter Weg vorbei, bei uns selbst, tief in uns selbst. Wir blicken wieder in den Spitzensport. Es gilt also, sich überdauernd zu motivieren. Im Großen betrachtet, bedeutet das, sich jahrelang ohne Unterlass für Training und Wettkampf zu begeistern und mit Willenskraft gegen die Momente fehlender innerer

63 Jablinski (2021, S. 122).

Bereitschaft anzukämpfen. Im Kleinen gilt, seine Motivation lenken und damit kontrollieren zu können und fähig zu sein, sie bei Bedarf abzurufen – auch fröstelnd und ohne Zuschauer.

Motive können hierbei ganz unterschiedlicher Natur sein. Es kann etwa darum gehen, Leistung zu zeigen, auch Macht zu demonstrieren oder Anschluss zu erhalten.[64] Meist liegt eine Mischung mehrerer Motive in unterschiedlicher Ausprägung vor. Diese wiederum stehen in Beziehung zu Handlungstätigkeit, Handlungsergebnis und Handlungserfolg.

Es besteht also die Möglichkeit, dass die Tätigkeit allein den ausreichenden und alleinigen Anreiz liefert, zum Beispiel, wenn es beim Naturerlebnis Bergwandern eben um das Naturerleben Bergwandern geht. In dieser idealen Motivationslage müssen wir nichts überwinden, sondern wir brauchen einfach nur zu sein. Solche Momente sind selbstredend von hohem Wert. In Hochleistungsprozessen reicht es aber nicht aus, sich auf diese Wohlfühlregionen zu beschränken.

Der Zweck, den wir verfolgen – auch wenn er uns grundsätzlich beflügeln mag –, fordert Zugeständnisse ein. Ein Beispiel: Wer das Auto aus einem Umweltbewusstsein heraus stehen lässt, muss oft längere Zeiten fürs Überbrücken von Distanzen in Kauf nehmen, macht sich abhängig von Fahrplänen öffentlicher Verkehrsmittel und hat das Gepäck störend auf dem Rücken statt kommod im Kofferraum. Oder: Wer morgen mit seinem Vortrag auch im letzten Detail noch glänzen will, muss heute unter Umständen über seine Müdigkeit hinweg in die Nacht hineinarbeiten.

Und: Wer Olympiasieger werden will, muss Trainingseinheiten absolvieren, die sehr oft sehr weit über die Wohlfühlregion hinausragen. Es kann die kraftzehrende letzte Wiederholung beim Bankdrücken sein, das Überwinden von Krämpfen in den letzten Zügen des Wettkampfs, das Ankämpfen gegen kalte Windböen in der vermeintlichen Immer-gute-Laune-Sportart Beachvolleyball. Dass sich rein motivationale Ansätze hin zum volitionalen Prozess verschieben, ist Teil des Hochleistungssystems. Grenzen überschreiten zu können, entwickelt sich zur elementaren Qualität.

64 Güllich & Krüger (2013, S. 279f.).

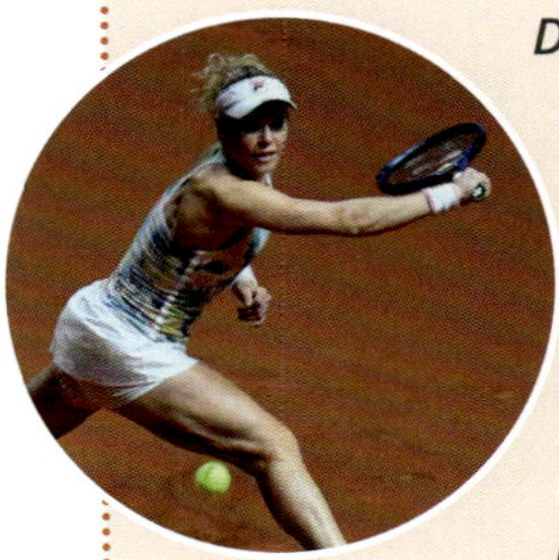

Die Bedingungen bei den French Open 2020 waren miserabel. Wegen der Corona-Pandemie hatte man das Turnier von Mai auf Oktober verlegt, Spieler und Teammitglieder durften das Hotel mal wieder nur zum Trainieren und für die Matches verlassen. Unser Bewegungsradius war also auf Zimmer und Tennisplatz begrenzt.

Regelmäßig haben wir bei Temperaturen unter zehn Grad Celsius gespielt, der Platz war durchnässt von den vielen Regenfällen und der Wind eisig. Wetter, Plätze, Temperaturen, wegen der Pandemie keine Zuschauer – nichts passte. Von einer Grand-Slam-Atmosphäre keine Spur. Es war trostlos und demotivierend. Hinzu kam, dass ich seit einer Trainingseinheit in den ersten Tagen mit massiven Rückenschmerzen zu kämpfen hatte.

Als ich im ersten Match des Turniers auf Court Philippe Chatrier wieder einmal auf Kristina Mladenovic traf, lag ich schnell 1:5 zurück. Alles fühlte sich unecht an, unwichtig, nicht relevant. Alle meine Aktionen, als sollten sie heute nicht sein.

Ich war enttäuscht von mir und vor allem von meinen Gefühlen, hatte ein schlechtes Gewissen, weil ich mehr Professionalität, mehr innere Motivation von mir erwartet hatte. Immerhin waren wir bei einem Grand-Slam-Turnier!

Mir ging durch den Kopf, dass ich möglicherweise überspielt und müde von den zurückliegenden, langen Turnierwochen in den USA rund um die US Open 2020 war. Klar, ich hatte einen Grand-Slam-Sieg im Doppel in der Tasche – eine tolle Erfahrung! Das half aber erstaunlich wenig über meine Enttäuschung im Einzel bei den US Open hinweg. Ich hatte dort kurz zuvor deutlich in der ersten Runde verloren und das Match hatte mir den Nachgeschmack hinterlassen, ich könne es im Einzel nie in die zweite Woche eines Grand Slams schaffen.

Hier in Paris blieb mir jetzt nichts anderes übrig, als mich zu zwingen, weiterzumachen. Wie ein Roboter arbeitete ich Punkt für Punkt ab und mir gelang es, das Spiel zu drehen.

Im ersten Satz konnte ich sechs Satzbälle abwehren und das Match am Ende mit 7:5 und 6:3 gewinnen. Eigentlich eine gute Leistung, aber diese Motivationslosigkeit und dieser Widerwille wegen der schlechten Bedingungen wollten nicht verschwinden.

Wenn mir etwas zuwider war, dann: über die Grenzen, die mir mein Körper klar gesetzt hatte, mit Gewalt hinwegzuschreiten. Und das tat ich, indem ich jede Partie nur mithilfe mehrerer Schmerztabletten bestreiten konnte. Aber mir war auch klar, dass man das als Profisportler in bestimmten Situationen tun musste – und ein Grand-Slam-Hauptfeld auf meinem Lieblingsbelag war so eine Situation.

So schleppte ich meinen Geist und meinen Körper von Match zu Match, an den freien Tagen zwischendurch fuhr ich zu Kliniken, um MRTs[65] von meinem Rücken machen zu lassen oder telefonierte herum, welcher Spezialist mir eventuell kurzfristig helfen könnte. Die Ärzte des Turniers waren keinerlei Hilfe, was mich überraschte und enttäuschte. Sie versorgten mich lediglich mit ausreichend Schmerzmitteln.

Mit jedem Sieg arrangierte ich mich mehr mit der Situation, war zwar nie zufrieden mit meiner Leistung, aber immer froh, wenn ich am Abend wieder mit einem Wärmekissen im Rücken im Bett liegen durfte. Mit zusammengebissenen Zähnen bezwang ich in drei Sätzen Petra Martić, zu diesem Zeitpunkt Nummer 17 der Welt.

Der Sieg an diesem dunklen Nachmittag, an dem bereits gegen 16 Uhr das Flutlicht eingeschaltet werden musste, beförderte mich das erste Mal in meiner Karriere in die zweite Woche eines Grand-Slam-Turniers im Einzel. Wenig glamourös und doch ein großer Meilenstein. Am Ende sollte es sogar bis ins Viertelfinale gehen.

Paris 2020 ist ein Extrembeispiel, aber ich habe in meiner Karriere viele Situationen ausgehalten, in denen man auch hätte hinschmeißen können. Oft folgten sogar auf die miserabelsten Voraussetzungen die besten Ergebnisse. Hierbei hilft allerdings nur ein Rezept: sich weigern, aufzugeben.

65 Magnetresonanztomografie.

Motivation entscheidet, so viel steht fest, über Trainings- und Leistungsbereitschaft und ist Taktgeber unseres sportlichen Verhaltens. Marion Sulprizio und Jens Kleinert von der Deutschen Sporthochschule in Köln unterscheiden vier **motivationale Problemlagen**:

- erstens das **Beginnen-aber-nicht-Durchhalten**,
- zweitens das **Nicht-Wollen**,
- drittens das **Durchhalten-aber-nicht-gut-Sein**,
- viertens das **Wollen-aber-sich-nicht-Trauen**.[66]

Problemlage eins, *beginnen, aber nicht durchhalten*. Hier zeigt sich einer der elementaren, mentalen Knotenpunkte, einhergehend mit den Fragen:

- Wie lange gehe ich das Tempo des Gegners mit?
- Wie lange traue ich mir überhaupt zu, mitzuhalten?
- Resignieren oder dranbleiben?
- Über den Schmerz hinausgehen oder das Medical-Time-out wählen?

Der Grat zwischen der einen wie der anderen Entscheidung ist hauchdünn und, die gute Nachricht, auch verschiebbar. Manchmal vollzieht sich diese Verschiebung hin zur steigenden Widerstandsfähigkeit kaum spürbar im Hintergrund, dann, wenn wir unser generelles Leistungsniveau anheben.

Manchmal ist es aber eben unsere fehlende Motivation, die dieser generellen Leistungssteigerung im Weg steht. Einfluss, auch das ist zu berücksichtigen, nehmen zudem die **Tagesform**, das Auftreten des Gegners und das Niveau des sportlichen Wettkampfs.

- Welche Reserve steckt also in uns, wenn sich uns die Arbeit, die Aufgabe, der Moment mächtig groß entgegenstellen?

66 Kleinert & Sulprizio (2019, S. 173f.).

- Wie widerstehen wir der Verlockung, einfach hinzuwerfen und uns unmittelbar mit Ruhe und wohltuender Aufgabenlosigkeit zu belohnen?

Eine erste wichtige Maßnahme ist es, sich nicht vom spontanen Gedanken hinreißen zu lassen, sondern darüber hinauszudenken:

- Wie würde sich ein Abbruch meiner Tätigkeit schon wenige Augenblicke später anfühlen?

- Wäre man mit sich im Reinen oder außer sich vor Wut darüber, so willensschwach gewesen zu sein?

- Welche Auswirkungen hätte es auf das Erreichen der gesetzten Ziele?

Die Devise deshalb: späte, ausstehende Konsequenzgefühle antizipieren und eine zurückblickende Bewertung vornehmen.

Die Gefühle von morgen antizipieren

Erwägen wir wirklich, uns für den Handlungsabbruch zu entscheiden, dann ist außerdem vorab zu bedenken, dass die nachfolgende Resignation den Wettkampf noch lange überdauern kann. Dass das Gefühl von fehlender Kraft, Ausdauer und Willensfähigkeit nachhallt und folgende Trainings- und Turnierslots beeinträchtigt. Selbstzweifel könnten aufkommen und die Frage der nächsten Problemlage schließt sich nahtlos und unerwünscht an:

Nicht zu wollen. Dieser Fall ist im Hochleistungssport gewiss die Ausnahme. Denn das starke Bekenntnis, das der Spitzensport einfordert, bedingt auch ein Mindestmaß an Lust und Leistungsbereitschaft. Fehlende Volition kommt eher im Kindesalter vor, dann, wenn das Sporttreiben mehr der Ambition der Eltern als dem kindlichen Willen entspringt.

Beim erwachsenen Spitzensportler taucht fehlende Volition auf, wenn er übertrainiert ist – weil beispielsweise versäumt wurde, einer rhythmischen Idee folgend, auf lange Trainings- und Wettkampfphasen ausgleichende, regenerative Phasen mit Abstand zum Sport folgen zu lassen.

Und wie steht es um die motivationale Problemlage, *durchzuhalten, aber nicht gut zu sein*?[67] Hier muss erst einmal differenziert werden:

- Geht es um begrenztes individuelles Potenzial?
- Oder wird das Potenzial nur nicht ausgeschöpft oder mit falschen Maßnahmen angegangen?

Ersteres sollte beizeiten in der Frage resultieren, mit welchem Anspruch ich die Tätigkeit angehe und ob es mir einen Mehrwert bringt, auch wenn ich in der Aufgabe womöglich nie überzeugen kann. Dieses Abwägen mündet dann im besten Fall in der Erkenntnis, zu verweilen oder sich neuen Feldern zuzuwenden.

Ganz anders sieht es aus, wenn nur falsch genutztes Potenzial Ursache meiner schlechten Leistung ist. Dann muss ich fein analysieren, kann nachregeln und neue Prozesse einleiten. So oder so ergibt sich die Frage nach der Prognose für meine Zukunft.

- Welche Indikatoren geben mir Hinweise darauf, ob und bis wohin ich es schaffen kann?
- Ist beispielsweise **Talent** – und seine klare Messbarkeit ist durchaus umstritten – ein verlässlicher Aspekt?

In einer Langzeitstudie untersuchte man 1.528 kalifornische Kinder, die allesamt hohe Intelligenzwerte aufwiesen. 40 Jahre später betrachtete man die Kinder erneut und teilte sie in zwei Gruppen: in die Erfolgreichen auf der einen und die nicht Erfolgreichen auf der anderen Seite. Ziel war es, mehr über die Ursache von Erfolg zu erfahren. Heraus kam, dass Menschen, die als Kind schon ambitionierter, aktiver und ausdauernder waren und obendrein auch mehr aktive Hobbys hatten, später als Erwachsene mehr an Gruppenaktivitäten teilnahmen und lieber Sport *trieben* statt *zuzusehen*[68]. Disziplin, so das aufsehenerregende Ergebnis, ist ein stärkerer Erfolgsprädiktor als Begabung.[69]

---

67 Kleinert & Sulprizio (2019, S. 174).
68 Myers (2008, S. 544), zitiert nach Goleman (1980).
69 Ebd.

Weniger aufsehenerregend, aber mindestens genauso überzeugend und belegend klingt es aus Georg Hackls Mund: „Vielleicht habe ich ein gewisses Talent mitgebracht. Aber das Wichtigste ist, dass man das, was man macht, mit Leidenschaft und Nachdruck betreibt." Und: „Du darfst einfach niemals aufgeben!"[70]

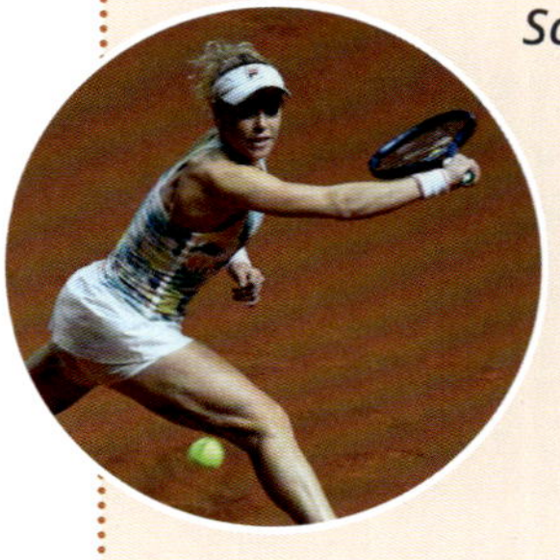

Schon als Kind habe ich Freude daran empfunden, mich so lange an einer Aufgabe festzubeißen, bis sie mir geglückt ist. Am besten gefiel es mir, wenn andere schon längst aufgegeben hatten. Daran hat sich bis heute nichts geändert, ich bin nur auf einem anderen Niveau von körperlicher und psychischer Anstrengung angekommen, das Ganze ist kein Spiel mehr.

Aber der Keim war immer da. Vermutlich ist es ein gewisses Talent, eine naturgegebene Fähigkeit, Anstrengung auszuhalten – mehr noch: aushalten zu wollen. Sicherlich spielt es auch eine Rolle, wie das Umfeld mit Ehrgeiz und Ausdauer umgeht. Wird man belohnt oder belächelt?

Als ich vier Jahre alt war, zogen meine Eltern für drei Jahre mit meinem Bruder Arlen und mir nach Saudi-Arabien. Mein Vater hat dort als Ingenieur für Entwicklungshilfeprojekte gearbeitet. Ich ging in einen englischen Kindergarten und später in die erste Klasse. Meine Eltern haben für uns einen Tennistrainer gesucht und einen sehr guten gefunden: Tony Mmoh, Vater des zwischenzeitlich in den Top 100 platzierten Michael Mmoh.

Mehrmals in der Woche fuhren wir quer durch Riad, um zu trainieren, Tennis und Fitness wurden kombiniert. Mmoh hatte ein Talent wie kein anderer, zehn Kinder unterschiedlichen Alters und unterschiedlicher Herkunft gleichzeitig zum Schwitzen zu bringen, manchmal auch bis zum Umfallen.

70 Brunner (2019, S. 54).

Als Sechsjährige habe ich dort drei, vier Stunden am Stück mit Kindern trainiert, die wie mein Bruder alle vier, fünf Jahre älter waren als ich. Allerdings: Ich wurde genauso behandelt wie sie, musste die gleichen Übungen machen, es wurde keine Rücksicht auf mein Alter genommen.

Und ich – ehrgeizig, wie ich von Natur aus war – wollte natürlich genauso gut sein und habe schon als kleines Kind gelernt, mich großen Herausforderungen zu stellen, ohne Murren, ohne Selbstmitleid.

Solche Erlebnisse haben das ohnehin in mir angelegte Talent, durchzuhalten, angeregt und verstärkt. Die Lust an der Challenge und vor allem an der körperlichen Anstrengung ist für mich nach wie vor eine der größten Quellen für Freude und Genugtuung.

Ich war mir auch immer schon sicher, mit herausragender Disziplin und täglicher, harter Arbeit – härterer Arbeit als die der anderen – meine Ziele nicht verfehlen zu können. Wäre ich nicht bereit, alles für meine Ziele zu tun, dann wird es auch nichts.

- Warum folgen manche Menschen hohen Leistungsstandards, sind ambitioniert, während sich andere Menschen schnell zufrieden geben?
- Warum erreichen manche Menschen mehr, sind erfolgreicher, während andere Menschen nur schwerlich vorankommen, gar scheitern?

Einen entscheidenden Antrieb liefert die **Leistungsmotivation.** Sie umfasst das Streben nach herausragenden Leistungen, den Wunsch nach Kontrolle und schnellem Erreichen hoher Standards, gepaart mit der Hoffnung auf Erfolg und der Furcht vor Misserfolg.[71]

„Leistungsmotivation ist das Verlangen, etwas Bedeutsames zu erreichen, Dinge, Menschen und Ideen zu beherrschen sowie hohe Standards aufrechtzuerhalten."[72] So sieht es auch der ehemalige Handball-

71 Myers (2008, S. 544).
72 Ebd. (S. 545).

Bundestrainer Heiner Brand. „Auch scheinbare Genialität hat eine Ursache", schreibt er, nachdem er sein Team 2007 zum Weltmeistertitel geführt hatte, in seinem Buch *Projekt Gold*, „und meistens steckt harte Arbeit dahinter."[73]

So stellt sich die Frage, welche Formen der Motivation eine erfolgreiche Basis bilden. Man kennt die Diskussion um **intrinsische** und **extrinsische Motivation**.

- Wird Leistung nur möglich, wenn die Bedürfnisse aus uns heraus entstehen, also intrinsisch initialisiert sind?
- Oder ist ein Erfolg auch denkbar, wenn von außen kontrollierend, disziplinierend, auch belohnend eingegriffen wird?

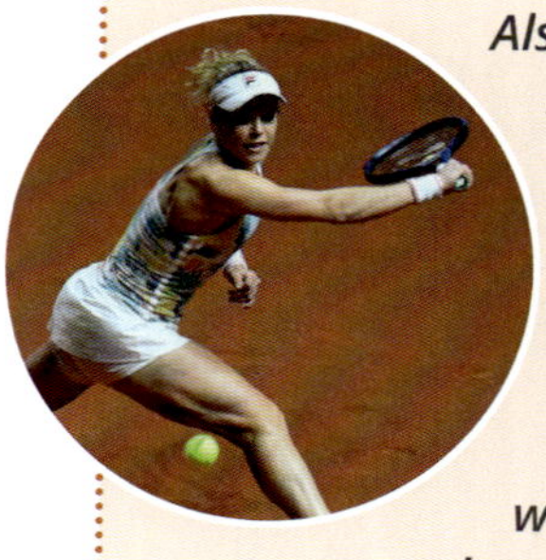

Als ich anfing, Tennis zu spielen, war dies intrinsisch motiviert. Ich kam aus einer Tennisfamilie, sowohl meine Eltern als auch mein älterer Bruder spielten gerne und viel Tennis an den Abenden unter der Woche und an den Wochenenden. Es war sozusagen unser gemeinsamer Familiensport.

Das änderte sich im jungen Erwachsenenalter während der harten Jahre auf der kleinen Profitour, den ITF-Turnieren. In dieser Zeit, als ich wenig Geld hatte und von der Hand in den Mund leben musste, um meine Turniere zu bestreiten, hat die extrinsische Motivation zunehmend die intrinsische Motivation verdrängt. Tennis wurde mein Beruf.

Es ging darum, möglichst gut zu spielen und mich erst einmal über Wasser zu halten – um mir später dann den großen Traum zu erfüllen, vom Tennis richtig gut leben zu können.

Es trat in den Hintergrund, ob mir Training, Turniere oder das Nomadenleben Spaß machen. Ich musste meistens allein reisen, da ich mir einen Trainer oder gar Fitnesscoach oder Physiotherapeuten auf Dauer nicht leisten konnte. Es waren harte Zeiten, die meine Art der Motivation stark geprägt haben.

73 Brand & Löhr (2008, S. 128).

Die Reihe an Motiven, die zur Höchstleistung anspornen, ist lang. Es kann der Anspruch auf materielle Besserstellung sein oder, wie oben genannt, die Leistungsdarbietung und Machtdemonstration oder auch die soziale Anerkennung. Das Streben nach Ruhm, Ehre, manchmal auch nach Rekorden, ist in der Hochleistungsperformance allgegenwärtig.

Deswegen starten die Spitzenvertreter ihres Fachs auch mal ein Comeback, wie etwa Martina Navratilova, oder sie versuchen, die altersbedingten, biologischen Grenzen auszuhebeln, wie etwa Roger Federer.

Bestleistung als generelle Einstellung

Der Anspruch auf Bestleistung muss sich dabei keinesfalls auf den Sport reduzieren. Bernhard Langer zum Beispiel ist ein Mensch, „der immer 100 Prozent gibt. Alles, was ich mache, will ich gut machen. Selbst wenn ich draußen den Hof kehre oder drinnen die Schuhe putze."[74]

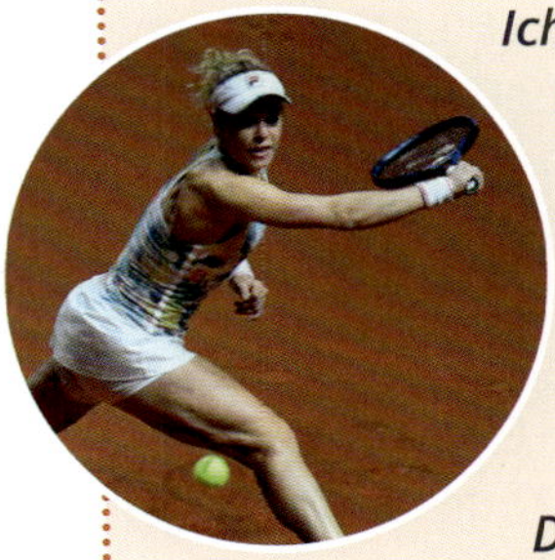

Ich denke rückblickend, dass man auch mit extrinsischer Motivation sehr weit kommen kann, im Sport wie im Leben. Was auch immer einen antreibt, das Geld, generell materieller Besitz, Ansehen, Ruhm, anderen Menschen etwas zu beweisen, oder alles zusammen – all das kann ein starker Motor für höchste Leistung sein.

Dennoch bin ich der tiefen Überzeugung: Wer sein Potenzial voll und ganz ausschöpfen will und dabei Zufriedenheit erleben möchte, der braucht darüber hinaus auch wenigstens einen Hauch ursprünglicher Freude an der Sache selbst. Das Gefühl, etwas aus purer Lust heraus zu tun, ohne an das Preisgeld zu denken, ist unersetzbar.

Wer wirklich zufrieden das Beste aus sich herausholen will, der sollte das Feuer, das ihn von Anfang an angetrieben hat, nie ganz ausgehen lassen.

74 Brunner (2020, S. 49).

Antrieb und Vision stehen in starker Wechselwirkung.

- Was nehme ich mir vor?
- Für heute, diese Saison, langfristig?

Der Grad an Motiviertheit hängt zuallererst auch davon ab, wer das Ziel bestimmt.

- Gehen wir fremdbestimmt oder aus eigenen Stücken ans Werk?

Die Motivationslage gerät mächtig ins Wanken, wenn das Ziel und die damit verbundene Aktion von außen vorgeschrieben wird. Zum Beispiel durch ambitionierte Eltern, die wollen, dass ihr Kind das Geigenspiel erlernt – ohne, und das ist der springende Punkt, dass es das Kind selbst möchte.

Sind die Eltern auch Musiker und erkennt das Kind das Motiv, eine Familientradition fortzuführen, mischen sich extrinsische und intrinsische Motivation. Den höchsten Effekt für die Zielerreichung, sozusagen mit Erfolg versprechendem Koeffizienten, hat der Violinenunterricht, wenn das Kind fasziniert vom Instrument ist und schon immer die Geige der Mutter imitierend in die Hand genommen hat, Luft-Violine spielend. Hieraus erwächst maximale Selbstbestimmung und Motivation.

Was für Kinder gilt, gibt den Takt auch in der Welt der Erwachsenen vor. Natürlich mag man der Erkenntnis, dass nicht jede Tätigkeit im Leben mit großer Freude einhergeht, mit zunehmendem Alter etwas näherkommen. Doch das allein genügt nicht. Zu viele, nicht nachvollziehbar sinnvolle Vorgaben eines Vorgesetzten werden uns auf Dauer eher bremsen als beflügeln.

Diese Feststellung sollten sich Abteilungsleiter, Chefcoaches und alle anderen Bestimmer zur Grundlage machen und Zielvorgaben mit einem transparenten Motiv versehen. Oder, besser, die andere Seite an der Zielformulierung beteiligen. Oder, mitunter noch besser, die andere Seite die Ziele selbst festlegen lassen.

Die Qualität der Motivation wird bestimmt von einem Geflecht ganz verschiedener Einflüsse[75]:

- Was sagt unser Verstand?
- Was unser Gefühl?
- Auf welche Erfahrungen blicken wir zurück?
- Inwiefern kommt eine Zukunftsprognose zur Geltung?
- Was spült unser Bewusstsein in die Gemengelage, was unser Unterbewusstsein?

Klar sein muss uns, dass sich die Motivationslage sehr schnell verändern, sich sogar ins Gegenteil verkehren kann. Die Motivation als Erwachsener, Sport zu treiben, ist maßgeblich beeinflusst von der Bewegungssozialisation in frühen Jahren.

15 Erwachsenen, die um den Sport einen großen Bogen machten, wurde in Tiefeninterviews auf den Zahn gefühlt. Sie sollten sagen, warum sie glauben, keinen Sport zu treiben[76]. „Keine Zeit" war ein häufig vorgetragenes Argument.

Im Laufe des Gesprächs kristallisierten sich dann die wahren Ursachen heraus, insbesondere negative Erfahrungen mit Sport in der Kindheit. Die Betroffenen wurden im Sportunterricht gehänselt und im Freibad ins Wasser gestoßen. Eltern, Freunde, Sportlehrer, Mitschüler – alle haben sie ihren Beitrag zur Sportsozialisation geleistet – mitunter auch einen negativen und eine mögliche Bewegungsmotivation im Keim erstickt.

ZIELE MACHEN BEINE

Einmal im Jahr avancieren wir alle zu wahren Weltmeistern im Setzen von Zielen. Alle am gleichen Tag, was für ein energetischer Moment. Wir nehmen uns dieses und jenes für das kommende Jahr vor. Nicht mehr zu

75 Kleinert & Sulprizio (2019).
76 Brunner (1988).

rauchen, weniger Fleisch zu essen, endlich oder mehr Sport zu treiben. Knapp zwei Drittel der Deutschen, das zeigt die Statistik, hatten sich für 2021 vorgenommen, Stress abzubauen oder gleich gar zu vermeiden, mehr Zeit mit Familie und Freunden zu verbringen, sich umweltfreundlicher zu verhalten und sich mehr zu bewegen bzw. Sport zu treiben.[77]

Die Statistik wurde im Querschnitt erfasst, noch interessanter wären die Ergebnisse im Längsschnitt, also im Januar-Dezember-Vergleich, um zu sehen, wer seine Ziele erreicht hat und wer nicht. Es ließe sich dann zeigen, wie womöglich selbst lapidar und mit Augenzwinkern versehene Vorhaben den einen oder anderen Erfolg zeitigten. Die **Motivation**, gesünder zu leben, ist – das steht außer Zweifel – allein gestiegen, indem ein **Ziel** klar benannt wurde.

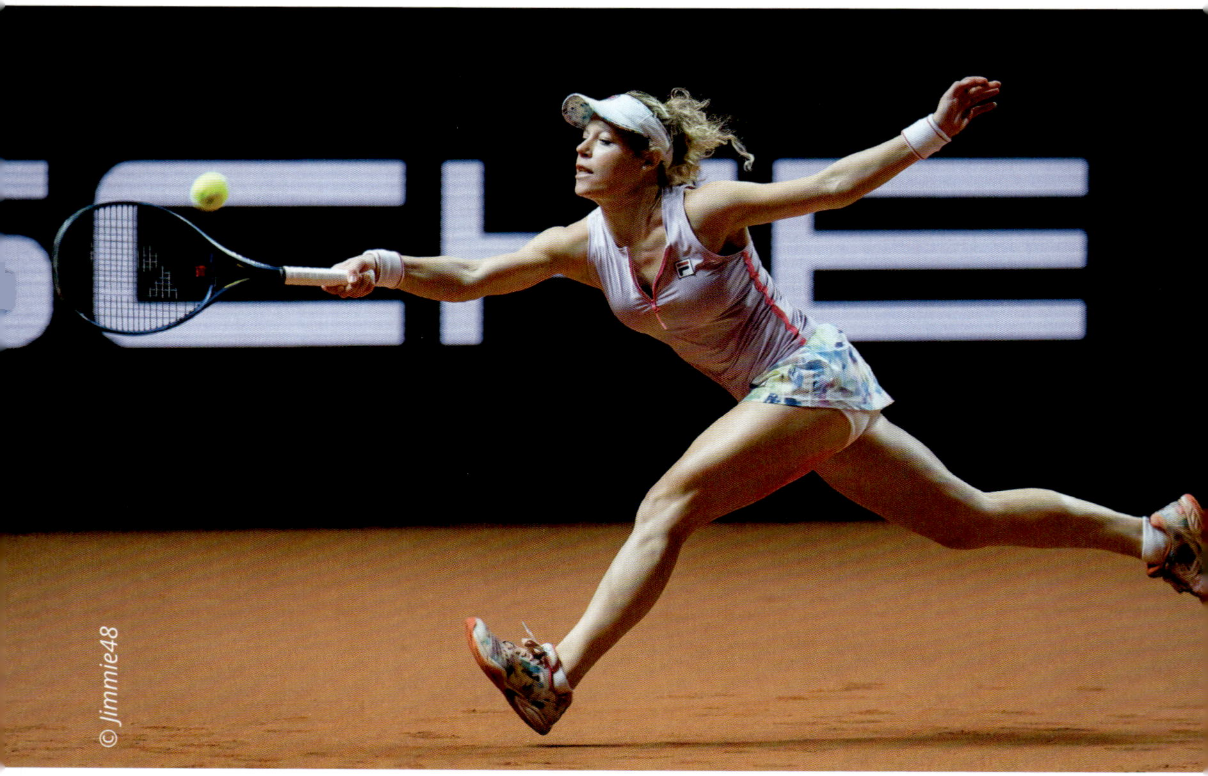

Wenn Physis und Psyche im Einklang sind, kommt man seinen Zielen einen entscheidenden Schritt näher.

77 Statista Research Department (2022a).

Größter Kraftquell der Motivation ist das Ziel. Ziele weisen der Handlung den Weg und binden die Aufmerksamkeit. Wir haben es am olympischen Goldruderer Michael Steinbach gesehen, ebenso an Klay Thomson, dem Dreier-Rekordhalter der NBA: Ihre Wege waren bestimmt von einem klar definierten Ziel – das sie schließlich auch erreichen konnten. „Ich möchte wissen: Wo sind meine Leistungsgrenzen?", sagte Daniel Albrecht im Dokumentarfilm *Streif*[78], der sich um die Mystik der gleichnamigen, weltweit berüchtigten Skiabfahrtsstrecke dreht.

Die Aussage im Film machte der Spitzen-Skirennläufer, nachdem er Schlimmstes hinter sich gebracht hatte. 2009 verunglückte der Schweizer auf dieser Abfahrtsstrecke in Kitzbühel, stürzte bei einem Tempo von 138 Stundenkilometern im Zielsprung, 80 Meter flog er und kam mit Hinterkopf und Rücken wieder auf, lag drei Wochen im Koma, verlor sein Gedächtnis und kämpfte sich Monat für Monat zurück ins Leben. 2010 gab er sein Comeback – um herauszufinden, so das Ziel, wo seine Leistungsgrenzen sind.

Die eigenen Möglichkeiten testen

Beeindruckend an den Beispielen ist nicht nur die physische und psychische Kraft der Athleten, sondern auch die Sogwirkung, die von den gesetzten Zielen ausgeht. Es rentiert sich also, sich diesem Thema eingehend zu widmen und daraus Handlungskonsequenzen abzuleiten.

Wir beginnen im Alltag: Sich allgemein Ziele zu setzen, unterliegt keiner Strategie. Wir machen das unaufhörlich und intuitiv. Ganz unauffällig leiten uns Ziele durchs Leben. Sie agieren aus dem Hintergrund und geben dem Alltagshandeln einen Rahmen.

Wir wollen von A nach B, also steigen wir aufs Fahrrad oder ins Auto und fahren zum Wunsch-Ort. In diesem latenten Knüpfen und Verfolgen von Zielen ist zu erkennen, wie sich Ziele zu einem Netz vereinen, das unserem generellen Tun eine notwendige Organisation gibt.

78 Streif – one hell of a ride (2015).

Das Besondere an der Zielsetzung erklären die Wissenschaftler Müsseler und Rieger: „Ziele verändern Aufmerksamkeits-, Gedächtnis- und Bewusstseinsprozesse, ohne dass Personen dies beabsichtigen und oft auch ohne dass diese Veränderungen bemerkt werden."[79] Schon das bloße, eher unspezifische Stecken von Zielen führt zu Effekten.

Macht man sich diesen Basiszusammenhang zunutze und erarbeitet konkrete, im Idealfall kontrollierbare Ziele, dann ist eine Wirksamkeit in hohem Maße wahrscheinlich. Nur zur Verdeutlichung: Im Kontrast dazu stünde etwa das Glücksspiel, dessen Ergebnis sich der persönlichen Einflussnahme entzieht. Hier mag man zwar auch motiviert sein, zu gewinnen, sieht sich aber außen vor. Über das Erreichen des Ziels entscheide nicht ich, sondern das erledigt ganz in eigener Regie der Zufall.

Nun wechseln wir notwendigerweise aus der Alltags- in die Leistungskategorie. Auch hier mögen Ziele autark entstehen, ohne auffällige gedankliche Steuerung. Um diese Ziele soll es hier aber nicht gehen. Von Bedeutung sind die Ziele, die wir leistungsbewusst für unsere Zwecke einsetzen – um uns zu fordern, zu fokussieren und zu motivieren.

Dem Handeln ein Motiv geben

Beckmann und Elbe belegen die Wirkung mit einem Beispiel aus der Physiotherapie. Patienten, die im Schulter- und Ellbogengelenk Einschränkungen hatten, wurden aufgefordert, ihre Augen zu schließen und den Arm so hoch wie möglich zu heben. Die hier erzielte Leistung konnte um 18 Grad erhöht werden, sobald man eine konkrete Handlungsanweisung hinzugenommen hat, etwa ein bestimmtes Buch aus einem Regal zu holen.[80]

Nur wer Ziele dezidiert formuliert, kann sich daran messen. Ohne vorherige Verankerung der angestrebten Leistung lässt sich letztlich alles als Erfolg deklarieren. Es wäre dann so, wie der Sportpsychologe Hans Eberspächer anschaulich einwirft, als schössen wir mit Pfeilen auf eine Wand und würden erst im Anschluss die Zielscheibe um die

---

79 Müsseler & Rieger (2017, S. 242).

80 Beckmann & Elbe (2008, S. 66).

Treffer herum einzeichnen.[81] Dem Selbstbetrug wären also Tür und Tor geöffnet.

Es gilt, was Fachkollege Lothar Linz, der schon mehrere Nationalmannschaften mental stabilisiert hat, dazu erklärt: „Wünsche werden viel eher erfüllt, wenn man sie eindeutig formuliert. Und Ziele viel eher erreicht, wenn man sich traut, sie zu benennen."[82]

Sich mit seinen Zielen verbinden

Ziele zu formulieren, ist kein lapidarer Akt. Es kommt auf Inhalt und Wortwahl an. Schließlich sollen Ziele etwas Verbindliches haben, etwas, worauf sich der Athlet einlassen und womit er sich identifizieren kann. Entscheidend sind unter anderem der „Grad der Bindung an ein Ziel" und die „Zuversicht, es auch erreichen zu können"[83].

Vor allem aber kommt es auf den Anspruch an, den das Ziel spiegelt. Wie herausfordernd und gleichzeitig realistisch setze ich das Ziel an? Ausgangspunkt muss eine Referenzgröße sein, auf die man sich beziehen kann.

Bevor wir also unseren erstrebenswerten Soll-Zustand definieren, müssen wir uns mit dem Ist-Zustand befassen. Die Analyse sollte verständlicherweise objektiven Kriterien genügen, andernfalls wäre eine seriöse Zielfindung nicht denkbar. Linz gibt seinen betreuten Athleten als Formulierung vor: „Setze dir als Ziel das bestmögliche Resultat, an das du glauben kannst."[84]

Auf Basis des aktuellen Leistungsstandes werden die Ziele festgelegt. Sie können sich auf angestrebte Ergebnisse und Ränge beziehen, auf die Leistung und auf Handlungen. Auch mehrere Ziele mit gleichzeitig mehreren Ausrichtungen sind denkbar.

81 Eberspächer (2012, S. 32).
82 Linz (2014, S. 82).
83 Müsseler & Rieger (2017, S. 242).
84 Linz (2014, S. 85).

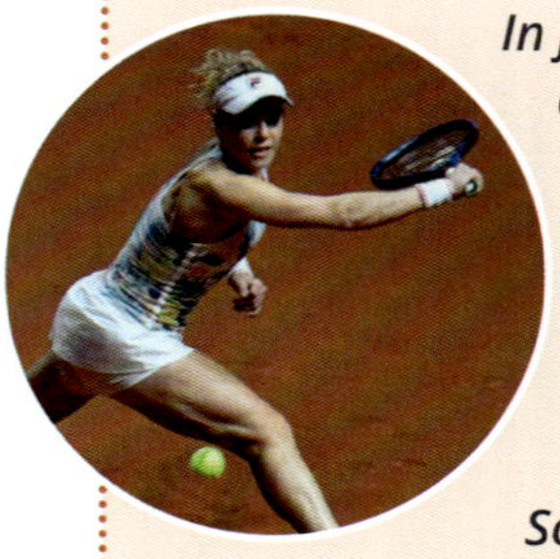

In jüngeren Jahren hatte ich konkretere Ziele im Kopf, dachte immer an eine bestimmte Ranglistenposition oder bestimmte Ergebnisse, die ich erreichen wollte. Aber ich tendiere zum Überehrgeiz und wenn es ein Ziel gibt, auf das ich mich einschieße, dann lässt es mich nicht mehr los, ich verbeiße mich geradezu daran.

So musste ich oft Enttäuschungen erleben und die Ziele haben mich dann mehr unter Druck gesetzt, als dass sie mir halfen.

Ziele sind aber natürlich wichtig, um zu wissen, wo man hinmöchte. Und es ist auch wichtig, Zwischenziele zu haben, um die Struktur im Auge zu behalten.

- *Bin ich auf dem richtigen Weg?*
- *Nehme ich die richtigen Abzweigungen?*
- *Bin ich im Zeitplan?*

Es darf aber nicht sein, dass man nur noch über das Ziel nachdenkt und sich ständig fragt, wie weit es noch sei. Denn das kann zehren und zermürben, insbesondere dann, wenn es Durststrecken gibt, in denen es langsamer vorangeht, als gedacht, zum Beispiel Phasen in einer Turniersaison, in denen man mehrfach früh ausscheidet.

Sogenannte **Ergebnisziele** lassen sich leicht messen – entweder man ist Erster oder man ist es eben nicht – und haben das Zeug dazu, überdauernd zu motivieren. Das ergibt sich aus ihrer übergeordneten Natur. Die Olympischen Spiele mit Gold oder die Champions League als Sieger abzuschließen, sind früh zu fassende Ziele und müssen demensprechend über eine lange Periode hinweg unumstößlicher Handlungsanreiz sein.

Wer sich ein Ergebnis vornimmt – zum Beispiel eine Platzierung, eine Wurfquote, eine Laufzeit –, der setzt sich ein Ziel, das eindeutig messbar ist; ein Vorteil, wenn es später darum geht, zu überprüfen, was erreicht wurde. Gleichzeitig verknüpft sich mit dieser Ergebnisfokussierung leider die Gefahr, schnell und deutlich etwaigen Misserfolg zu spüren, was – bei entsprechender Veranlagung – Versagensängste provozieren kann.

Auch ist zu berücksichtigen, dass man das Ergebnis nicht autark in der eigenen Hand hat. Der Einfluss aufs Ergebnis von außen – durch zum Beispiel Trainer, Gegner, Wetter – ist groß. In ein mögliches Nichterreichen seiner Ziele ist dieser Umstand einzubeziehen.

Gleichermaßen muss aber auch verstanden werden, dass man nicht immer gewinnen kann und dass Verlieren ein natürlicher, unvermeidbarer Teil der Sportlergenese ist. Sportpsychologe Linz verweist hier sehr veranschaulichend auf Reinhold Messner[85], den ersten Menschen, der alle Achttausender bestiegen hat. Aber auch er kann den Sieg nicht buchen. 30 Expeditionen hat er in diese Berge der Superlative unternommen, bei nur 18 Touren hat er es auf den Gipfel geschafft.

- Ist er 12-mal gescheitert?
- Oder hat er doch eher 18-mal das Ziel erreicht?

Jede Zielekategorie hat ihre Stärken. **Handlungsorientierte Ziele** und ihr Erreichen hängen – ein großer Vorteil, wenn kausale Zusammenhänge dargestellt werden sollen – vornehmlich von mir selbst ab. Das ist elementar.

Gelingt es mir nämlich nicht, meine Zielvorgabe zu erfüllen, oder schieße ich weit über das Ziel hinaus, dann weiß ich, wo die Ursachen zu finden sind: bei mir. Das ist ehrlich, klar und sehr direkt; und eine gute Basis, um meine Ziele gegebenenfalls anzupassen. Denn auch das ist Teil des Zieletrainings: Dass ich mir erlaube, eine Zwischenbilanz zu ziehen.

Handlungsorientierte Ziele bewähren sich sportartenübergreifend, unter anderem bei den Golfern. Eine Studie von Kieran M. Kingston und Lew Hardy[86] zeigte schon in den 1990er-Jahren, dass die Orientierung am eigenen Handeln effektiver ist als der Fokus auf ein Ergebnis. Besser funktioniert also als Golfziel ein: „Ich spiele den Ball links am Baum vorbei aufs Vorgrün“, als ein: „Ich spiele heute eine 69!“ Die Autoren sprechen sich für die Effektivität von prozessorientierten Zielen aus, gerade wenn es darum geht, die Komplexität einer Aufgabe zu reduzieren. So ergibt sich eine erhöhte Selbstwirksamkeit, die dem anspruchsvollen Performer natürlich am Herzen liegt.

85 Linz (2014, S. 83).
86 Kingston & Hardy (1997, S. 289).

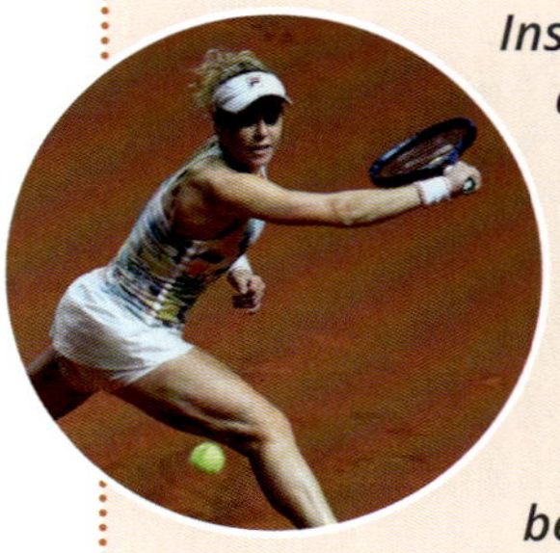

Insbesondere nach meiner Auszeit habe ich gelernt, dass mir eine prozessorientiertere Sichtweise deutlich mehr hilft, weil ich dadurch besser im Moment bleibe. Und wer im Jetzt ist, der ist leistungsfähiger.

So habe ich mich zunehmend auf überschaubare Teilziele auf meinem Weg konzentriert: Freude beim Trainieren zu empfinden, kleine Verbesserungen wertzuschätzen und mich nicht nur über ein beispielsweise gutes Abschneiden im Turnier zu definieren.

Mir wurde immer wichtiger, mit meinem Team gemeinsam zu wachsen und meine Entwicklung als Spielerin und Mensch als laufende Aufgabe anzusehen.

Wer Menschen nach der Ursache ihrer herausragenden Leistung fragt, wird oft Antworten bekommen wie: „Ich habe mich einfach auf den nächsten Schritt konzentriert“, oder: „Ich habe einfach Punkt für Punkt gespielt“.

Diese Erklärungen zeigen, dass es oft gar nicht um das Ziel in der Ferne geht, sondern um den aktuellen und nächsten kleinen Schritt. Und reiht man diese kleinen Schritte aneinander, so ist man am Ende erstaunt, wie weit man es geschafft hat. Wichtig ist also, den Fokus auf den Prozess selbst zu legen, auf die Bewältigung des Weges hin zum Ziel.

Meine prozessorientierten Ziele bespreche ich in der Off-Season im Winter:

- *Was ist mir für die neue Saison wichtig?*
- *Was wünsche ich mir auf und neben dem Platz?*
- *Was in meiner Arbeit möchte ich beibehalten, was optimieren?*
- *Wo sehe ich Potenzial in meinem Spiel und welche Verbesserungen müssen konkret umgesetzt werden, um dieses Potenzial auszuschöpfen?*
- *Wie setzen wir diese Verbesserungen um?*

Ziele sollen als verbindliche Vorgabe dienen, dürfen aber nicht als starrer Fixpunkt, losgelöst von begleitenden Umständen, gesehen werden. So erweist es sich als sinnvoll, von Anfang an auch einen Zeitpunkt für eine Zwischenbilanz festzulegen.

Wer etwa einen unerwartet positiven Start in die Saison oder den Weltcup hat, könnte seinen Erwartungen schnell enteilt sein. Von den dann nicht mehr ausreichend herausfordernden Zielen wären kaum mehr Motivationsschübe zu erwarten.

Auch andersherum: Ich bleibe hinter meinen Leistungen zurück. Gründe dafür müssen nicht in grundsätzlicher Leistungsschwäche liegen. Unerwarteter Stress mit der Partnerin oder dem Partner, parallele Arbeitsbelastung, Umzug, eine Verletzung, Grippe, Pandemie, Trainerwechsel – viele Gründe sind denkbar, die sich vorher nicht antizipieren ließen.

Fein raus ist man, wenn man sein Ziel etwas globaler formuliert, wie Bernhard Langer: „Mein Hauptziel war und ist es, besser zu werden."[87]

Auch der gemeinschaftlichen Vorstellung ganzer Teams, Abteilungen, Ministerien, Schulklassen oder anderer Gruppen können Ziele entspringen: weil man bestimmte Ergebnisse und Ränge eben nur gemeinschaftlich als Team erreichen kann oder weil man als Team den Fokus auf eine bestimmte Kommunikationsform, Trainingshaltung, Spieleinstellung legen möchte.

Man verständigt sich gemeinsam auf einen kleinen Zielekatalog und lässt ihn offiziell werden, indem er als selbstverpflichtender Vertrag von allen unterschrieben wird. Und ist die Tinte getrocknet, muss der proklamierte Vertragsinhalt zum uneingeschränkten Bekenntnis werden, das sich auch auf das private Leben außerhalb der Hallen und Plätze, Sport- und Bürozentren erstrecken kann.

Denn Ziele gehen in der Regel mit Kompromissen einher, mit Freizeiteinbußen zum Beispiel. Ich sollte mich also bewusst und entschieden darauf einlassen, einen Teil meiner Freiheit und Selbstbestimmtheit zu opfern. Der Zielevertrag ist nicht juristisch bindend, sehr wohl aber mental.

87 Brunner (2020, S. 50).

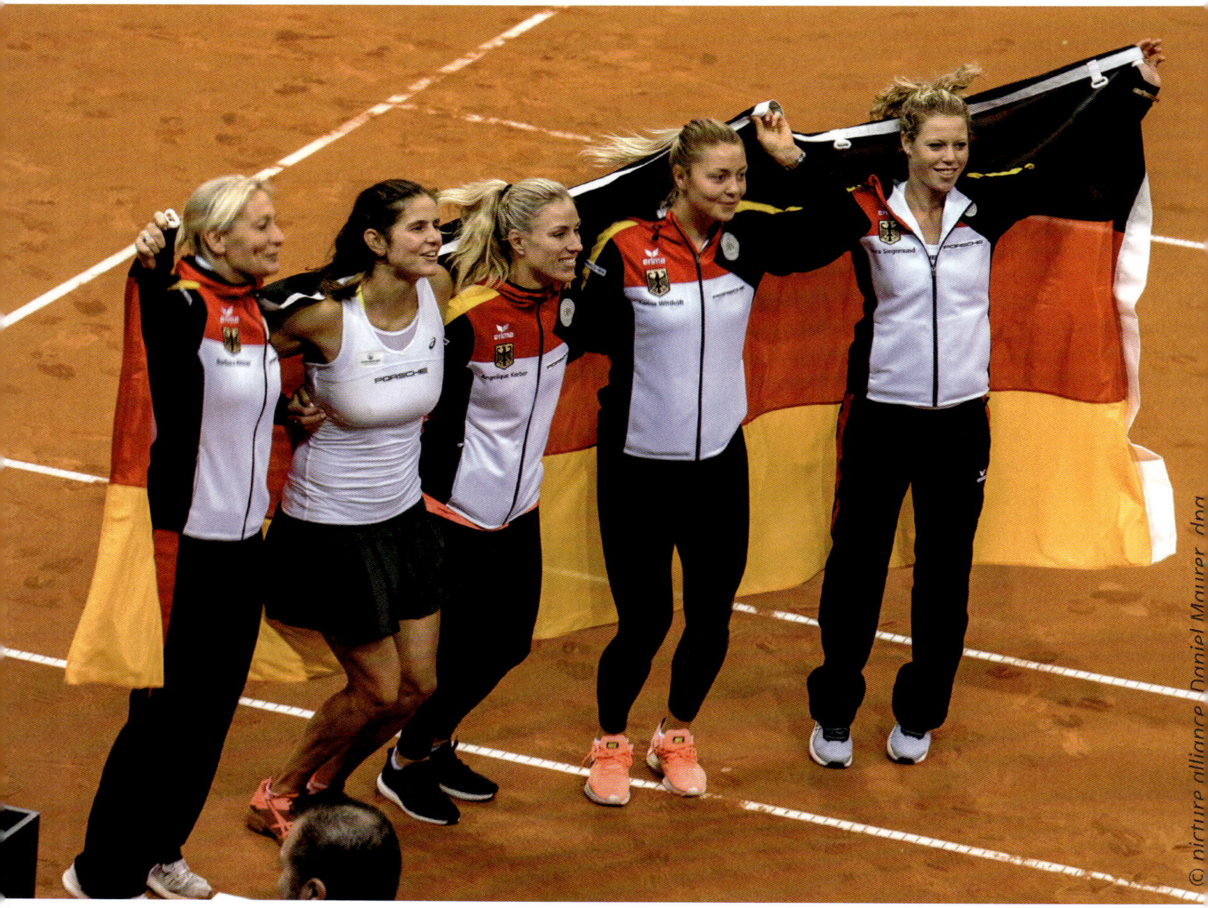

Fed-Cup 2017: Das besondere Gefühl des Teamerfolgs. V. l.: Barbara Rittner, Julia Görges, Angelique Kerber, Carina Witthöft, Laura Siegemund.

Die Frage, wie viel Einfluss eine sportliche Zielsetzung auf das nicht sportliche, private Leben haben darf, stellt sich immer wieder, wenn es für Mannschaften um den Aufstieg geht. Eine markante Schnittstelle gibt es – Fußball ausgenommen – meistens beim Wechsel von der dritten in die zweite Liga.

Auswärtsspielfahrten, die sich vorher noch auf eine Bundeshälfte beschränkt haben, gehen dann oftmals quer durchs gesamte Land. Spieltage vereinnahmen plötzlich das ganze Wochenende. Und um das Niveau mitgehen zu können, muss die Trainingsfrequenz erhöht werden, statt drei Tage werden nun vier oder fünf trainiert.

Ungeachtet der Haltung des Vereins und seiner finanziellen Ressourcen ist es für den Teamzusammenhalt wichtig, hierzu eine gemeinschaftliche Haltung zu entwickeln. Eine Zwei-Lager-Konstellation würde dem Betriebsklima erheblich schaden und sollte schnellstens moderierend zur Eine-Einheit-Mannschaft gemacht werden.

TAUSEND STUNDEN FLEISS

Malcolm Gladwell bezieht sich auf Studien, die mit Geigenspielern an einer Eliteakademie in Berlin gemacht wurden. Alle haben mit etwa fünf Jahren mit zwei bis drei Übungsstunden pro Woche begonnen. Mit acht Jahren ergaben sich drei Gruppen mit unterschiedlicher Übungsintensität.

Und dann der Test unter den 20-jährigen Studenten: Die, die das Zeug zum Elite-Violinisten hatten, blickten auf sagenhafte rund 10.000 Übungsstunden zurück, die mittelprächtigen Musikstudenten brachten es auf nur 8.000 Stunden, die Musik-Lehramtsstudenten auf nur 4.000 Stunden.

Der Psychologe K. Anders Ericsson, der diese Studien durchgeführt hatte, betrachtete zum Abgleichen auch Amateur- und Berufspianisten und kam zum analogen Ergebnis. Die Profimusiker blickten auf 10.000 Klavierstunden zurück. Sein Resümee: „The people at the very top don't work just harder or even much harder than everyone else. They work much, *much* harder."[88]

Wer es zu etwas bringen will, tut also gut daran, viel, viel härter darauf hinzutrainieren als die anderen. So ergebe sich eine Weltklasseleistung, in welchem Metier auch immer, zitiert Gladwell den Neurologen Daniel Levitin.

Und er verweist noch auf den Psychologen Michael Howe und dessen Erkenntnisse zur Entwicklung von Wolfgang Amadeus Mozart, der die frühen Werke des Ausnahmekomponisten noch nicht für herausragend hält. Auch seien es nicht immer die eigenen Werke gewesen, die er gespielt habe. Als erstes authentisches Meisterwerk gelte das 9. Kla-

88 Gladwell (2009, S. 43).

vierkonzert (KV 271) – und da lagen bereits zehn Komponistenjahre hinter ihm. „Ten thousand hours is the magic number of greatness", sagt Gladwell.[89]

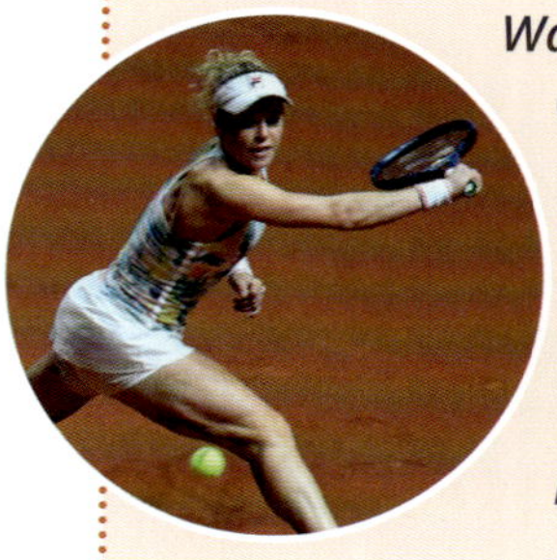

Wahrer Erfolg passiert nie über Nacht – auch wenn es von außen manchmal so den Anschein hat –, sondern durch Kontinuität und Beharrlichkeit. Fokus, Fleiß und Disziplin, nicht nur kurzfristig, sondern vor allem über lange Zeit. Hinter dem Erfolg steckt immer jahrelange Vorbereitung, doch manchmal geht diese eben völlig unbemerkt vonstatten.

Entscheidend ist eine außergewöhnliche Beharrlichkeit in der täglichen Trainingsarbeit, die mitunter sehr monoton sein kann. Ein generelles Problem deshalb: der Umgang mit dem Immergleichen. **Monotonie** ist ein bissiger Gegenspieler der Motivation.

Der kreative Umgang mit der Eintönigkeit

Wie erhält sich etwa ein Schwimmer die Laune, immer wieder aufs Neue ambitioniert zu kilometerlangen Trainingseinheiten ins Becken zu steigen und unter sich nichts als Kacheln vorbeiziehen zu sehen, mehrere Stunden am Tag, viele Tage in der Woche?

Britta Steffens sagte 2019 in einem Interview[90], dass sie das Wasser personifiziere und mit ihm spreche. Gedankenaustausch statt Gedankenstopp – Schwimmsport muss also gar nicht so einsam sein. Die Idee ist, abhängig vom Individuum natürlich, womöglich übertragbar auf andere Einzelsportarten.

89 Ebd. (S. 45).
90 Catuogno (2019).

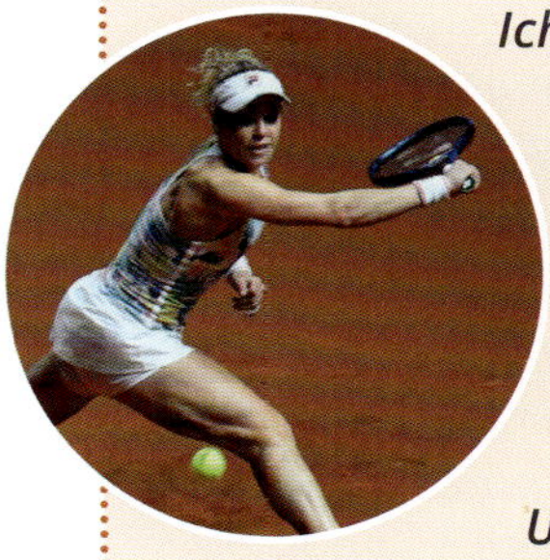

Ich kann Monotonie nicht ausstehen. Klar ist aber auch: Man kann das Rad nicht immer neu erfinden, nicht immer Pepp in jede kleine Trainingseinheit bringen. Manche Trainingselemente sind schlicht und ergreifend monoton, umsetzen muss man sie trotzdem – im Tennis, aber wohl auch in jedem anderen Hochleistungsbereich.

Um sich auf höchstem Niveau noch zu verbessern, kommt man um tausende und abertausende Wiederholungen nicht herum. Wenn ich Schläge wieder und wieder einübe, kleinste Veränderungen der Technik ein ums andere Mal wiederhole, mit Hunderten von Schlägen, dann hat das ab einem gewissen Grad der Monotonie – so meine positive Auslegung – auch etwas Meditatives. Es entsteht eine Mischung aus Ehrgeiz, Flow und Optimierungsdrang, vielleicht auch Optimierungswahn.

Um auf Spitzenniveau zu den Besten zu gehören, muss man ein Stück weit verrückt sein. Das spiegelt sich auch in diesen Momenten der unendlichen Monotonie wider: Immer wieder etwas zu tun, weil man besessen davon ist, es noch besser zu machen, als es schon ist. Weil man noch Potenzial sieht und noch durchhält, wenn andere schon längst unter der Dusche stehen.

Für mich gilt: notwendige Monotonie nicht nur auszuhalten, sondern sie als Teil eines größeren Ganzen anzuerkennen – und sie dadurch auch ein bisschen genießen zu können. Das macht dann eben die Besten aus.

Monotonie im Trainingsprozess ist generell nicht auszuschließen, in manchen Sportarten gar immanent. Den Ausdauersport etwa charakterisiert die Wiederkehr immer gleicher Bewegungsmuster: Das ist beim Laufen nicht anders als beim Schwimmen, beim Rudern nicht anders als beim Radfahren.

Monotonie lässt sich also nicht klein- oder gar wegreden. So negativ sie auch besetzt sein mag, sie ist nicht immer und nicht für jeden ein Übel. Und diejenigen, denen die Eintönigkeit zur Lästigkeit gereicht, sollten umgehend etwas dagegen unternehmen.

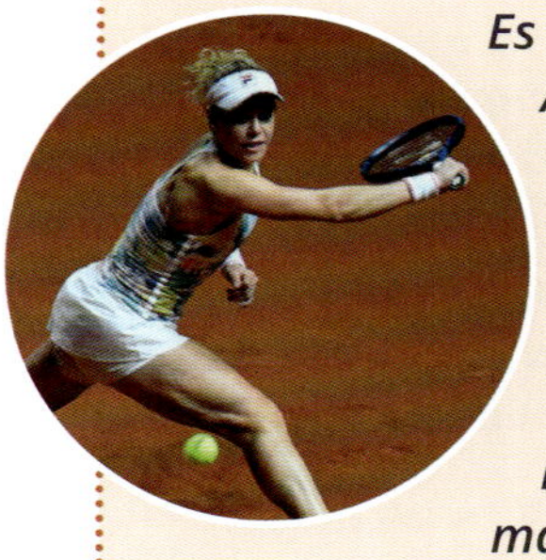

Es liegt auf der Hand, dass jede Art von harter Arbeit ab einem bestimmten Punkt mühsam wird. Dabei macht es keinen Unterschied, ob ein Chirurg die 25. Operation an einem Tag absolviert oder ich auf dem Platz zum tausendsten Mal versuche, eine Vorhand präziser zu spielen. Auf dem Weg zum Erfolg überschreitet man immer die Grenzen dessen, was einfach nur Spaß macht. Das gehört dazu, wenn man sich von anderen abheben möchte.

Umso wichtiger ist es, der Monotonie so gut wie möglich Einhalt zu gebieten und die Dinge, wenn sie mühsam werden, im machbaren Rahmen möglichst angenehm zu gestalten. Das Verhältnis zwischen den Opfern, die man bringen muss, und der Freude, die einem der Prozess auf dem Weg zu den Zielen bereitet, sollte in einem gewissen Gleichgewicht bleiben.

Kippt dieses Gleichgewicht zu sehr und zu oft, werden wir die Freude an der Herausforderung verlieren; dann zehrt uns die Aufgabe auf Dauer auf und wir werden nicht unsere bestmöglichen Leistungen abrufen können.

Erste Anregungen liefert uns der **Breitensport.** Der passionierte Dauerläufer hebt als Motivationsreiz gern den meditativen Charakter des Laufens hervor. Der Schwimmer gern das ganzheitliche Körpergefühl nach seiner 1.500-Meter-Einheit im Becken oder seiner 30-Minuten-Runde im See. Man kann also den Versuch unternehmen, neue Zugänge zu seinem Sport zu finden – die nicht als Ersatz, sondern als Erweiterung verstanden werden sollten.

Greifen wir den Aspekt des Meditativen auf. Der Weltumsegler Boris Herrmann sagte[91], dass er sich in Vorbereitung auf die nächste *Vendée Globe* besser auf die Einsamkeit vorbereiten müsse. Er werde sich deshalb mit dem Buddhismus beschäftigen – und auf diesem neuen Pfad vielleicht noch mehr von seinem Potenzial ausschöpfen. Wer die Ziele hoch steckt, muss also ein wenig ausholen, weitere Perspektive *zu-* und

91 ZDF Sportstudio Reportage (2022).

sich auf Neues *ein*lassen. Das bereitet besser vor und motiviert eben auch mehr.

Zurück zur generellen Hochleistungsmonotonie, zum Tennis und Badminton mit immer wieder gleichen Trainingsschlägen, zum Athletiktraining oder Boxen mit seinen hohen Wiederholungszahlen, zum Schießsport oder Sportkegeln mit dem ewiglich gleichen Ziel vor Augen. Oder zum Spitzen-Golfer:

- Wie schafft es gerade der Golfer, dessen Training nur zum Teil aus dem Anspielen von Löchern besteht, viel mehr aber aus dem oft stoischen Schlagen von Bällen aus der Driving-Range heraus, sich die Trainingslaune zu erhalten?

Insbesondere dann, wenn man als Kind oder Jugendlicher und eigentlich weit weg von einer sich auf wenig bis nichts reduzierenden Disziplinierung ist – bedingt durch Talent und Kaderzugehörigkeit aber dieser hochfrequenten Leistungsmethodik nicht entkommt? Dann hilft nur eins: „Man muss Golf einfach lieben", sagt Arne Dickel, der einst mit Sergio Garcia im Junior Ryder Cup Team stand, 2019 als Deutschlands Jugendtrainer des Jahres ausgezeichnet wurde und heute das Bundesligateam des Münchener GC trainiert. „Das Gefühl, den Ball zu treffen, den Kontakt zu spüren und das Gefühl, diesen Ball immer mehr kontrollieren zu können, ist mit wenigen Sachen im Leben zu vergleichen."

Monotonie kommt also gar nicht erst auf, wenn die Liebe zum Sport diesem Empfinden zuvorkommt. Davon losgelöst, hilft natürlich die Variation, um sportartenimmanente Monotonie wenigstens kurzfristig, damit aber wirkungsvoll zu durchbrechen. Etwa, indem in die lange Trainingseinheit auf der Range eine Kurzspieleinheit geschoben wird: andere Schlagtechnik, andere Umgebung.

Die Unterbrechung tut not, denn „gerade auf der Range, wo man gewöhnlich ausschließlich lange Schläge trainiert, verliere ich häufig die Leichtigkeit und damit auch die Spielfreude", erklärt Pablo Brunner. Der 19-Jährige ist Bundesligaspieler, das Trainingsaufkommen hoch.

„Gerade dann tut mir eine Stunde Kurzspiel gut. Da kann ich Verspieltheit einbauen und untypische Sachen ausprobieren. Zum Beispiel, wie ich maximal viel Spin erzeuge. Oder wie ich den Ball möglichst flach oder hoch an die Fahne spiele." Das alles ist nicht nur Mittel zum Zweck der Abwechslung, sondern auch von hoher Trainingsrelevanz, erhöht sich doch das Schlagrepertoire.

Und wenn sich Bewegung beim kleinräumigen Putten in endlosen Wiederholungen zu sehr verliert? „Wenn ich das merke, stelle ich mir bei jedem Putt vor, mir würde ein großes Publikum am letzten und entscheidenden Loch im Turnier zuschauen. Damit tauche ich einerseits in meine eigene, kleine Traumwelt ein, andererseits bereitet es die echte Situation vor diesem einen wichtigen Putt im nächsten Turnier vor. Der Moment wird sich nicht mehr fremd anfühlen."

Es gilt, an allen Reglern zu drehen. Immer kleiner werden die Leistungssprünge mit zunehmendem Trainingsalter und zunehmender Bewegungsqualität. Wenn der Profi-Golfer ein Turnier, das über vier Runden läuft, um einen Schlag besser spielen will, dann ist das rechnerisch ein Viertelschlag pro Runde. Ein solch homöopathischer Leistungszuwachs ist von außen sowieso nicht erkennbar, auch für den Golfer selbst nicht leicht spürbar. Er aber muss ihn anstreben, ihn zum Ziel haben. Der halbe Schlag muss zu tausend Stunden Fleiß motivieren.

Auch Bernhard Langers Erfolg ging immens viel Ausdauer auf dem Golfplatz voraus. „Ich war da fast jeden Nachmittag, am Wochenende sowieso, in den Ferien ganztägig, wir haben manchmal sogar am Golfplatz die Zelte aufgeschlagen. Ich war auf dem Golfplatz, wenn die Sonne aufging. Und bin geblieben, bis sie unterging."[92]

DER GENUSSFAKTOR

Sieben Hundertstel zu langsam, vierter Platz. Tränen der Enttäuschung, statt Freudentränen. Dabei war Lena Dürr nach dem ersten Lauf im Olympiaslalom 2022 noch auf Rang eins; mit komfortablen 0,72 Sekunden Vorsprung auf Petra Vlhová, die das Rennen am Ende gewann. Sieben Hundertstel – zu kurz, um überhaupt von einer Zeitspanne zu reden, aber lang genug, um anhaltend enttäuscht zu sein. Zumindest glaubt man erst einmal, bis in alle Ewigkeit im Gefühl der Traurigkeit dahinzudämmern.

92 Brunner (2020, S. 47).

Emotionen hieven uns auf Glücksebenen oder treten uns hinunter in die niederen Gefilde des Unglücks. Und manchmal liegen zwischen beidem eben nur 0,07 Sekunden.

Dabei ist es diese Unabsehbarkeit, die Wesentliches zur Spannung beiträgt. Da der Ausgang im sportlichen Wettkampf zu Beginn nicht feststeht, fehlt auch das Wissen darüber, wer am Ende jubelnd die Hände in die Höhe reißen wird. Eben diese im Vorhinein nie feststehende Dramaturgie, die der Sport immer wieder in Echtzeit schreibt, macht ihn aus. Einher mit der Psychologie der Emotion geht die Physiologie der körperlichen Symptome, etwa die Veränderung von Herzschlag, Atemfrequenz und genereller Körperhaltung.

Von Emotionen erfasst ist nicht nur der Athlet, auch der Betreuerstab, die Familie, die Freunde. Michael Rösch, 2006 selbst Biathlon-Olympiasieger, hielt als *Eurosport*-Fernsehexperte seinen Gänsehaut-Arm in die Kamera, als Denise Herrmann am 7. Februar 2022 über die 15-Kilometer-Distanz in Peking Gold holte, zwei Tage, bevor Lena Dürr das Treppchen verpasste. **Glück** und **Frust** begegnen sich in unmittelbarer Nachbarschaft. Das macht es heikel – und erforderlich, sich eingehend mit den Emotionen zu befassen.

Die **Enttäuschung** und **Wut** bei Misserfolg ist wenig dienlich, wird aber ihren Raum einfordern. Also sollte man diesen Gefühlen auch den beanspruchten Raum für eine Weile zugestehen. Auf den Umgang mit Fehlern und Misserfolg wird später noch detailliert eingegangen.

Im Folgenden soll es erst einmal um die positiv gefärbten Emotionen gehen, und nicht nur jene, die wir erleben, wenn wir den Ring als Sieger verlassen. Dieser Augenblick der ausgeprägten Freude braucht einfach nur genossen zu werden, eine eingehende Betrachtung drängt sich nicht auf. Viel interessanter ist es da, das Befinden auf dem Weg zum Ziel näher zu betrachten.

Ist es die Erwartung, heute zu gewinnen, und ist es das Ziel, heute ein Tor zu schießen, dann würde sich alles nur auf den Abschluss der Aktion richten, nicht aber auf die hinführenden Abläufe. Der Athlet würde dementsprechend also der Idee folgen, dass nur das finale Tor Genugtuung herbeiführen kann. Das wiederum hieße im Umkehrschluss, dass der vorausgehende, womöglich sehr raffinierte Spielzug kaum etwas hergäbe, also von untergeordneter Bedeutung wäre.

- Wollen wir das?
- Wollen wir das Glücksgefühl wirklich einschränken auf den kleinen Moment der erfolgreichen Vollstreckung?

Die Wertschätzung der Details

Damit würde auch der kreative Schaffensprozess des Malers infrage gestellt werden, seine ersten Skizzen, die Intuition der ersten Pinselstriche, das Auftragen der verschiedenen Farbschichten – Maler wie der Flame Jan van Eyck legten weit mehr als 100 Schichten übereinander. Soll all das also nur emotionsloses Mittel zum Zweck sein?

Pure oder auch überhaupt **Vorfreude** würde entstehen, wenn der gesamten Aktion etwas abgewonnen werden kann: im ballsportlichen Kontext schon der taktischen Grundidee, dem initialen Pass, der Finte, dem dynamischen Nach-vorn-Tragen des Balls, dem präzisen Zuspiel und dann, aber eben auch erst dann, womöglich noch dem erfolgreichen Abschluss.

Im beruflichen Kontext wäre es zum Beispiel der Pitch, in dem ich mich als Agentur gegen andere Agenturen durchsetzen möchte. Pure Vorfreude, bevor es an Tag X zum vergleichenden Showdown kommt – eben das brauchen alle Mitwirkenden, um maximal effizient und motiviert ans Werk zu gehen. Spaß am Tüfteln, Freude am kreativen Brainstorming, Lust auf die Strategieentwicklung. Dergleichen findet sich in allen Lebenslagen, die von der Gründung eines Start-up-Unternehmens bis hin zu Koalitionsverhandlungen reichen.

Auch im Trainingskontext stellen sich analoge Fragen.

Ist das Training Weg und der Wettkampf Ziel? Beides braucht **Motivation**, beides fordert **Leidenschaft** ein. Ist der Aufbau eines Angriffs im Handball oder der Anlauf zum Sprungwurf nur ausgedehnter Zweck, der mögliche Torfreude vorbereitet, oder sind sie selbst Würdenträger freudvoller Abläufe? Sind sie es allerdings nicht, sollten wir schleunigst überlegen, wie wir sie dazu befördern können. Denn stets geht es um die Wertschätzung des Ganzen. Hierfür helfen weniger einzelne mentale Werkzeuge als die grundlegende (Neu-)Gestaltung der eigenen Philosophie.

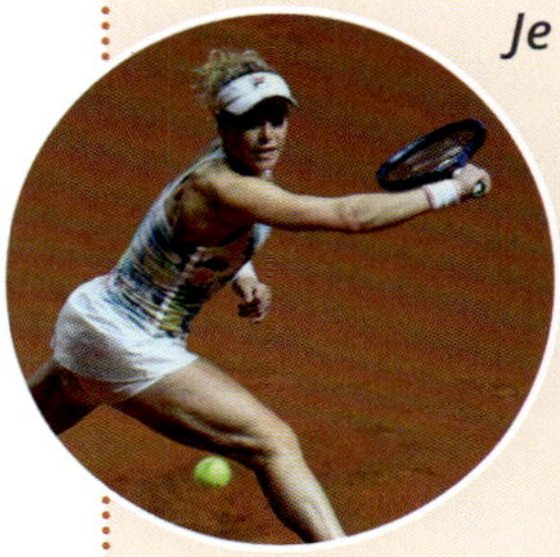

Je öfter man es schafft, die Herausforderung an sich und auch all ihre kleinen Zwischenschritte zu genießen, sie zu schätzen und sie – unabhängig von ihrem Gelingen – als Möglichkeit zum eigenen Wachstum zu betrachten, desto erfolgreicher wird man sie meistern. Und desto weiter wird man letztendlich im gesamten Prozess gelangen.

Ein höheres Bewusstseinslevel wäre erreicht, wenn all das irgendwann nicht mehr nur Theorie ist und auch nicht mehr wahrgenommene Praxis, sondern verinnerlichtes Tun. Letztlich geht es darum, all das so weit zu automatisieren, dass es aus dem Bewusstsein verschwindet.

„Der Mensch ist ein denkendes Wesen, aber seine großen Werke werden vollbracht, wenn er nicht rechnet und denkt."[93] So formulierte es Daisetz Suzuki, der renommierte japanische Autor und in den 1920er-Jahren Professor für buddhistische Philosophie in Kyoto. Er propagiert die Kunst des Sich-selbst-Vergessens. Genau darum geht es beim buddhistisch motivierten Bogenschießen.

Diese Interpretation des Bogenschießens bedingt auch eine Auseinandersetzung des Bogenschützen mit sich selbst. Und da wären wir wieder an dem für uns so ausschlaggebenden Punkt, die Aktion nicht nur (eventuell auch sogar überhaupt nicht) über das Ergebnis zu definieren.

Der Philosoph Eugen Herrigel folgte 1924 einem Ruf an die Universität im japanischen Sendai. Ein günstiges Zusammenspiel verschiedener Zufälle ermöglichte es ihm – dem, der so interessiert an mystischem Wissen war –, Unterricht im Bogenschießen beim berühmten Meister

93 Herrigel (2011, S. 7).

Kenzo Awa zu nehmen. Dessen Erkenntnisse machten Herrigel zum Wegbereiter der **ZEN-buddhistischen** Lebenssicht im Westen und mündeten im weltweit bekannten Buch *ZEN in der Kunst des Bogenschießens*.

Nun würden wir uns überfordern, Zen-Buddhistisches mal eben verinnerlichen zu wollen. Vielmehr soll es uns hier darum gehen, einen wichtigen Quell für Inspiration zu erkennen und zu nutzen. Sich allein auf das Spannen des Bogens zu konzentrieren, wurde für den Neuling aus Deutschland zum Kraftakt und strapazierte seine Geduld so sehr, dass er sie fast verloren hätte; wäre da nicht der Meister gewesen, der demonstrierte, wie entspannt seine Arme waren, während er den Bogen spannte. Und der seinen Schüler Herrigel darüber aufklärte, dass er nicht richtig atmen würde.

Der Atem als Kraftquelle

Der **Atem**, so die Empfehlung, solle nach dem Einatmen sachte nach unten gedrückt werden, bis die Bauchwand leicht spanne. Dort solle der Atem eine Weile gehalten werden, um die Luft schließlich langsam und gleichmäßig wieder ausströmen zu lassen. Mit dieser Form des Atmens, so Meister Kenzo Awa, lasse sich der Ursprung aller geistigen Kraft entdecken.

Und? Hat es dem Bogenschießen gedient?, wollen wir, getrieben von unserer westlichen Ungeduldsmentalität, endlich wissen. Hat es. Der nötige Kraftaufwand reduzierte sich kontinuierlich.[94]

Ohne diese Technik an dieser Stelle weiter zu vertiefen, wird doch mehreres klar: Geduld ist ein Faktor, ebenso die Offenheit für eine noch unbekannte Herangehensweise, zudem das Lösen des Handelns vom Ergebnis, der Glaube an die Kraft der Atmung und die Dinge letztlich nicht mehr zu denken, sondern geschehen zu lassen. Ganz im Sinne der Atem-Formel-Anleitung im autogenen Training: Mein Atem ist ganz ruhig, es atmet mich.

Und diese Perspektive nimmt nicht nur der buddhistisch inspirierte Eugen Herrigel ein, auch der allseits bekannte Sportpädagoge Timothy

94 Ebd.

Gallwey. „Few great shots are played, when the mind is fixed on the position of the feet, the behaviour of the left arm, etc.", warnt er alle Golfer, die während ihrer Schläge zu viel denken.[95] Stattdessen empfiehlt er eine entspannte Form der Konzentration: „Relaxed concentration is the key to excellence in all things."[96]

Es gilt, die inneren Fähigkeiten zu schulen, aufmerksam zu sein, eine Handlung auszuwählen und **Vertrauen** in die Entscheidung zu haben: „awareness, choice, and trust"[97]. Und womöglich kann dieser Bewusstseinswandel noch weiter reichen und unsere generelle Sicht der eigenen Leistungsgenese erfassen.

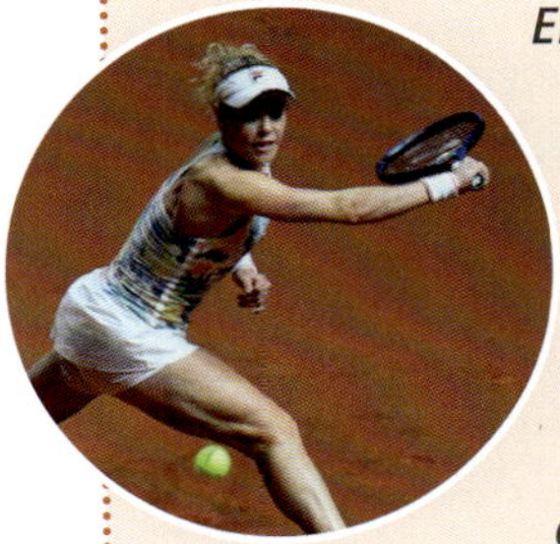

Eine Erkenntnis hat mir auf meinem eigenen Weg sehr geholfen. Sie ist nahe liegend, trotzdem hatte ich sie viele Jahre auf der Tennistour nicht wirklich verstanden:

Nicht nur ich, sondern auch die anderen Spielerinnen versuchen, sich von ihrer Konkurrenz abzuheben. Auch sie bringen Opfer, um am Ende als Sieger dazustehen. Bis zu dieser Einsicht hatte ich meine Gegnerinnen eher als eine Art notwendiges Übel betrachtet, als eine Art Objekt in einem Spiel, das für mich bestimmt war und das ich gewinnen wollte.

Dann ist mir klar geworden, dass einige von ihnen aus weitaus schlechteren Verhältnissen stammen als ich und einen noch steinigeren Weg gegangen sind, um dorthin zu kommen, wo sie jetzt stehen.

Diese Einsicht hat mir enorm geholfen, meine eigene Arbeit mehr wertzuschätzen und Dankbarkeit für meinen ganz persönlichen Weg und dafür zu empfinden, ein Teil dieser Tennistour-Spielerinnen zu sein.

95 Gallwey (2015).
96 Ebd. (S. 17).
97 Ebd. (S. 16).

Manchmal erwischt man sich dabei, Neid gegenüber der Konkurrenz zu spüren, wenn sie besser dasteht als man selbst. Das ist sicher menschlich. Ich versuche aber, zu ergründen, woher das Gefühl rührt. Denn letztlich hat es keinen Sinn, neidisch zu sein. Neid hemmt das eigene Tun.

- *Bin ich also enttäuscht, weil ich es noch nicht so weit gebracht habe?*
- *Stecken dahinter vielleicht Zweifel daran, Vergleichbares leisten zu können?*
- *Oder kratzt es einfach an meinem Stolz, wenn ich in einem Vergleich schlechter abschneide – bin ich schlicht ein schlechter Verlierer?*

Es bringt einen weiter, den Mut zu haben, hinter die eigenen Kulissen zu schauen und die wahren Gründe für unsere Gefühle zu erfahren.

Wertschätzung und Dankbarkeit für das eigene Spiel und – noch allgemeiner – für das eigene sportliche Dasein, darauf kommt es an. Daraus kann tief greifende, innere Zufriedenheit resultieren, Glück.

Der Psychologe Csikszentmihalyi wirft dem Menschen vor, dass er es gar nicht verstehe, Glück zu leben. Er greift zurück auf Aristoteles, der schon in der Antike davon ausging, dass der Mensch nach Glück trachtet.[98] Doch der Mensch habe nicht gelernt, Glück zum unbedingten Lebensinhalt zu machen. Csikszentmihalyi macht noch einmal deutlich, dass Gesundheit, Schönheit, Geld und Macht eben nicht gleichbedeutend mit Glück sind.

Er beschreibt, „dass Glück nicht etwas ist, das einfach geschieht. Es ist keine Folge von angenehmen Zufällen. Es ist nichts, was man mit Geld kaufen oder mit Macht bestimmen kann. Es hängt nicht von äußeren Ereignissen ab, sondern eher davon, wie wir diese deuten – Glück ist vielmehr ein Zustand, für den man bereit sein muss, den jeder Einzelne kultivieren und für sich verteidigen muss.“[99]

98 Csikszentmihalyi (2017, S. 15).
99 Ebd. (2017, S.16).

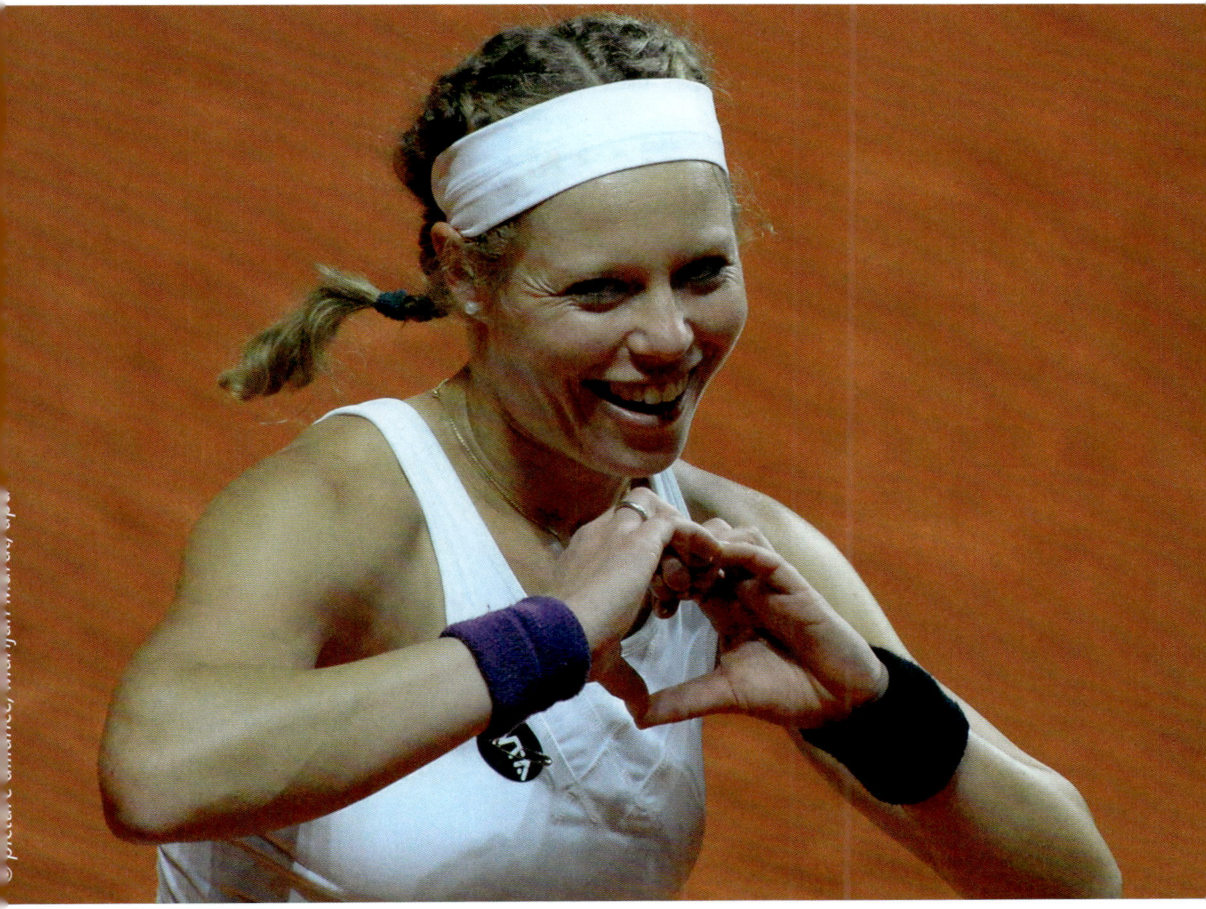

Den Moment genießen: Nach dem Halbfinalsieg 2016 gegen die Nummer zwei der Welt darf schon mal das Herz aufgehen.

Csikszentmihalyi war Direktor des „Quality of Life Centers“ und Professor für Unternehmensführung an der Claremont Graduate University in Kalifornien. Er gilt als einer der Ersten, der sich mit **Flow**-Zuständen befasst hat. Seine Basistheorie bezieht sich auf einen „Zustand, bei dem man in eine Tätigkeit so vertieft ist, dass nichts anderes eine Rolle zu spielen scheint“[100]. Die Psychologin Renate Frank spricht von einem Zustand der Absorption und völligen Konzentration und davon, „ganz und gar selbstvergessen in einer Tätigkeit aufzugehen“[101].

100 Csikszentmihalyi (2017, S. 19).
101 Frank (2008, S. 92).

Die Dimension eines Flow-Gefühls ist zweizuteilen, das zeigen die Erfahrungen und auch die Beiträge der wissenschaftlichen Literatur. Während die einen den Flow auf die Ebene eines berauschenden Runner's-Highs hieven, beginnt das Gefühl für die anderen schon, wenn verschiedene körperlich-emotionale Abläufe im Einklang miteinander sind. Eberspächer bezieht sich auf Mihaly Czikszentmihalyi[102] und fasst die Komponenten des Flow-Erlebens wie folgt zusammen:

Flow

- *Fähigkeit und Anforderung passen zusammen. Man fühlt sich optimal beansprucht und hat trotz hoher Anforderungen das sichere Gefühl, das Geschehen noch unter Kontrolle zu haben.*
- *Handlungsanforderungen und Rückmeldungen werden als klar und interpretationsfrei erlebt, sodass man jederzeit und ohne nachzudenken weiß, was jetzt zu tun ist.*
- *Der Handlungsablauf wird als glatt erlebt. Ein Schritt geht flüssig in den nächsten über, als liefe das Geschehen gleitend wie aus einer inneren Logik. (Aus dieser Komponente rührt wohl die Bezeichnung „Flow".)*
- *Man muss sich nicht willentlich konzentrieren, vielmehr kommt die Konzentration wie von selbst, ähnlich wie die Atmung. Es kommt zur Ausblendung aller Kognitionen, die nicht unmittelbar auf die jetzige Ausführungsregulation gerichtet sind.*
- *Das Zeiterleben ist stark beeinträchtigt; man vergisst die Zeit und weiß nicht, wie lange man schon dabei ist. Stunden vergehen wie Minuten.*
- *Man erlebt sich selbst nicht mehr als abgehoben von der Tätigkeit, man geht vielmehr gänzlich in der eigenen Aktivität auf („Verschmelzen" von Selbst und Tätigkeit).*

Eberspächer (2011, S. 31)

102 Csikszentmihalyi (1975).

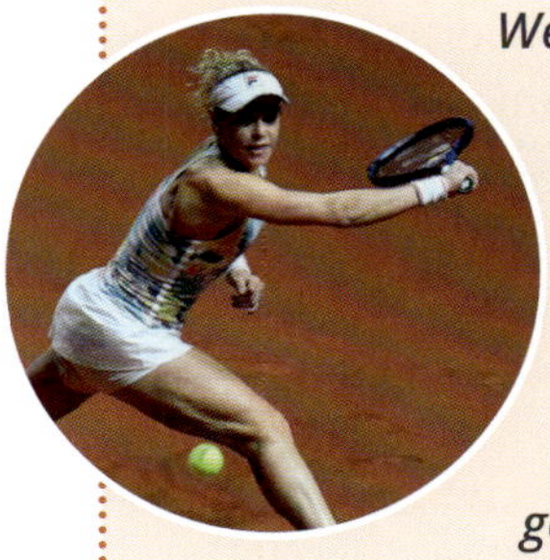

Wer den Flow im Tennis erlebt, der denkt nicht mehr über Dinge nach wie: gewinnen zu wollen, diesen einen bestimmten Gegner zu schlagen oder welche Konsequenzen ein Sieg oder eine Niederlage hätte. Man ist, wenn man so will, über die Ebene des Denkens hinausgegangen.

Das Spiel ist viel größer geworden als sein Endergebnis. Man erlebt eine Art Rausch, in dem es nur noch um die Art und Weise geht, wie man das Spiel als Ganzes meistert.

Wenn ein Spieler nach seinem Flow-Erlebnis gefragt wird, danach, was er während des Matches gedacht hat, dann bekommt man Antworten wie: „Ich habe mich einfach auf den nächsten Punkt konzentriert, alles losgelassen, einfach gespielt, Schlag für Schlag."

Loslassen, sich auf etwas einlassen, das Ziel für eine Zeit aus dem Fokus verlieren und stattdessen mit dem Weg zum Ziel zu verschmelzen, all das ist charakteristisch für den Flow und für Momente, in denen wir unsere besten Leistungen abrufen.

„Es geht um etwas Fließendes, Schwereloses, bei dem sich Glück ganz absichtslos einstellt"[103], ergänzt Renate Frank, promovierte Psychologin an der Universität Gießen. Die Leiterin der postgradualen Psychotherapeutenausbildung grenzt dabei vom generellen, vergnüglichen Glück ab. So geht es nicht um bloße Stimulierung von Sinnesreizen. Ein Flow-Zustand setzt vielmehr herausfordernde Anstrengung voraus, von einem Schwierigkeitsgrad bestimmt, der sich gerade noch bewältigen lässt. Als Belohnung für die erfolgreiche Aufgabenbewältigung, so Frank, stellt sich tiefe Zufriedenheit ein, auch Dankbarkeit. „Manchmal wird dies auch als eine Gnade empfunden."

Schon als Kind wird man mit den Ansätzen dieses Gefühls vertraut, ohne zu wissen, dass man gerade den wissenschaftlich begründeten Flow-Tunnel betritt. Wenn die Eltern nicht mit dem Auto zur Burg auf den Berg fahren, sondern das Gefährt im Tal stehen lassen, um sich die Burg mit ihrem Kind zu Fuß zu erobern.

103 Frank (2008, S. 92f.).

Das Gefühl am Eingang zur Festung ist sodann ein ungleich anderes. Eine Mischung aus Stolz und Echtheit, fast, als wäre man gleich mit Königin und König zum Mittagessen verabredet. Ähnlich ergeht es dem erwachsenen Tourenskigeher, der nicht die Gondel zum Gipfel nimmt, sondern sich die Höhenmeter aus eigener Kraft Stück für Stück auf seinen Skifellen erarbeitet. Selbst die Aussicht wird gefühlt eine andere sein und nicht nur kilometerweit, sondern gleich endlos über den Horizont hinausreichen.

Die sportliche Aktivität ist dem quantitativen und qualitativen Glücksempfinden nachweislich zuträglich. Petra Jansen und Sabine Hoja haben in einer Metastudie acht Untersuchungen daraufhin geprüft, was sie über den Sport als Glücksvermittler aussagen. Sechs dieser Studien lieferten den wissenschaftlichen Beweis, dass sportliche Intervention einen generell positiven Effekt auf das Glücksempfinden hat.[104]

So ist es nahe liegend, dass sich die Sportwissenschaft schon lange des Themas angenommen hat. Sie weist auch darauf hin, dass das Flow-Erlebnis bereits in den 1930er-Jahren von der Gestaltkreis-Theorie thematisiert worden ist und definiert Flow als „einen Gefühlszustand, der durch völliges Aufgehen in einer Aktivität und durch die Freude am Vollzug dieser entsteht. Der Prozess wird als ein einheitliches Fließen von einem Augenblick zum anderen erlebt. Dadurch entsteht eine Art von Zentrierung der Aufmerksamkeit, die dazu führt, dass Zweck und Ziel der Handlung in die Tätigkeit selbst verlagert werden."[105]

Wie Eberspächer schreibt, führt es zu einer konzentrativen Einengung, sobald man sich in den Flow hineinversetzt. „Man erlebt sich intensiv bildhaft während der Ausführung eines Bewegungsablaufs. Ein Delphinschwimmer zum Beispiel hat nur noch die Vorstellung zu ‚fliegen' oder ein Turniertänzer die des ‚Schwebens'"[106].

So entstehe dann eine sehr rhythmische und bildstarke Vorstellung, die als Basis für eine stabile, situationsgerechte Bewegungsumsetzung dient. Die Glückshormone werden diese Gefühle dankend aufnehmen und den Körper auf Kurs bringen. So werden aus Empfindungen Wahrnehmungen, und daraus wiederum entsteht Bedeutung.[107]

---

104 Jansen & Hoja (2018).

105 Röthig & Prohl (2003, S. 201).

106 Eberspächer (2012, S. 82).

107 Myers (2008, S. 258ff.).

ZUSAMMENGEFASST: PRAKTISCHES AUS KAPITEL II

Um den Einstieg zu meistern, sind Ziele unabdingbare Richtungsgeber. Es empfiehlt sich aber, im Prozessverlauf immer wieder besonderen Fokus auf die bewusste Wahrnehmung der eigenen kleinen Entwicklungsschritte und positiven Handlungsmomente zu legen.

DEN WETTKAMPF VERSTEHEN

Zufriedenheit nicht nur am Siegen orientieren *** vom Schwarz-Weiß-Denken Abstand nehmen *** Energie in das Kontrollierbare investieren *** Selbstbestimmtheit pflegen *** Selbstwirksamkeitsüberzeugung entwickeln *** sich auf den eigenen Entwicklungsprozess einlassen.

DIE KRAFT DER MOTIVATION

Visionen als Motivator *** sich (überprüfbare) Ziele setzen *** situative Anreize geben *** Anstrengung akzeptieren *** Disziplin oft durchschlagender als Talent *** Tagesform berücksichtigen *** Gefühl, Verstand, Einstellung und Erfahrung wirken auf die Motivation.

ZIELE MACHEN BEINE

Sogwirkung von Zielen *** Ziele verändern Aufmerksamkeits-, Gedächtnis- und Bewusstseinsprozesse *** Konkretisieren von Handlungsanweisungen *** herausfordernde und zugleich realistische Ziele wählen *** zum Ziel können Ergebnisse, Ränge, Leistungen, Handlungen und Gefühle werden *** Ziele sind verbindlich.

TAUSEND STUNDEN FLEISS

Spitzenathleten haben mehr Trainingsstunden *** Monotonie akzeptieren, statt nur auszuhalten *** Eintönigkeit überwinden, zum Beispiel durch meditative Perspektive *** Kreativität zulassen, um Monotonie abzumildern.

DER GENUSSFAKTOR

Freude am Prozess entwickeln *** zu sich finden *** Glück als Zustand, für den man bereit sein muss *** Flow als Belohnung.

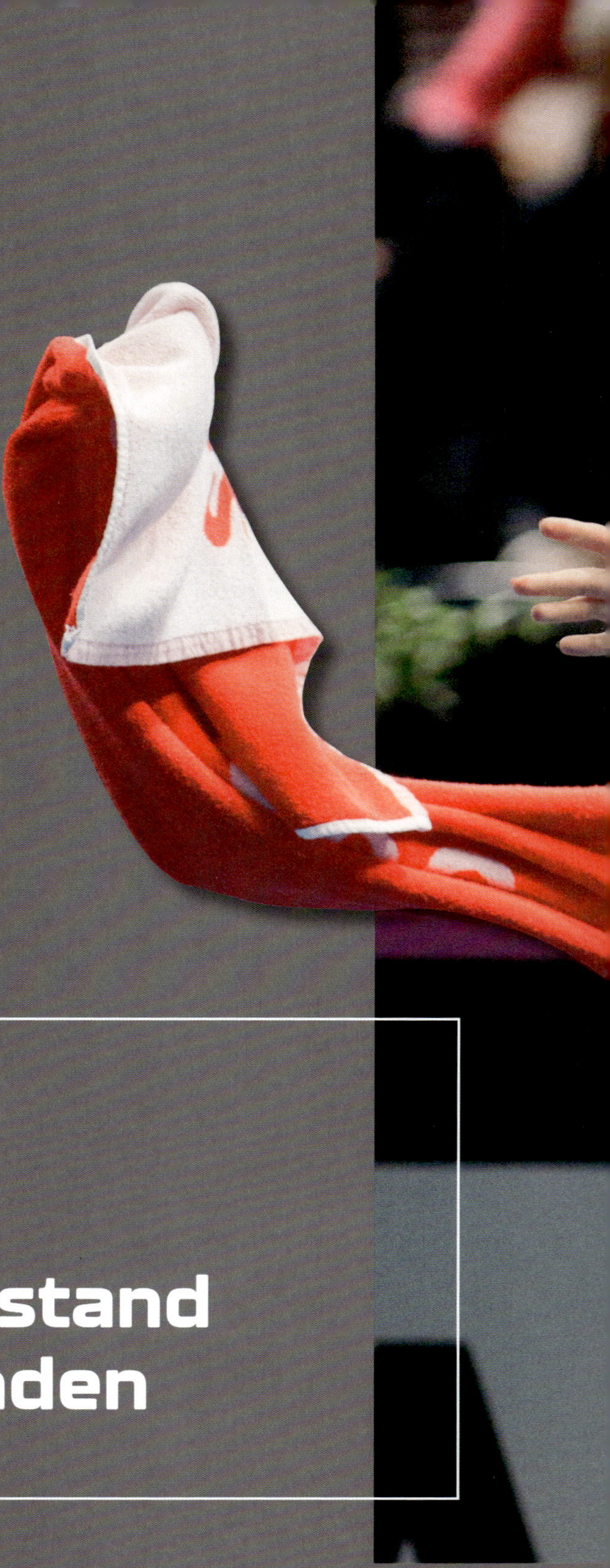

3

Den Rückstand überwinden

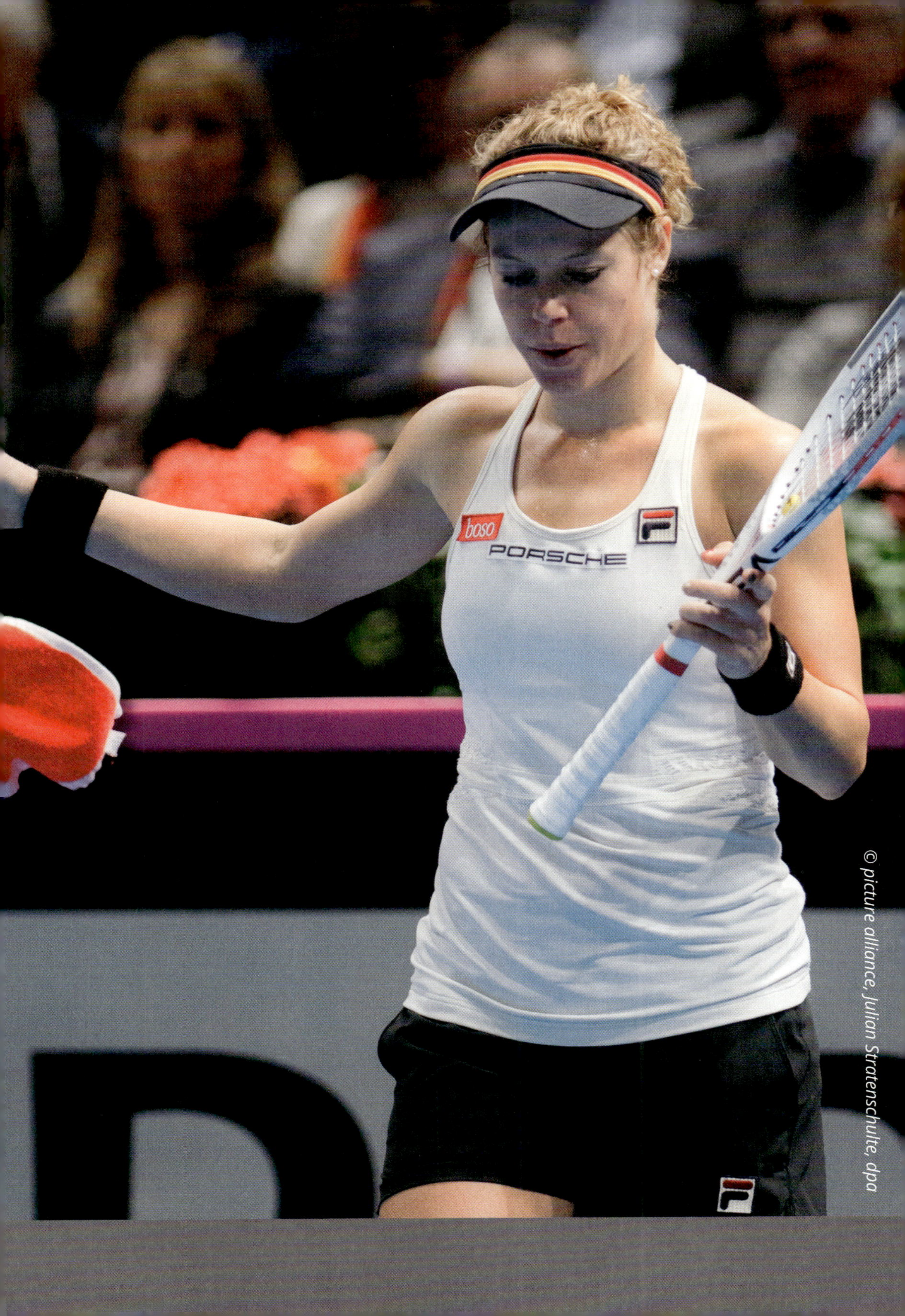

© picture alliance, Julian Stratenschulte, dpa

SATZVERLUST: AUS KRISEN CHANCEN MACHEN

Der Rückstand ist ein Alltagsphänomen. Er ist ein penetranter Begleiter, der uns unermüdlich daran erinnert, wie viel wir noch zu erledigen haben. „Du hinkst hinterher", flüstert er uns zynisch ins Ohr. Zunächst ignorieren wir ihn und schütteln seine Kommentare von uns. Schließlich hoffen wir, zurück ins Spiel zu finden. Bis sich der fiese Kerl erneut meldet: „Du hinkst immer noch hinterher, inzwischen noch weiter."

Der Rückstand ist ein übler Zeitgenosse, der es Stück für Stück schafft, unser positives Denken gegen negative Emotionen zu tauschen. Und je weiter unsere Leistung hinter der ursprünglichen Zielvorstellung zurückbleibt, desto sicherer fühlt sich das Negative in uns und breitet sich aus. Nach unserem Kopf knüpft es sich auch den Körper vor, die Energie sinkt, und damit auch die Leistung.

Irgendwann hinken wir dem einstigen Anspruch so weit hinterher, dass wir uns kaum mehr in der Lage sehen, all das Versäumte und Aufgeschobene noch bewältigen zu können. Jetzt, für den finalen Showdown, ist noch einmal der Kopf an der Reihe: Angst kommt auf. Der Glaube daran, aus eigener Kraft aus der misslichen Lage zu kommen – er ist weg.

Im Alltag hilft es oft schon, die Prioritäten zu verschieben. Schon schmelzen Rückstände dahin. Wir können uns *hier* mal ein wenig zurücknehmen, *dort* mal ein wenig Zeit einsparen und uns mit Bedacht neu in Position bringen. Im Leistungssport ist es allerdings nicht so einfach, dort ist der unmittelbaren Konfrontation nicht zu entkommen.

Das Hier und Jetzt fordert die sofortige Problemlösung ein, es bleibt keine Zeit, seine Prioritäten zu überdenken. Hinter uns lauert schon ein neuer, eifriger Titelaspirant. Oberste Priorität hat das Gewinnen, so will es die Logik des Sports, Scheitern ist keine Option.

„Blech" hat sich als degradierender Begriff für das fiktive Medaillenmaterial des Olympiavierten etabliert. Bedauerlicherweise zählt es nicht, dass ich, allein um mich zu qualifizieren und gen Olympia reisen zu dürfen, unzählige starke Athleten hinter mir gelassen habe. Auch zählt es nicht, dass ich als Vierter zig Weltklasse-Sportler auf die Plätze verwiesen habe. Es zählt nur der Sieg.

Also müssen wir Handlungsalternativen entwickeln, die wir schnell und kompromisslos über alles Unerwünschte stellen und umsetzen können.

Wie erheben wir uns nun über die Rückstände im Leben? Wir können uns – manchmal erkennen wir die banalsten Werkzeuge nicht – einfach weigern, einen Rückstand als einen solchen anzuerkennen. Ein Rückstand steht uns gerade so mächtig entgegen, wie wir ihn eben als solch mächtigen Widerpart betrachten.

Die Bedrohung bagatellisieren

Eine mitunter funktionierende Vorgehensweise ist es, sich in einem erlaubten Anflug von Überheblichkeit über eine Bedrohung einfach lustig zu machen. Die Bedrohung verliert ihre Macht, wenn man sie ein wenig ins Lächerliche zieht. Sie lässt nach – und in diesem Moment ihrer Verletzlichkeit stoßen wir zu und demontieren sie.

Die Körpersprache unseres Gegenübers kann von erdrückender Selbstüberzeugung sein. Es könnte aber auch die bühnenreife Präsentation eines Schauspielers sein. Oder die satirische Verzerrung eines Durchschnittsmenschen. Oder ein verkleideter Funktionär, ein Avatar, das Spiegelbild von mir selbst.

Die Beispiele mögen ein wenig bizarr daherkommen. Sie sollen aber verdeutlichen, wie wir in Form dieses Überzeichnens einen kurzen Moment des inneren Schmunzelns entstehen lassen können. Manchmal reicht schon dieser kurze Moment, um eine Veränderung anzustoßen. Kreativität wäre hierfür ein förderliches Tool.

Eine ganz andere Möglichkeit: Wir können versuchen, den Rückstand zu akzeptieren. Er kommt, und womöglich geht er auch wieder. Man kennt diese Form der Akzeptanz aus den einleitenden Worten im Rahmen diverser Entspannungsverfahren: Geräusche kommen und gehen, heißt es da, um dagegen vorzubeugen, dass man plötzliche Geräusche als störend wahrnimmt. Vielmehr sollen sie als natürliche Begleiter akzeptiert werden.

Eine analoge Haltung können wir unseren Gefühlen gegenüber entwickeln. Sie kommen und – je nachdem, was wir ihnen im Umgang mit uns erlauben – gehen auch wieder. Gestehen wir *ihnen* das Recht zu, existieren zu dürfen, eröffnen wir *uns* die Möglichkeit, sie weiterziehen zu lassen, sie vor ihrem Verschwinden womöglich sogar noch sinnvoll einzubauen, als kleine Lektion, aus der wir gestärkt hervorgehen könnten.

Generell in der Welt und ganz speziell im sportliche Wettkampf – überall lauert das Unerwartete und mit dem Unerwarteten auch das Unliebsame. Wer hier kein Konzept hat, kann schwerlich als Gewinner vom Platz gehen.

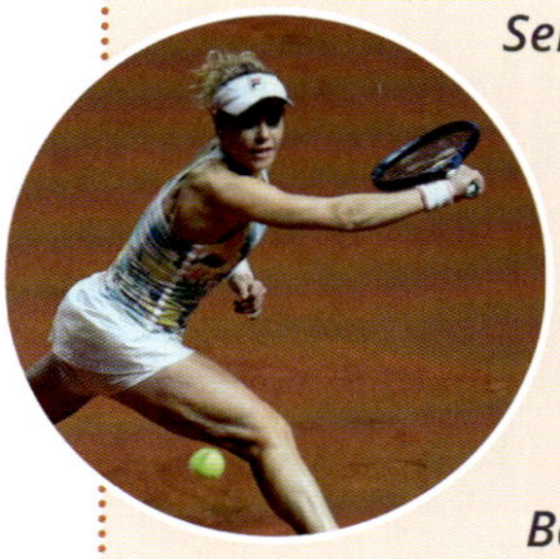

Selten passt alles hundertprozentig, weder in der Vorbereitung noch im Match selbst. Was von außen elegant und einfach aussieht, ist im Inneren ein aktives, fein gesteuertes Tuning.

Das Aktivierungsniveau auf einen optimalen Stand zu bringen und dort zu halten, sich an das eigene ideale Niveau heranzuspielen, vom ersten Ball an, das ist ein von vielen Faktoren abhängiger Prozess. Nicht immer gelingt es, die Taktik genauso umzusetzen, wie sie zuvor ausführlich mit dem Trainer besprochen wurde. Was aber tun, wenn es nicht wie erwartet klappt?

Es gilt, negative Aspekte auszublenden, interne und externe Widrigkeiten als Teil des Spiels zu akzeptieren: das Essen, das aus unerfindlichen Gründen nun schwer im Magen liegt, obwohl man auf die richtigen Lebensmittel geachtet hatte – es muss genauso hingenommen werden wie andere körperliche Beschwerden. Das Ziehen in der Wade, das in den letzten Tagen schon zu spüren war und von dem ich dachte, dass es doch weg sei: Plötzlich ist es wieder da – es muss aber egal sein. Der Zuschauer mit der gelben Jacke, der genau dort sitzt, wo der Ballwurf der Gegnerin in der Luft steht und den Ball fast verschwinden lässt – es muss mich nicht berühren. Ich kann dem Zuschauer ja nicht sagen, er solle sich bitte woanders hinsetzen oder seine Jacke ausziehen.

Oder technische Elemente aus dem Spiel: Der Slice-Aufschlag, der noch eine Stunde zuvor im Training fantastisch geklappt hat, ist plötzlich weg. Und er war doch Hauptbestandteil der Taktik …

Um die Kontrolle nicht aus der Hand geben zu müssen, brauchen wir Handlungsstrategien. Mentale (Überlistungs-)Techniken, die im Sport gleichwertig neben dem Training von Schuss-, Schlag- und Wurftechniken stehen sollten. Wie also gehen wir vor, wenn uns die Kontrolle über das Geschehen abhandenzukommen droht?

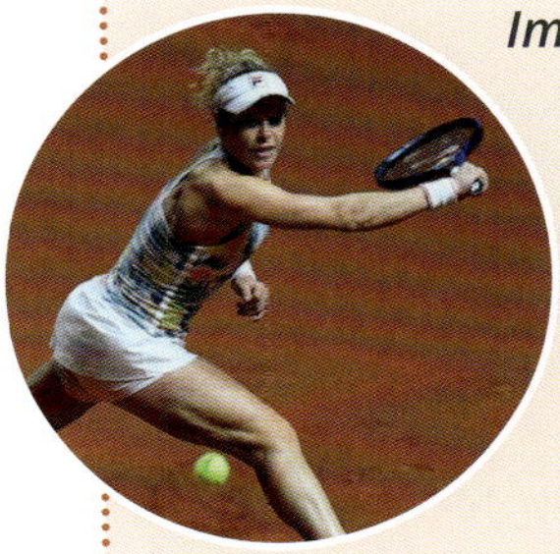

Im Doppel treten Spielstände mittlerweile nicht selten mit einer gewissen Beliebigkeit ein. Das liegt an der vor einigen Jahren geänderte No-Add-Zählweise – das heißt, dass bei einem Spielstand von 40:40 der nächste Punkt entscheidet. Und es liegt auch am Match-Tiebreak – einem langen Tiebreak bis 10 Punkten anstelle eines dritten Satzes.

So manches Mal lag ich mit meiner Partnerin Vera Zvonareva in einem Match 1:4 hinten, weil wir zwei No-Add-Punkte verloren hatten; es hätte aber genauso gut 3:2 für uns stehen können. Den Unterschied von ganzen drei Spielen Rückstand haben zwei läppische Pünktchen gemacht, die unter Umständen auch unglücklich gegen uns gelaufen waren.

In solchen Fällen muss man den Rückstand wirklich ignorieren und sich sagen: „Wir spielen gut. Es ist ein ausgeglichenes Match, der Score ist völlig irreführend. Wir müssen unsere Strategie nicht ändern."

DEN WIDRIGKEITEN TROTZEN

Das reichlich strapazierte, sogenannte *Gelassenheitsgebet* des US-Philosophen Reinhold Niebuhr liefert die so hilfreiche Anregung: „Gib mir die Gelassenheit, Dinge hinzunehmen, die ich nicht ändern kann, den Mut, Dinge zu ändern, die ich ändern kann, und die Weisheit, das eine vom anderen zu unterscheiden."[108]

108 Das Zitat wird Reinhold Niebuhr (1892-1971), US-Theologe und Philosoph, zugeschrieben.

Das Ziehen in der Wade ist nicht wirklich beeinflussbar, allenfalls hätte man sich vor dem Match noch darum kümmern können, jetzt aber muss es akzeptiert werden. Der wiederholt missratene Aufschlag hingegen sollte mich alarmieren und ich sollte mich aufgefordert fühlen, mit Mut dagegen anzugehen. Immer und immer wieder sehe ich mich konfrontiert mit Situationen, auf die ich reagieren muss und die mir eine Entscheidung abverlangen. Die Entscheidungsfindung wiederum lässt sich – Niebuhrs empfohlene Zweiteilung berücksichtigend – auf die eigentlich nicht schweren Fragen reduzieren:

- Verändern?
- Oder akzeptieren?

Das mag an das zufallsgeleitete Blütenblätterzupfen frisch Verliebter erinnern, ist indes aber ein Entscheidungsprozess, der sich aus Übung und Erfahrung und einer sich daraus entwickelnden Intuition ergibt. Also auch die so zeitlich enge Drucksituation im Wettkampf nötigt es einem meisterhaften Spieler ab, von außen auf die eigene Situation zu blicken und weise die passenden Handlungsschlüsse zu ziehen.

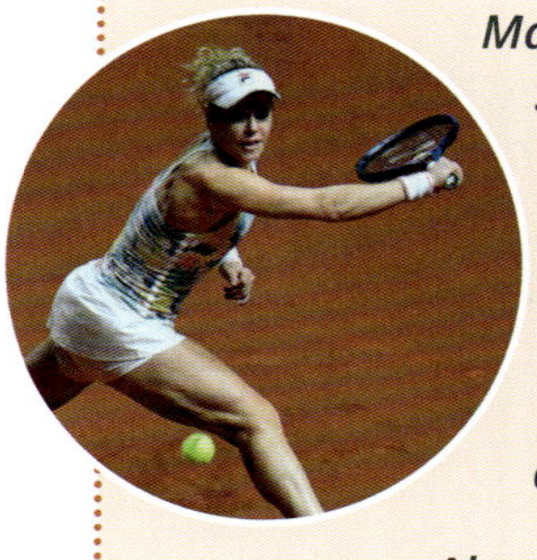

Manchmal, wenn ich im Match einen schlechten Start erwische, wünsche ich mir, einfach auf einen Knopf drücken und alles noch einmal zurückspulen zu können. „Ich würde es dann besser machen", sage ich mir. Was für ein Blödsinn! Entweder bringst du es auf den Platz, wenn es darauf ankommt oder du kannst einpacken. Es ist gnadenlos.

Aber genau das macht es zu etwas Besonderem: zu wissen, dass man keine zweite Chance hat, es muss genau jetzt irgendwie gehen, mit allem Willen, mit aller Kraft – und mit viel Resilienz. Das annehmen zu können und die Gesamtheit des Spiels zu lieben, mit all ihren Unwägbarkeiten, das ist wahre Stärke.

Sorgen vor einem Tennismatch? Sie gehören dazu, schreibt Jeff Greenwald in seinem Buch *The best tennis of your life*[109]. Wer das beste Tennis seines Lebens spielen möchte, müsse Sorgen aber rechtzeitig einordnen, bevor sie in Gefühlen von Angst ausarten. Entscheidend ist für Greenwald, zwischen produktiven und unproduktiven Sorgen zu unterscheiden.

Kontrollierbare und unkontrollierbare Sorgen

Produktive Sorgen beziehen sich demnach auf Umstände, die innerhalb unserer Kontrolle liegen und die uns dazu antreiben, alles für unsere bestmögliche Performance zu tun. Hierzu zählt es zum Beispiel, die Schläger rechtzeitig neu zu bespannen, Essenzielles in die Tennistasche zu packen oder Platz und Partner fürs Aufwärmprogramm zu organisieren.

Unproduktive Sorgen liegen hingegen außerhalb unserer Kontrolle: Gedanken darüber, ob man das Spiel gewinnen oder verlieren wird. Oder darüber, welchen Effekt das Ergebnis auf meinen Weltranglistenplatz haben würde. Oder was andere Menschen im Falle einer Niederlage von einem denken könnten.

So gilt es, sich aus dem Augenblick heraus zu fragen, ob man etwas ändern kann. Nein? Dann canceln wir die Sorgen. Ja? Dann, so Greenwald, *„find time to make a list of things you can do, step-by-step, to productively work towards your goals“*[110].

Erlangen wir diese Widerstandsfähigkeit im Umgang mit Widrigkeiten, dann spielt es eine wichtige Rolle, uns dieser ehrenwerten **Resilienz**fähigkeit auch bewusst zu werden. Das stützt unser Selbstvertrauen. Und genau so entsteht Rückkopplung: Selbstbewusstsein und Widerstandsfähigkeit, sie spielen sich den Ball hin und her, sie wachsen Hand in Hand.

109 Greenwald (2007, S. 10f.).

110 Ebd. (S. 12).

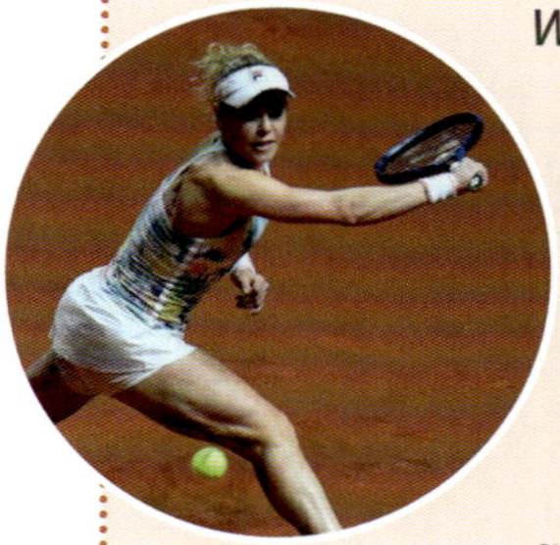

Wie ich mit unabsehbaren Widrigkeiten umgehen muss, zeigt sich an einem markanten Beispiel, an der Erstrundenpartie der Mutua Madrid Open 2017 gegen Johanna Konta. Ich war Nummer 35 der Weltrangliste, Konta Nummer sieben. Wir waren an diesem Tag als fünftes Match angesetzt und sollten nach dem Herrenmatch – und das kann im Fall von fünf Sätzen ewig dauern – auf den Platz.

Ich hatte mit einem Start zwischen 18 und 20 Uhr gerechnet, eh schon nicht meine Lieblingsuhrzeit, ich spiele lieber um 10 Uhr morgens statt abends. Aber an diesem Tag sollte es noch ganz anders kommen, die Matches zogen sich.

Um 16 Uhr habe ich mich trotzdem schon mal warmgespielt, um auf dem Punkt zu sein, falls es plötzlich losgeht. Ansonsten vertrieb ich mir die Zeit in der Players Lounge mit Lesen und Musikhören. Viele Spielerinnen waren längst fertig und fuhren schon wieder zurück ins Hotel. Ich bekam Hunger, hatte lange nichts mehr gegessen.

Gegen 19 Uhr fingen dann endlich die Herren vor uns an. Ich hoffte inständig, sie mögen nicht so lange spielen. Bitte keine fünf Sätze! Als sie in den dritten Satz gingen, fing ich an, mich warmzumachen – es sah nach einer schnellen Drei-Sätze-zu-null-Partie aus. Aber denkste, es ging in den vierten Satz. Ich zog mir die vom Aufwärmen verschwitzten Klamotten aus und ein neues Outfit an – ich wollte mich schließlich nicht verkühlen – und setzte mich wieder hin.

Endlich, Mitte des vierten Satzes, deutete alles auf ein baldiges Ende hin. Ich machte mich erneut warm, wieder vergebens. Die Herrenpartie ging in den fünften Satz. Ich hatte kein weiteres Match-Outfit mehr, konnte mich nicht mehr umziehen. Ich tänzelte, um nicht kalt zu werden. Mein Einspielen lag mittlerweile über sechs Stunden zurück.

Ich habe gefragt, ob ich mich irgendwo noch mal 10 Minuten einspielen könnte. Es war kaum mehr jemand auf der Anlage, inzwischen rückte schon das Reinigungspersonal an. Ich könne auf Court 1 gehen, hieß es.

Nach unzähligen Treppen und Abbiegungen landete ich irgendwo in den Katakomben, den Zugang zu Court 1 schien niemand zu kennen. Die Herren gingen im fünften Satz gerade an ihre Grenzen – ich habe das permanent über den Liveticker verfolgt, um rechtzeitig zurück zu sein.

Court 1 war nicht auffindbar, keiner wusste Bescheid. Nach 25 Minuten war ich zurück am Center-Court, uneingespielt. Das Herrenmatch ging allmählich zu Ende.

Um 23.30 Uhr durften wir schließlich auf den Platz. Es war verdammt kalt, nicht mehr als 10, 12 Grad Celsius. Am Nachmittag hatte ich mich noch bei angenehmen 25 Grad Celsius eingespielt. Und jetzt? Mir war kalt, und ich ärgerte mich, dass ich nicht die Dreiviertelhose angezogen hatte, sondern nur einen dünnen Rock. Gestern lag ich zu dieser Zeit schon im Bett.

Ich konnte mich nicht an viele Matches erinnern, die ich nach 20 Uhr bestritten hatte; an noch weniger, die ich gewonnen hatte – schon gar nicht gegen die Nummer sieben der Welt. Johanna Konta schien von der Situation recht unbeeindruckt. Sie machte einen munteren, präsenten Eindruck. Na, super! Nun ging es also darum, unter diesen schwierigen Bedingungen Leistung zu bringen. In der feuchten Kälte Madrids, nachts um halb elf, ohne Zuschauer.

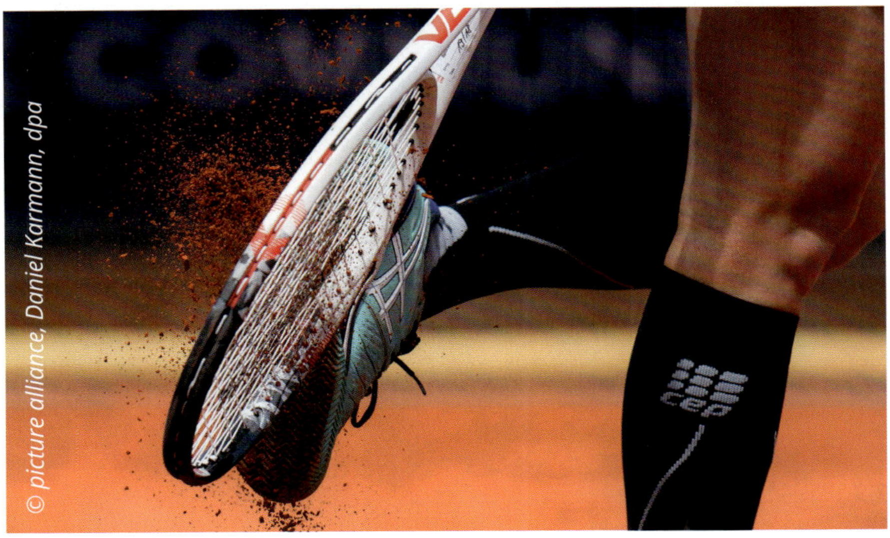

© picture alliance, Daniel Karmann, dpa

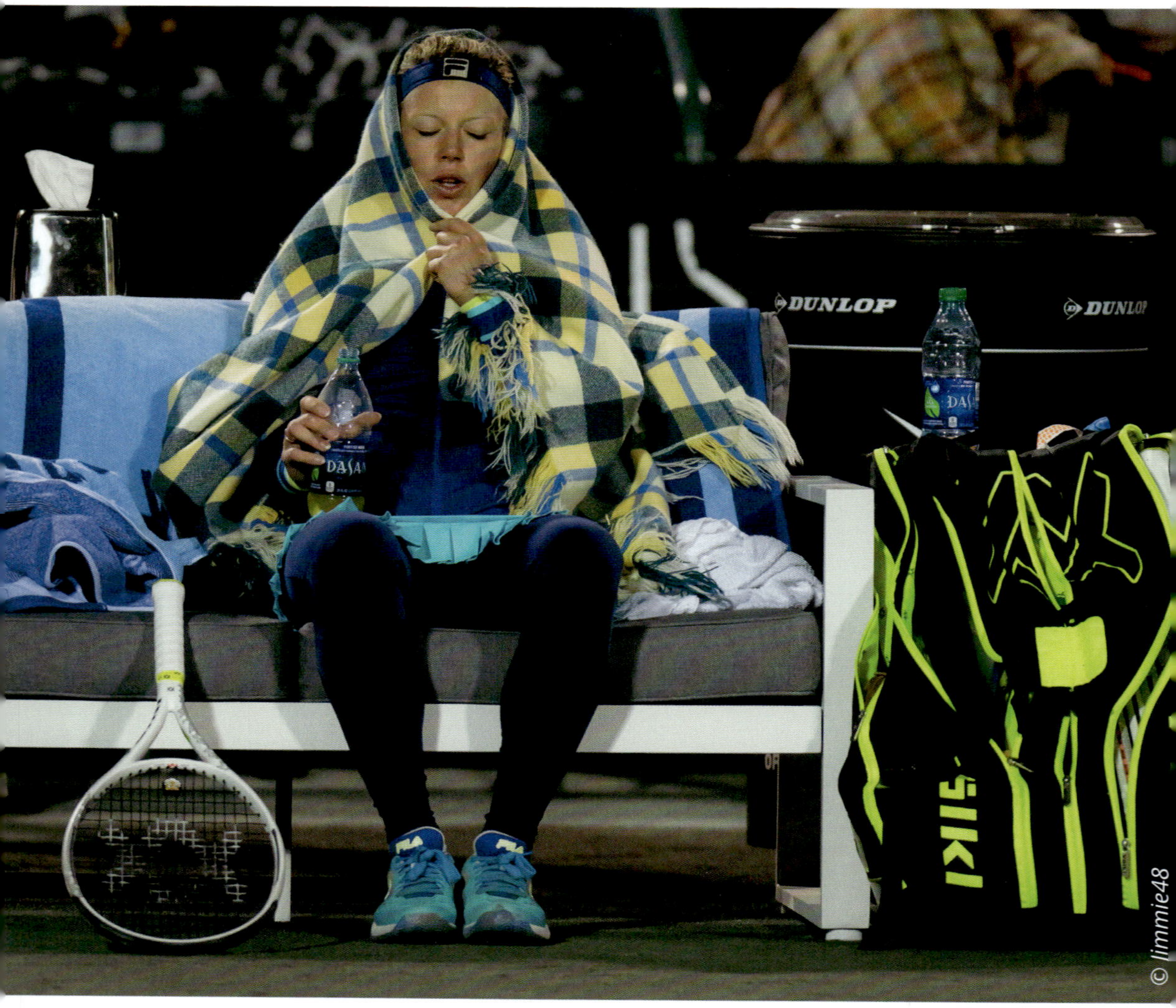

Sport am Limit.

„Keinem macht es Spaß, wenn es regnet, wenn schlechtes Wetter ist", sagt Bernhard Langer. „Ein Drittel der Turnierteilnehmer hat dann keine Lust – damit aber auch keine Chance. Ich bin eher die kämpferische Natur und sehe es als Herausforderung."[111] Das Wetter ist nicht planbar, vieles andere ebenso nicht.

111 Brunner (2020, S. 48).

Wie aber geht man um mit der Unplanbarkeit? Zuerst einmal ist zu differenzieren in:

- Variante 1 – vorstellbare, nicht vertraute Umstände,
- Variante 2 – vorstellbare, vertraute Umstände und
- Variante 3 – gänzlich Unvorhersehbares.

Als Weltumsegler Boris Herrmann bei der spektakulären *Vendée Globe* am 27. Januar 2021 kurz vor dem Ziel ein Fischerboot rammte, erlebte er Variante 1, bezieht man die zeitliche Tragik ein, vielleicht sogar Variante 3.

Er war 50.000 Kilometer unterwegs gewesen, 80 Tage. Und er hatte die Chance vor Augen, die schwierigste Segelregatta der Welt zu gewinnen. Er hat sein Segelschiff vorbeigesteuert an unkontrolliert treibenden Containern, an Eisbergen, an schlafenden Walen, und dann, 90 läppische Kilometer vor dem Ziel, der Crash mit einem Fischerboot. Alle drei Alarmsysteme, die Herrmann an Bord hatte, waren aktiviert, der kurze Schlaf, den sich Herrmann gönnte, war also keineswegs fahrlässig.

Trotzdem kam es – gänzlich unvorhersehbar – in besagter Nacht zum Zusammenprall. Personen nahmen keinen Schaden, sehr wohl aber das Schiff. Die finalen Seemeilen waren nur noch mit stark gedrosselter Geschwindigkeit möglich. Herrmann schaffte es trotzdem, seine lädierte „Seaexplorer" in den französischen Zielhafen zu manövrieren. Als Fünfter. Am Abend nach seiner Ankunft spricht er in den *Tagesthemen* der *ARD* von „großem Pech", von Unvorhersehbarem eben.

Solch tragische Momente entziehen sich dem Antizipierbaren. Einfluss nehmen können wir nur noch auf unsere Reaktion darauf. Boris Herrmann nahm die Situation kämpferisch an und brachte sein Boot wenigstens noch als Fünfter über die Ziellinie.

Sollte Herrmann 2025 wieder an der *Vendée Globe* teilnehmen, dann verschiebt sich seine Ausgangssituation hin zu Variante 2. Ihm wäre – soweit man auf Unfälle dieser Art auf hoher See überhaupt vorbereitet sein kann – die Situation bekannt und damit auch besser vorstellbar.

Klar, ein Crash auf hoher, dunkler See ist nicht komplett abwegig – die Gesamtkonstellation im Fall Herrmann indes schon.

Er wird diese Erfahrung in die Vorbereitung auf die nächste *Vendée Globe* einbeziehen. So wie er – das war weiter oben schon zu lesen – ja auch seinen Umgang mit der zermürbenden Einsamkeit verbessern will, indem er sich etwa in den Buddhismus einliest.

Leistungsschwankungen akzeptieren

Sich zu schützen vor der Überraschung, gar vor dem Schock, mit Kalkül ins Rennen gehen zu können, hierin zeigt sich die sportliche Qualität aller Athleten mit langer Sportkarriere: Sie treffen kraft ihrer Erfahrung differenziertere Entscheidungen – und müssen sich dann trotzdem noch mit einem letzten, nicht berechenbaren Widersacher auseinandersetzen: der **Tagesform**.

Einen enttäuschenden 24. Platz belegte der deutsche Skirennfahrer Andreas Sander bei der heimischen Abfahrt in Garmisch-Partenkirchen im Februar 2021. Nach den Gründen gefragt, antwortete Sander dem *ZDF*: „Ich war so fertig wie noch nie, obwohl es die kürzeste Abfahrt des Jahres war. Ich glaube, ich hatte einfach einen sehr, sehr schlechten Tag. Es ging schon morgens los. Habe mich nicht so wohl gefühlt, war ziemlich müde. Ich glaube, das gibt's mal."[112]

Ein Beispiel dafür, dass auch nicht jede Misserfolgssituation krampfhaft bis ins letzte Detail analysiert werden muss und kann. Mal einen schlechten Tag zu haben, wie es der Abfahrtsspezialist beschreibt, ist der Nachteil, den der Mensch der Maschine gegenüber hat.

Die Variabilität der Tagesform, richtig verstanden, ist aber auch ein Privileg. Sie entbindet uns von der Pflicht, unaufhörlich Bestleistungen liefern zu müssen. Und sie hält damit eine authentische Erklärung für Formschwankungen bereit – und zwar gleichsam allen gegenüber, die Erwartungen an mich richten. Mich selbst einbezogen.

112 Andreas Sander im *ZDF*-Interview am 6.2.2021.

Diese Erkenntnis kann also helfen, die Auseinandersetzung mit dem zurückliegenden Ereignis abzukürzen. Auch Andreas Sander hat zügig mit seinem Renn-Ergebnis abgeschlossen und sich dem nächsten Ziel zugewandt, dem Super-G am nächsten Tag: „Habe mich ziemlich schnell wieder auf den Super-G gefreut. Komplett anderer Tag. Komplett anderer Zustand. Ich fühle mich gut, ich fühle mich bereit. Heute ist eine neue Chance." Sander fuhr auf Platz 13. Auch noch nicht ganz zufriedenstellend, aber doch deutlich verbessert.

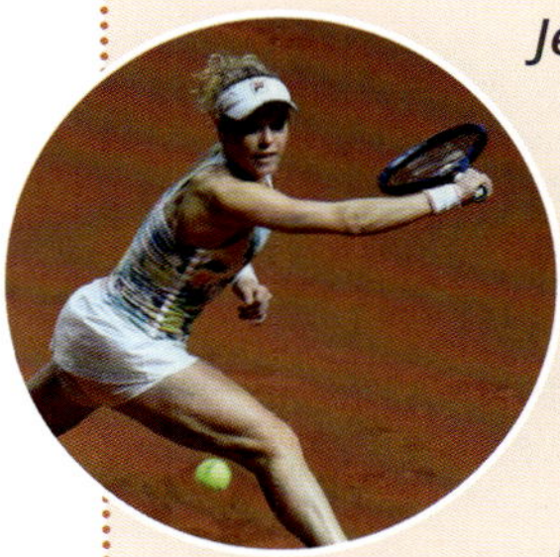

Jeder Tag ist anders, darüber sollte man sich im Klaren sein. Es ist utopisch, von sich zu verlangen, jeden Tag sein Bestes abrufen zu können. Vielmehr macht die besonders guten Spieler aus, einfach jeden Tag das Beste aus sich und aus den an diesem Tag gegebenen Möglichkeiten zu machen.

Ich versuche, ein vor mir liegendes Match immer wie ein weißes, frisches Blatt Papier zu betrachten. Ich will so wenig wie möglich hineininterpretieren, alles Gerede um die Ranglistenplatzierung der beiden aufeinandertreffenden Spieler ausblenden, die Leistungen im Vorfeld der anstehenden Partie, die Statistiken.

Für mich hat all das im Moment vor dem Match keine Relevanz, das weiße Blatt Papier liegt vor mir und es ist meine Aufgabe, mit der mir heute zur Verfügung gestellten Farbpalette darauf mein Bild entstehen zu lassen. Gleichzeitig bin ich darauf vorbereitet, dass auch meine Gegnerin mit ihren eigenen Farben versuchen wird, das Bild in ihrem Sinn zu gestalten.

Hinzu kommt, das muss einem klar sein, dass es so gut wie keinen Tag gibt, an dem alles rund ums Match wie am Schnürchen läuft und ich außerdem auf dem Platz alle meine Fähigkeiten zur Verfügung habe. Im Gegenteil, meistens funktioniert mindestens eine Sache überhaupt nicht und man muss damit gekonnt umgehen.

Wenn ich auf dem Platz stehe und das Spiel beginnt, versuche ich zunächst, alles zu akzeptieren, wie es ist. Ich habe aber einen klaren Fahrplan und versuche, die Dinge, die innerhalb meiner Kontrolle liegen, vom ersten Punkt an selbst in die Hand zu nehmen und in meine Richtung zu steuern. Es läuft eine Art innerer Scanner im Hintergrund, der alles für mich detailliert abbildet:

- *Wie bin ich drauf?*
- *Wie fühlt sich das Match an?*
- *Was für einen Vibe vermittelt mir die Gegnerin?*
- *Ihr Spiel?*

Ich versuche, analytisch zu bleiben und keine Energie darauf zu verschwenden, emotional auf die Aspekte zu reagieren, die nicht nach meinen Wünschen laufen. Ich gehe sogar noch einen Schritt weiter und versuche, die unguten Dinge als Herausforderung zu betrachten, die es an diesem heutigen Tag zu bewältigen gilt.

Das können Fehler sein, die ich normalerweise nie machen würde, altbekannte Schwächen, die ich nur allzu gut kenne und mir einmal mehr das Leben schwermachen, Chancen, die ich unnötig vergebe und mir am liebsten nicht verzeihen würde. Sogar ungerechte Schiedsrichterentscheidungen in wichtigen Momenten sehe ich im positiven Licht der Herausforderung.

Ich versuche, dieses Konzept über das ganze Match aufrechtzuerhalten. Verliere ich es einmal, bemühe ich mich, es schnellstmöglich zurückzuerlangen.

Und ich versuche, mir eines immer offenzuhalten: dass mich das Match zu jedem Zeitpunkt doch noch positiv überraschen kann. Ich habe schon vieles erlebt und kann sagen: Auch die – vielleicht nur zunächst – gefühlte Tagesform ist nicht in Stein gemeißelt.

Manchmal legen wir einen miserablen Start hin, uns können selbst drei Viertel des Matches völlig davonlaufen. Wenn wir aber kämpfen und uns bemühen, die Fehler zu beheben, konstruktiv zu bleiben, uns weiter nach bestem Wissen und Gewissen unserer Farbpalette zu bedienen, können sich die Dinge im Matchverlauf auch drastisch ändern – und uns manchmal sehr positiv überraschen.

DRUCK ABFEDERN

7,7 Millionen Bar – so gewaltig war der Druck, den Forscher 2016 erzeugten, um die Widerstandsfähigkeit des Metalls Osmium zu messen. Die renommierte Helmholtz-Gemeinschaft Deutscher Forschungszentren bemühte sich, dem Laien eine Ahnung dieser enormen Kraft zu geben, und verglich den Druck mit „rund zwanzig bis aufs Äußerste vollgestopften Jumbo-Jets, die auf einem Quadratzentimeter balancieren".[113]

Somit ist also hinreichend geklärt, in welchen Größenordnungen Experten denken, wenn sie von Druck sprechen. Und wie steht es um unseren Druck, erzeugt vom Alltagsmoment wie von der leistungssportlichen Aufgabe? Mit dem Metall Osmium können wir nicht mithalten. Wir brauchen eine andere Art von Schutzmechanismus.

Es drückt, engt ein, lässt uns nicht atmen. Oft bugsiert uns das Leben in bedrängende Situationen. Wir halten dagegen und verlieren unsere Geschmeidigkeit, unsere Haltung. Im Sport allerdings heißt es, eingeschnürt zu sein und *trotzdem* eine gute, eine besondere, die beste Figur zu machen. Und das ist: unglaublich schwierig.

Denn es sind so viele, die unangenehm an den Schnüren unseres Korsetts ziehen: das starke Gegenüber, der eigene Anspruch, die Erwartung der Fans, die Berichterstattung der Medien, vielleicht unsere finanzielle Situation und die Notwendigkeit, Sponsoren zu finden. Auch parallele berufliche oder Ausbildungsverpflichtungen schnüren ein. Allein beim Lesen dieser Liste bekommt man das Gefühl, nach Luft schnappen zu müssen. Mal spontan gefragt: Was assoziieren wir mit Druck?

Allzu positiv dürften die Antworten nicht ausfallen. Doch Druck kann sehr hilfreich, gar elementar sein. Sehr komplex zeigt sich das in der Industrie und dort zum Beispiel in der Energiegewinnung, etwas einfacher zeigt es sich am Fahrrad vor der Haustür: Hat ein Reifen zu wenig Druck, dann erhöht sich seine Auflagefläche, der Widerstand wächst, der Reifen walkt, das Rad wird schwerer steuerbar und die Kurvenfahrt gerät zum Risiko. Und geht es uns in anspruchsvoller Situation nicht ebenso wie dem Reifen? Drohen wir nicht auch zu walken, wenn wir ganz ohne Druck hinaus auf die Bühne gehen?

113 Gotzner (2016).

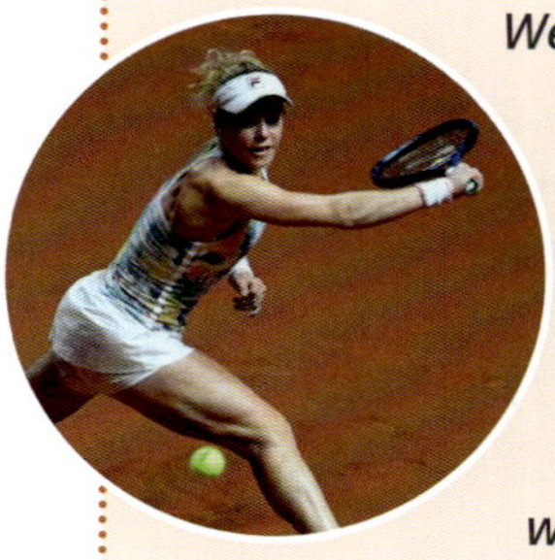

Wenn nicht genug Druck vorhanden ist oder ich nicht ausreichend Druck spüre, dann kann sich das negativ auswirken. Nervosität bleibt aus und das Aktivierungsniveau bleibt zu niedrig für die bevorstehende Aufgabe.

Ich hatte in meiner Karriere nur ein paar Matches, bei denen ich kaum oder gar nicht nervös war. Es hat mich im Moment vor Spielbeginn zwar gefreut, extrem locker zu sein. Ich habe dann aber nicht gut gespielt, mein nötiges Aktivierungsniveau war nicht erreicht. Es hilft also nichts: Man muss körperlich und geistig voll da sein und die Wichtigkeit und Relevanz der Aufgabe spüren, um optimal performen zu können.

„Unter Druck entstehen Diamanten", überschreibt Christoph Kittler seinen Fachartikel in der *Zeitschrift für Sportpsychologie*.[114] Druck plastiziert also Meister. Manche Aufgabe erfordert bedingungslose Höchstleistung unter mächtigem Druck.

Der Chirurg, der den Patienten, der gerade mit Blaulicht in die Notaufnahme gebracht wurde, ohne Zeitverlust operieren muss. Es geht unter Umständen um Leben oder Tod. Das Operationsbesteck ist schnell und präzise zu führen, das Leben gewährt seinem Retter keine Pause. Menschen vor dem Ertrinken oder aus Lawinen, verschütteten Höhlen oder brennenden Häusern zu retten, setzt das Hilfspersonal unter enormen Druck, in zeitlicher wie in qualitativer Hinsicht. Bomben zu entschärfen, Flugzeuge notzulanden, die Liste der in jeder Hinsicht herausfordernden Berufsmomente hat kein Ende.

Auch ohne Lebensbedrohlichkeit ist allein der Zeitdruck immer wieder Taktgeber für berufliches Handeln. Das Projekt, das bis zur knappen Deadline fertiggestellt werden muss, der Medientext, der unmittelbar nach einem Ereignis schon eloquent vollendet sein sollte, um online gestellt zu werden. Oder eben der entscheidende Elfmeter im Fußball-Weltmeisterschafts-Finale, das letzte Schießen des Führenden im Biath-

114 Kittler (2019, S. 142).

lon-Wettbewerb und der abzuwehrende Matchball vor dem nahenden Ende eines fünfstündigen Tennismatches.

Den Umgang mit Druck zu schulen, ist eine mehr als logische Konsequenz. Im Beruf, im Sport, in der Herausforderung. Beginnen wir also mit einer differenzierten Betrachtung des Drucks.

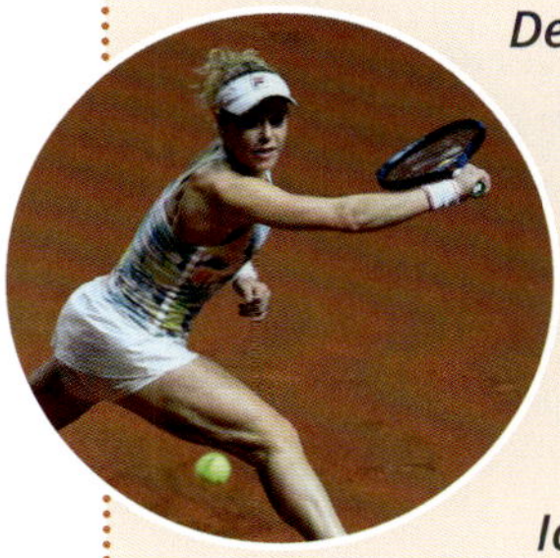

Der Druck von außen: Erwartungen werden an einen gerichtet. Ich muss also etwas beweisen, den Fans, der Familie, dem eigenen Team, Freunden, Konkurrentinnen, Medien. Außerhalb des Platzes ist viel Rummel und viel Stress, Pressekonferenzen, hier einen Clip aufnehmen, dort eine Autogrammstunde geben.

Ich spüre in der Vorbereitung vor wichtigen Matches, wie der Druck steigt, auch der, den ich mir selbst mache. Womit wir beim Druck von innen sind: Ob als Sportler oder in einem anderen Bereich – wenn eine Leistung abzurufen ist, dann geht in der Regel eine Phase der Vorbereitung voraus. Ich habe viel Zeit und Energie investiert und möchte mich jetzt dafür belohnen, möglichst mit Bestleistung.

Der Druck war es wohl auch, der Novak Djoković einholte, als er 2021 beim Versuch scheiterte, sich den „Golden Slam“ zu holen, den Gewinn aller vier Grand-Slam-Turniere im gleichen Jahr, inklusive einer Goldmedaille bei den Olympischen Spielen. Dieser sportliche Super-Coup gelang bislang nur Steffi Graf, das war 1988.

Djokovic, Nummer eins der Welt, legte grandios los, holte den ersten Grand-Slam-Titel des Jahres in Melbourne, Nummer zwei in Paris, den dritten Pokal in Wimbledon. Im Halbfinale der Olympischen Spiele in Tokio scheiterte er allerdings an Alexander Zverev.

In seinem Match um die Bronzemedaille gegen den Spanier Pablo Carreño Busta entlud sich der Druck dann hochexpressiv: Djoković schmiss seinen Schläger wütend in die leeren Zuschauerränge, später zertrümmerte er einen weiteren Schläger auf dem Spielfeld.

Wie viel Wert und Druck im Erreichen von Rekorden und Legendenstatus liegt, zeigte sich noch einmal später im selben Jahr, als Djoković das US-Open-Finale, den vierten Grand-Slam-Wettbewerb des Jahres, gegen Daniil Medvedev verlor: unter Tränen.

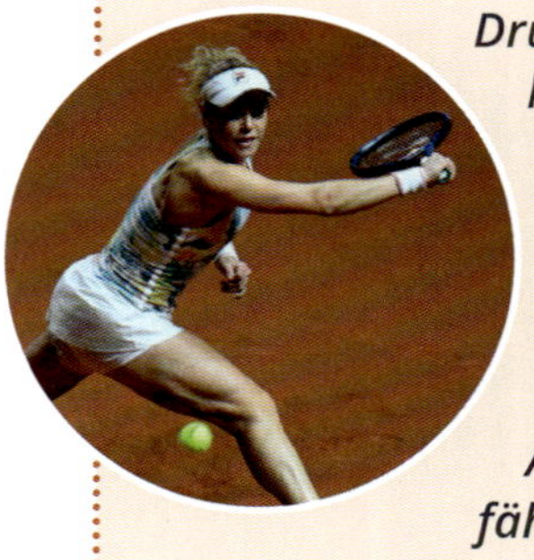

Druck hat eine ausgeprägte physische Ebene. Er kann mir vor einer großen Aufgabe den Atem rauben, sich anfühlen, als wäre die Nervosität bis in die letzte Faser des eigenen Körpers gekrochen. Manchmal geht es so weit, dass man sich wie gelähmt fühlt und einem die eigenen körperlichen Ressourcen verwehrt bleiben. Die Kontrolle über Aktivierungsniveau, Koordination und Erholungsfähigkeit ist dann ebenso eingeschränkt wie Spritzigkeit und Schnelligkeit.

Es gibt Athleten, die auf dieser Welle des Unwohlseins erst richtig aufgehen. Die meisten aber werden diese Form der Spannung als eher unangenehm empfinden, und auch als etwas, das sie über das Körperliche hinaus psychisch belastet.

Wir müssen uns also mit unserem Verhältnis zum Druck befassen.

- Wie viel Druck halten wir aus?
- Wie viel Druck brauchen wir, um richtig gut zu funktionieren?
- Und warum streben wir nicht nach maximaler Kontrolle über unseren Druck?

Noch einmal kurz zurück zur Plausibilität des Reifendrucks: Weiter oben schon haben wir den Match- und Turnierverlauf mit einer Reise verglichen. Keine Reise, vor der wir – die eigene Sicherheit schätzend – nicht den Reifendruck prüfen würden. Es käme uns gar nicht in den Sinn, dass wir den Druck sich selbst überlassen. Zu gefährlich also.

Das gleiche Prinzip sollte auch im wichtigen Sportmoment greifen: Wir geben die Kontrolle über den Druck nicht ab! Denn sonst würden wir ein Stück weit die Kontrolle über unser Spiel verlieren.

Nehmen wir eine der spannendsten Situationen im Fußball. K.-o.-Runde, die reguläre Spielzeit ist vorüber, auch die Verlängerung. Jetzt muss es das Elfmeterschießen richten. Beiden Teams stehen fünf Strafstöße zur Verfügung. Ziel: maximale Ausbeute. Situation: maximaler Druck. Reglement: Erst wenn der Schiedsrichter den Ball durch seinen Pfiff freigibt, darf der Spieler anlaufen und schießen.

Und jetzt kommt der Moment, in dem wir in unserer Analyse kurz auf Pause drücken und einen abgeklärten Blick auf die Szene werfen wollen. Wir schlüpfen in die Rolle des Elfmeterschützen: Der Schiedsrichter pfeift, heißt, er gibt den Ball frei, heißt, ab jetzt darf ich schießen, heißt nicht, ich muss es schnellstmöglich hinter mich bringen.

Doch die Realität zeigt, dass der Pfiff viele Spieler dazu animiert, direkt loszulaufen. Das aber gilt nur beim pfiffähnlichen Startschuss in der Leichtathletik. Beim Fußballstrafstoß hingegen gibt es diese Notwendigkeit nicht. Natürlich muss ich mich zeitnah dem Ball zuwenden, aber eben nicht sofort.

Sich die Entscheidungshoheit sichern

Habe ich das verstanden, dann gewinne ich ein klein wenig Zeit dafür, mich – ohne von einem Pfiff unterbrochen zu werden – zu fokussieren. Und vor allem erlange ich die Hoheit über mein Zeitmanagement und damit ein Stück weit über mein Handeln zurück.

Daraus lässt sich ein generelles Credo formulieren, nämlich, wann immer möglich, selbst den Taktschlag vorzugeben. Dieses Schema eiligen Handelns zeigt sich in ganz vielen Lebenssituationen. Wir Menschen haben einen inneren Stachel, der uns zu schneller Reaktion antreibt. Wir ertragen es nicht einmal, dass eine Frage ein paar Sekunden unbeantwortet im Raum steht.

Wer am schnellsten antwortet, scheint zu gewinnen. Lieber die Stille mit einem Äääh überbrücken, als sich die Zeit zu gönnen, kurz nachzudenken. Nichts zu sagen, ist offenbar gleichgesetzt mit nichts zu wissen. Das Leben ließe uns hier auf jeden Fall die Freiheit, etwas entspannter zu bleiben.

Auch außergewöhnlichem Druck standhalten

Je mehr Regler ich von meiner Kontrollzentrale aus zu steuern vermag, desto besser. Denn Situationen, in denen sehr viel auf dem Spiel steht, verlangen mir auch sehr viel ab. Es droht mir, dass Aufmerksamkeit und Bewegungsautomatismen beeinträchtigt werden.

Schon in den 1980er-Jahren beschrieb der US-amerikanische Psychologen Roy Baumeister das **Choking under Pressure**[115], einen Leistungsabfall, der sich aus einer Situation ergibt, die eine besonders gute Leistung einfordert. Momente dieser Art entstehen zum Beispiel in Endspielen oder bei ausgesprochen hoher Erwartung der Zuschauer.

Vielfach ist dieser lähmende Effekt in Studien aufgegriffen worden. Gezeigt hat sich auch, dass monetärer Anreiz beeinträchtigen kann. Je mehr Geld auf dem Spiel steht, so ein Ergebnis, desto wahrscheinlicher wird es, dass die Leistung nachlässt.[116] Kommt eine ausgeprägte **Verlustaversion** hinzu, also die Tendenz, Niederlagen gewichtiger als Siege einzustufen, wird die Situation noch heikler und die Abrufbarkeit gewohnter Leistung immer fraglicher.

Das alles muss ich mir bewusst machen, im sportpsychologischen Gespräch vertiefen, manchmal hilft die langjährige Wettkampferfahrung. Magdalena Neuner spricht über die Phase, als sie sehr jung in den Weltcup eingestiegen war. „Für mich war es ein halber Weltuntergang, wenn ich schlecht geschossen habe und die Leute dann meinten, ich hätte es nicht drauf. Mir ist das manchmal tagelang nachgegangen. Die Anforderungen, die Fans, der Druck von außen, die Interviews – das hat mich ganz schön überfordert."

Der Druck entwickelt schnell eine Eigendynamik und gerade als junge Athletin im Wettkampfzirkus mit den alten Hasen psychisch Schritt zu halten, ist herausfordernd. Ein Teil lässt sich im Trainingsprozess angehen: durch **Immunisierungs-, Prognose- und Einmaligkeitstraining.**[117]

---

115 Baumeister (1984).

116 Dunne et al. (2018, S. 19).

117 Beckmann & Elbe (2008, S. 120f.).

Es gilt, Druck im Training zu simulieren und eine Gewöhnung, sprich: Immunisierung, voranzutreiben. Ich kann meine Treffer im Schießtraining ambitioniert prognostizieren und kundtun und auch gleich noch Maßnahmen bei etwaigem Nichterreichen festlegen. Das Training schließe ich darüber hinaus mit einer nicht wiederholbaren und damit einmaligen Aufgabe ab, die mir der Trainer ankündigungslos stellt.

Der Effekt von Ungewohntem und nicht Geübtem entzieht sich unserer Kontrolle und überfordert. Überforderung wiederum legt sich dann schnell auf unsere Konzentration und Koordination. Dem Leistungseinbruch ist schwer Einhalt zu gebieten.

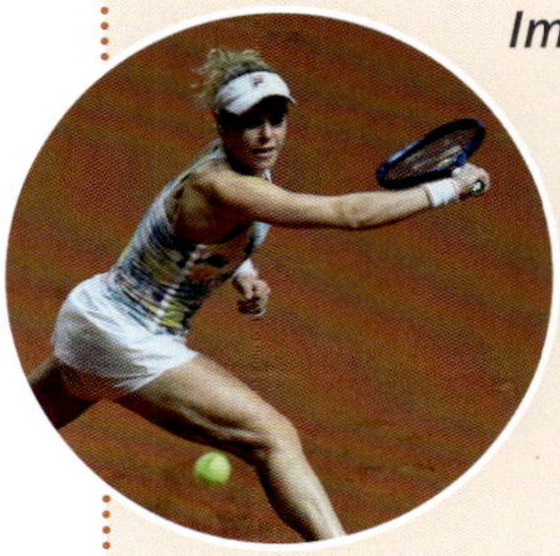

Immer etwas erreichen zu müssen, immer bestimmte Resultate zu erspielen, immer auf eine bestimmte Art funktionieren und trainieren zu müssen – damit habe ich mir in der ersten Hälfte meiner Karriere sehr viel Druck aufgebaut. Ich hatte in meiner Laufbahn immer alles gegeben, stets versucht, mehr zu trainieren, mehr Zeit zu investieren, härter zu arbeiten als alle anderen.

Auf Dauer hat mich diese Mentalität, mir ständig diesen Druck aufzuerlegen, aber in meiner Kreativität und Begeisterungsfähigkeit eingeschränkt, im Sport wie auch im Privatleben. Durch meinen so hohen Anspruch in der täglichen Arbeit gab es sowieso kaum Freizeit – und wenn, dann war ich zu erschöpft, um sie überhaupt genießen zu können. Die Balance stimmte nicht, aber ich dachte, es müsse so sein, um erfolgreich zu werden.

Es war ein entscheidender Moment in meiner Karriere, als ich die gedankliche Ausrichtung in meinem Sport darauf gerichtet habe, mehr Freude zu spüren und Leidenschaft auszuleben. Es ist mir gelungen, gute Leistungen und Ergebnisse eher als Bonus zu empfinden. Dadurch ist viel Druck abgefallen und ich konnte mich erst richtig entfalten.

Gegen eigene Gefühle zu handeln – das endet selten ertragreich. So wertete es auch der *Eurosport*-Experte Werner Schuster. Er weiß, wovon er spricht. Viele Jahre war er erfolgreicher Bundestrainer der deutschen Skispringer. „Er will es mit Mut kompensieren, dann wird's meistens noch schlechter", kommentierte er den Sprung von Stefan Kraft am vierten Wettbewerbstag der Vierschanzentournee. „Wenn du einen lockeren Sprung machst, wird's besser. Das Schlimmste für den Sportler: wenn du gegen dein Gefühl springen musst."[118]

Sich „gegen" etwa richten zu müssen – es sei denn, es handelt sich um den Gegner höchstpersönlich –, ist generell nicht erbaulich und raubt Energie. Der gerade beschriebene Kampf gegen die Gefühle, der Kampf gegen die eigene Vorstellung, gegen Antriebslosigkeit, Anstrengung, den so oft zitierten inneren Schweinehund, gegen Schmerzen, gegen Angst, gegen Druck. All das sollte in überschaubarem und episodischem Maß gehalten werden.

Zum Problem wird die Permanenz. Lang anhaltender, übermäßiger Druck endet im schlimmsten Fall im Versagen. Der Druck kann letztlich so weit in die Seele vordringen, dass es erforderlich wird, die Reißleine zu ziehen. Ralf Rangnick musste kräftig ziehen. „Ich habe keine Kraft mehr"[119], titelte die *Bild*-Zeitung im September 2011. **Burn-out** beim Erfolgstrainer. Dass die Medien, insbesondere die Boulevardpresse, auch diese Lebensprozesse mit besonderem Interesse verfolgen, hilft der Rehabilitation natürlich nicht.

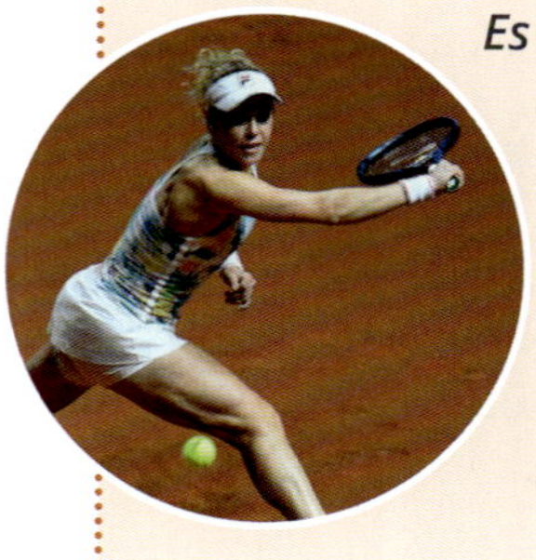

Es ist aber eben das Los, das man als Spitzensportler zieht. Man hat sich für diese Position in der Welt entschieden und ist ab einem bestimmten Niveau eine Person des öffentlichen Lebens – das ist ein zivilrechtlicher Begriff. Dem kann man sich nicht einfach entziehen. Qualität und Umfang der Aufgaben und Verantwortungen erhöhen sich mit steigendem Leistungsniveau.

118 Werner Schuster bei *Eurosport*, 5.1.2022, viertes Springen der Vierschanzentournee 2021/22 in Bischofshofen.

119 Wenzel & Kitsch (2011).

Neben den kranken Menschen werden auch die verletzten Menschen wenig geschont. Das macht den Rekonvaleszenten sensibel, fast ängstlich. Der Sportler, der aus der längeren Verletzungspause zurückkommt, sorgt sich, dass das Publikum heute jeden seiner Spielzüge unbarmherzig mit der Leistung des Spielers vergleicht, der ihn zwischenzeitlich ersetzt hat. Vielleicht hat er ja recht.

Ebenso wahrscheinlich sind aber Fans, die sich freuen, dass er es nach der Verletzung wieder zurück ins Team und aufs Feld geschafft hat und verzeihen ihm womöglich sogar den einen oder anderen Fehler. Sehr wahrscheinlich ist, dass es sowohl die eine wie die andere Zuschauer-Attitüde gibt. Wer sich allein schon diese Sicht erlaubt, wirft mächtig Ballast ab.

Den Druck wertschätzen

Und dann kann Druck auch noch etwas ganz anderes sein: ein Privileg. „Great moments carry great weight – that is what pressure to perform is all about. And though it can be tough to face that kind of pressure, very few people get the chance to experience it", so formulierte es Billy Jean King[120], die Tennislegende, die 39 Grand-Slam-Titel im Einzel, Doppel und Mixed holte und die Emanzipation im Tennissport erfolgreich vorantreiben konnte.

So überwältigend und unangenehm uns der Druck einerseits auch erscheinen mag, so wohltuend ist es doch andererseits, in ihm eine einzigartige Chance zu sehen, die nur wenigen zuteilwird. Sich dann auch noch klarzumachen, wie viel Herausragendes man geleistet haben muss, um diese besondere Chance zu erhalten, komplettiert den Perspektivwechsel. Oder ist es gar ein Paradigmenwechsel?!

120 King (2008, S. 101).

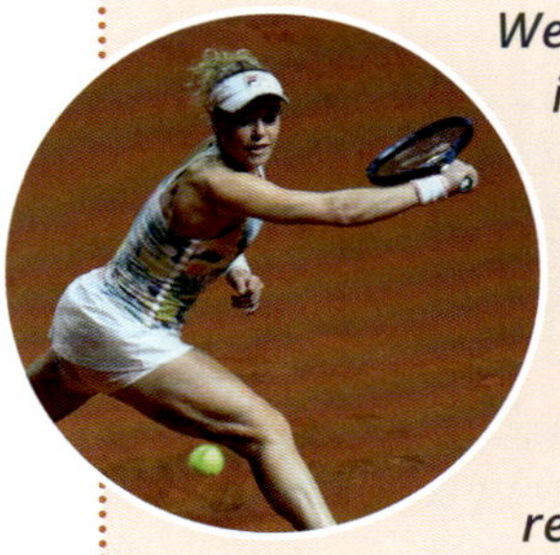

Wenn mein Gefühl von Druck so groß wird, dass ich befürchten muss, es könnte den Zugriff auf mein Potenzial hemmen, dann besinne ich mich manchmal auf die Worte: „Pressure is a privilege!"

Ich sage mir: Wäre der Moment nicht unheimlich wichtig, würde ich keinen solchen Druck spüren. Hätte ich nicht so gut gespielt, wäre ich erst gar nicht hier. Der Moment ist eine Chance, keine Last, auch wenn er sich so anfühlen mag. Der Moment ist so schwer, damit ich über mich selbst hinauswachse und einen Schritt weitergehe, als ich es selbst für möglich gehalten hatte.

FEHLER UND MISSERFOLG VERARBEITEN

Beginnen wir mit der hoch geschätzten *positiven* **Emotion**. Sie beflügelt, lässt uns in ihr aufgehen, macht uns stolz. Sie vermag, die eigene Erwartungshaltung zu verschieben, kann allerdings – und hier ist Vorsicht geboten – im ungünstigen Fall auch zur eigenen Überschätzung führen. Zumindest birgt sie die Gefahr, dass wir die Messlatte selbstbewusst sehr hoch hängen; und sie reißen, wenn wir sie gar zu hoch hängen. Damit muss man sich auseinandersetzen. Nur so werden wir darüber erhaben sein, Opfer des eigenen Gefühlsüberschwangs zu werden.

Weitaus größere Probleme bereiten uns indes die *negativen* Emotionen: Wenn wir in einen Rückstand geraten, wenn nichts läuft, wie geplant, wenn alles anders ist als gewohnt. Es beginnt noch unverdächtig mit leichter Enttäuschung und wächst – wenn man es zulässt – zur Sorge, geht nahtlos über in handfesten Frust und mündet in einem zermürbenden Gespann aus Wut und Verzweiflung. Staut sich Ärger an und türmt er sich wie ein Berg vor einem auf, dann hat man es eigentlich schon zu weit kommen lassen.

Je länger wir negative Gefühle in uns wirken lassen, desto mehr ziehen und zerren sie an uns: vergebene Torchancen im Fußball, Fehlschüsse im Biathlon, Doppelfehler im Tennis, jede Sportart birgt ihre typischen Schreckmomente – die für sich genommen schon unangenehm genug sind; greifen sie erst einmal um sich, werden wir sie nicht mehr so leicht los. Der ausgelöste Gedankensturm muss also ausgebremst werden, noch bevor er Fahrt aufnimmt. Denn: Ist man im Kopf noch beim verworfenen oder verschossenen Ball, so reagieren wir sediert, so verzögert sich sehr wahrscheinlich etwa die eigene Rückwärtsbewegung auf dem Spielfeld – ein achtsamer Gegner wird die Situation ausnutzen.

Auch: Setzt die Biathletin schon den ersten Schuss neben das Ziel, können sich Selbstzweifel ins Bewusstsein schieben und die Konzentration der Folgeschüsse beeinträchtigen. Und solange der Frust über den Doppelfehler beim Tennisaufschlag noch im Kopf kreist, wirkt er einem präzisen, nächsten Aufschlag natürlich entgegen.

Mancher Athlet braucht dann schnell ein Ventil. Der australische Tennisspieler Nick Kyrgios zum Beispiel. Seine Wut – in diesem Fall nicht über sich selbst, sondern über den Stuhlschiedsrichter – trieb ihn beim Turnier 2019 in Cincinnati in den Kabinentrakt, dort zertrümmerte er zwei Schläger und kehrte dann wieder auf den Platz zurück. Geholfen hat es ihm nicht, er verlor den entscheidenden dritten Satz mit 2:6.

Noch weniger brachte es ihm im selben Jahr beim Turnier in Rom, als er genervt einen Plastikstuhl auf den Court schleuderte. Er wurde disqualifiziert. Im Vorbereitungsturnier auf die Australian Open 2021 zertrümmerte er seinen Schläger nicht nur, sondern warf ihn anschließend auch noch aus dem Stadion. Dieses Match ging ebenfalls verloren.

Trotzdem zeigt sich auch an diesem besonderen Tennis-Charakter, dass es einen inneren Drang gibt, seinem Ärger Luft zu machen. Das offenbart sich im Tennis immer wieder, einerseits im impulsiven Frustschrei, andererseits im häufig fliegenden Schläger – Verwarnungen und Geldstrafen werden im Taumel der eigenen Impulsivität vergessen oder auch einfach in Kauf genommen. Es ist ein intuitiver Wunsch, sich innerlich zu reinigen.

Auch wenn diese Form der Exzentrik immer mal wieder im Erfolg mündet, die Wissenschaft warnt: sich aufzuregen, führt unter Umständen zu verheerenden Ergebnissen. Denn emotionale Reaktionen können noch ganze 20 Minuten auf Konzentration und Folgeentscheidungen wirken.[121]

121 Beckmann & Elbe (2008, S. 121).

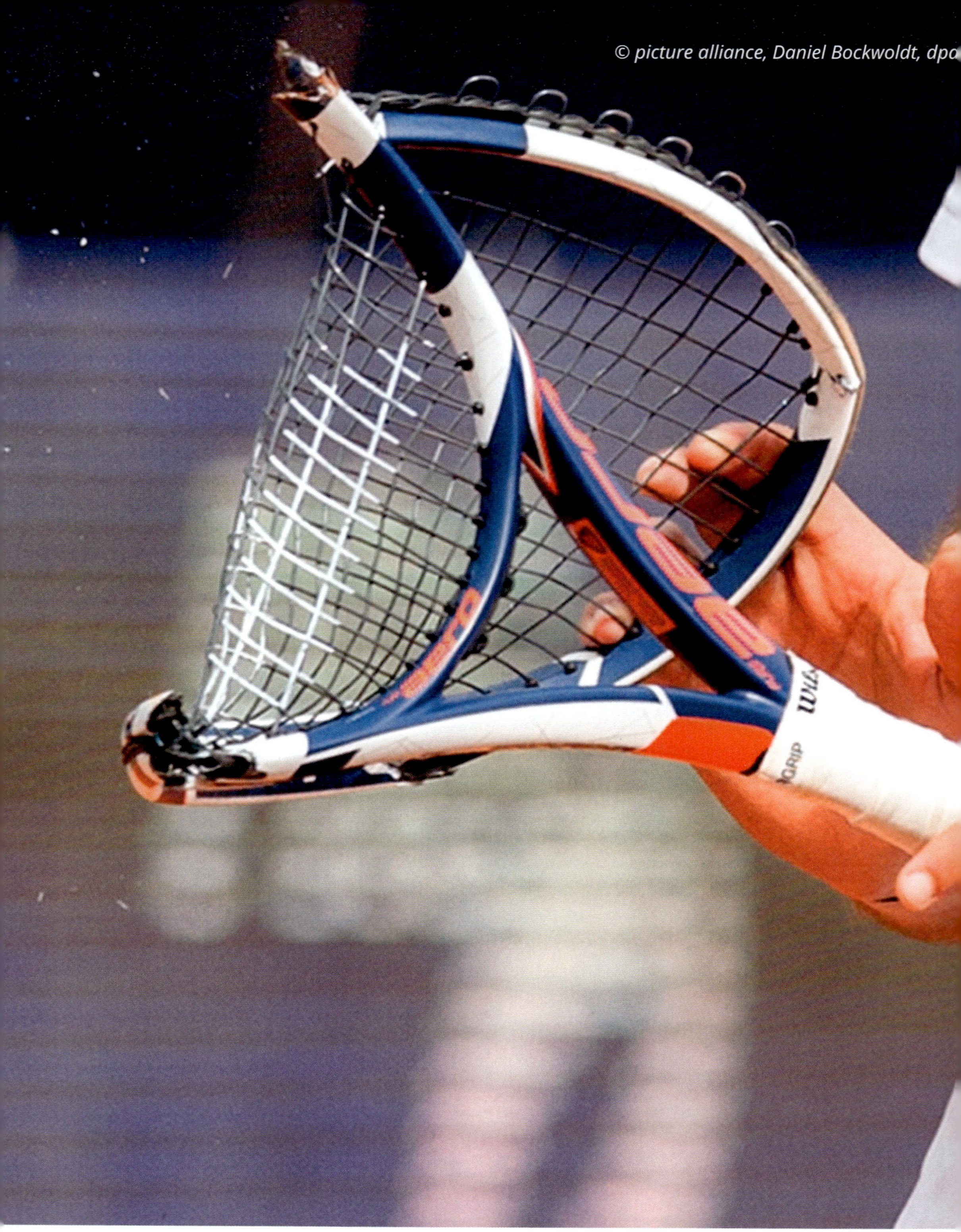

Dem Siegen verpflichtet, dem Frust geopfert.

20 Minuten! 20 Minuten können die Welt verändern. Um die Gewalt von Umweltkatastrophen zu spüren, reichen Minuten, oft Sekunden. Das Ausströmen von Gas, das Einleiten von toxischen Chemikalien, aus laufendes Öl, die Feuersbrunst, Tsunamiwellen und ausbrechende Vulkane – es braucht nur wenige Momente und die Welt ist eine andere.

Fauna, Flora, oft auch Menschen können diesen Momenten zum Opfer fallen. Wenige Minuten entscheiden darüber, ob ein Herzinfarkt überlebt wird oder nicht. Kaum ein James-Bond-Film, der nicht den Wettlauf gegen die Zeit thematisiert und den Zuschauer sekundengenau mitnimmt, wenn die Uhr rückwärts läuft. Zeit, das zeigt der kurze Exkurs ins Lebensbedrohliche, ist ein immenser Faktor, den wir gern unter Kontrolle brächten.

Doch Timing ist oft Glückssache, Zufall, Schicksal. Kleine Augenblicke können zum großen Desaster werden. Glimpflich ging es im Dezember 2015 für Marcel Hirscher aus, als eine das Slalomrennen filmende Drohne abstürzte und nur knapp hinter ihm, hundertstel Sekunden vielleicht, auf dem Skihang statt auf seinem Kopf zerschmetterte. Weniger glimpflich verlief ein großer Teil der Formel-1-Unfälle. In all diesen Momenten lässt einen das Timing außen vor und spielt sein eigenes Spiel.

Dann gibt es aber auch das Timing, das wir bestimmen, auf das wir hintrainieren. Alle künstlerisch-ästhetischen Sportarten leben von ihrer feinen zeitlichen Abstimmung, ebenso der Kempa- oder gar Doppel-Kempa-Trick im Handball. Auch der Stopp im Badminton oder Tennis.

Und dann gibt es noch Momente, in denen gängige Zeitmuster einfach ausgehoben werden. Im September 2015 gab es einen solchen Moment. Neun Minuten hat er gedauert. So lange brauchte FC-Bayern-Stürmer Robert Lewandowski für fünf Tore, für seinen legendär gewordenen Fünferpack. Und unheimlich schnell ging es auch 1988, als Steffi Graf das kürzeste Grand-Slam-Finale für sich entschied. Mit 6:0 und 6:0 besiegte sie bei den French Open die immerhin an Nummer 13 gesetzte Natallja Swerawa, in nur 32 Minuten.

Vom Tennisplatz zum Schachbrett: In einer Blitzschachpartie werden nur 10 Minuten zum Nachdenken zugestanden. Ganz zu schweigen von der nur Sekunden umfassenden Einmaligkeit von Speerwürfen, Felgumschwüngen, Skisprüngen und 100-Meter-Läufen.

Es wird mehr als klar, welch immense Zeitspanne diese 20 Minuten sind, die man unter Umständen braucht, um sich von besonders lautstarken Wutmomenten zu erholen. Das betrifft den Sport genauso wie berufliche Entscheidungssituationen. Die sinnvolle, schnellstmögliche Kanalisierung der Emotionen ist elementar.

Ganz so leicht fällt es allerdings nicht, unser verzwicktes Gedankenlabyrinth zu durchdringen. Typisch nach dem Frustmoment ist die verzerrte Wahrnehmung. So wird etwa die gute Leistung zur normalen Leistung heruntergespielt, die Normalleistung zum Misserfolg. Eine häufige Form der Reaktion ist zudem das Selbstmitleid, manchmal gar der Selbsthass.

Laufende Mikrofone nahmen 2007 bei den Australian Open in Melbourne ein legendäres Selbstgespräch von Tommy Haas auf. 1:2 in Sätzen lag er im Viertelfinale gegen den Russen Nikolay Davydenko zurück, gerade hatte er seinen Aufschlag abgegeben, Seitenwechsel.

Ego-Kick durch Selbstkritik

„So kannst du nicht gewinnen. So kannst du nicht gewinnen, Haasi, das geht nicht", schimpfte er mit sich. „So geht's nicht. So geht es nicht. Zu schwach einfach. Zu viele Fehler, zu viele Fehler. Es ist immer das Gleiche. Ich habe keinen Bock mehr. Ich habe keine Lust mehr. Für was mache ich die Scheiße? Für was? Für wen? Außer für mich selbst, hä? Wieso? Weshalb? Warum? Ich kann es nicht, ich kapiere es nicht. Ich zahle Leute für nichts, für absolut nichts. Damit ich mich aufregen kann. Du bist ein Vollidiot. Schön wieder nicht rangegangen ans Netz."[122]

Dann verkündete der Schiedsrichter den Seitenwechsel. Und Tommy Haas? Binnen Sekunden zog er sich mal eben seinen alten Frustcharakter aus, warf ihn auf die Bank und streifte sich einen neuen Motivationsdress über, in Worten: „Aber du gewinnst. Du gewinnst es noch, komm! Du kannst es nicht verlieren. Fighten. Fighten. Kämpfe!" Mit dieser Ansage sprach er sich Mut zu und ging ins nächste Spiel.

Schon im darauf folgenden Ballwechsel spielte er einen fabelhaften Winner, er gewann schließlich den Satz und am Ende das ganze Match.

122 Barschel (2015).

Auch Angelique Kerber redet sich immer wieder selbstironisch klein. Eine Prognose für den weiteren Spielverlauf lässt sich daraus aber nicht ableiten.

Im September 2021 stand sie im Achtelfinale der US Open gegen Leylah Fernandez auf dem Platz. Sie unterlag zwar, es war aber ein hochklassiges Match. Und Barbara Rittner kommentierte als *Eurosport*-Expertin Kerbers Frust und gleichzeitiges Aufbäumen mit den Worten: „Wenn ihr Trotzkopf kommt, dann schwingt auch ihr Arm."

Die Bundestrainerin machte also aufmerksam auf eine möglicherweise sogar positive Kopplung von missmutiger Selbstkritik und erfolgreichem Tennisspiel. Magdalena Neuner kann das bestätigen: „Aggressionen und Wut ins Positive umzukehren, das setzt bei mir Kräfte frei, die sind ganz unglaublich. Auf der Strecke funktioniert das toll."

Hiermit ist nicht gleich konterkariert, dass die Sportpsychologie dazu neigt, zum positiven und lösungsorientiert in die Zukunft gerichteten Selbstgespräch anzuregen. Vielmehr wird erkennbar, erstens, wie individuell unterschiedlich Menschen funktionieren. Und wie, zweitens, Tag und Umstände auch ein einziges Individuum mal so und mal ganz anders reagieren lassen.

Und genau daraus ziehen wir eine elementare Lehre: dass wir im mentalen Training nur bedingt schablonenhaft agieren können. Jedes Individuum braucht einen speziell zugeschnittenen Plan – und auch der muss immer wieder angepasst werden, mit der kreativen Bereitschaft, neue Wege auszuprobieren.

Bestes Beispiel für die angesprochene Unterschiedlichkeit liefert die Kommunikation im Mannschaftssport. Während den einen Mitspieler ein „Macht nichts, der nächste Ball sitzt" motiviert, braucht es der andere, schreiend zurechtgewiesen zu werden. Nicht ganz leicht, im hektischen, schnelllebigen Spielverlauf zu wissen, welche Form von Zuspruch der Nebenfrau und dem Nebenmann gerade guttun.

Im Coaching wird man natürlich bestrebt sein, es nicht den Ansagen der anderen zu überlassen, sondern eine autarke, stabile oder zumindest schnell wiederherstellbare Haltung im Moment des Misserfolgs zu manifestieren.

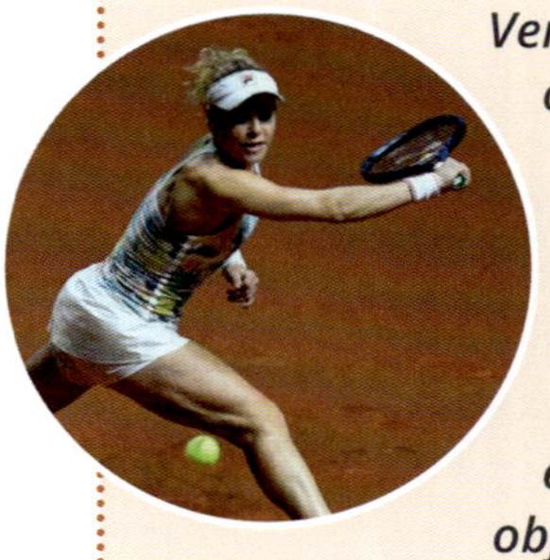

Verlieren zu können, ist eine der wichtigsten Lektionen, die ich im Laufe meiner Karriere gelernt habe. Oft genug sind wir an unseren Niederlagen selbst schuld und es ist wichtig, dass wir mit uns hart ins Gericht gehen können, um aus unseren Fehlern zu lernen und die nötigen Anpassungen vorzunehmen. Eine große Rolle spielt es dabei, ehrlich mit sich zu sein, bei der Selbstanalyse objektiv zu bleiben. Und unterscheiden zu können, wann man selbst einen Fehler gemacht hat und wann der Gegner schlichtweg zu gut war.

Wer nach Ausreden sucht und nur äußere Umstände verantwortlich macht, begeht einen großen Fehler und nimmt sich die Chance, zu wachsen. Ebenso ungut ist es aber, die Leistung der Konkurrenz nicht zu respektieren und die Niederlage dann allein der eigenen Unzulänglichkeit zuzuschreiben. Damit torpediert man seinen Selbstwert und steht dem eigenen Fortschritt im Weg.

Verlieren zu können, bedeutet für mich, die eigene Leistung und die des Gegners analysieren und differenziert betrachten zu können und daraus konstruktiv Schlüsse für die Zukunft zu ziehen.

Zugang zur Emotionsregulierung bietet einerseits die Psyche, andererseits der Körper. Auch an ihm manifestiert sich der Leistungseinbruch, oftmals von außen gut erkennbar. Offensichtliche Signale will man sich natürlich verkneifen, sie würden den Gegner stärken, ihm förmlich entgegenschreien, dass es sich jetzt lohnt, geschickt nachzusetzen.

Der eingeknickte Körper kann allerdings nicht verhehlen, was in mir vorgeht. Und der eingeknickte Körper versagt mir auch den Blick in die Ferne, auf mein Ziel, auch auf meinen Gegner. Die Sicht ist eingeschränkt, man ist in Ort und Zeit gefangen.

„Mit jeder Bewegung, die wir ausführen, lösen wir Reaktionen aus", sagte Samy Molcho, der wahrscheinlich namhafteste Experte für **Körpersprache.**[123] Dieser Umstand lässt sich einerseits dem Gegner gegenüber

123 Molcho (1988, S. 189).

manipulativ einsetzen. Etwa indem man – unabhängig von der eigenen, aktuellen Sichtweise – von Beginn an den Körper groß macht, die Brust hebt, den Blick geradeaus richtet, überlegen lächelt.

Diesen Umstand kann man aber auch sich selbst gegenüber korrigierend nutzen. Etwa indem man (und das ist jetzt keine versehentliche Wortwiederholung) – unabhängig von der eigenen Gefühlslage – den Körper groß macht, die Brust hebt, den Blick geradeaus richtet, überlegen lächelt.

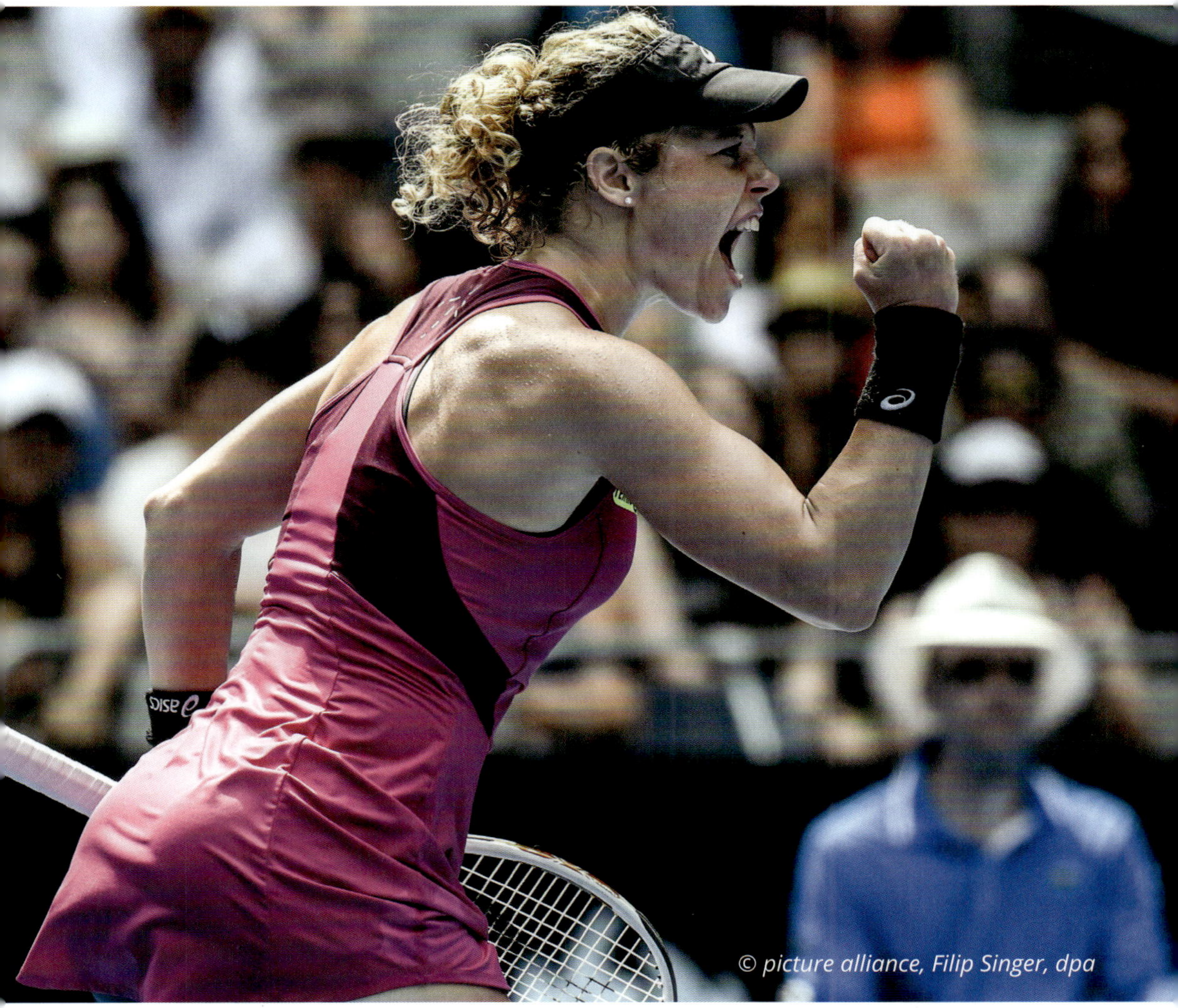

© picture alliance, Filip Singer, dpa

Wenn die Körpersprache keinen Zweifel an der inneren Haltung lässt.

Schon 1971 konnte der US-Psychologe Albert Mehrabian anhand einer Studie zeigen, dass der Mensch 55 Prozent der Informationen über seine Mimik weitergibt.[124] Was damit gemeint ist, zeigt der Blick eines Tennisspielers, wenn er den Rückstand aufholt und den entscheidenden Punkt macht: Entschlossenheit. Dazu die geballte Faust. Diesen siegesorientierten und hormongestützten Ausdruck kann der Gegner nicht übersehen.

- Sich per Pokerface nicht in die Karten schauen zu lassen, wäre dem Gegner gegenüber eine Strategie auf Niveaustufe 1: ein immer gleichbleibender Gesichtsausdruck als Zeichen von Konstanz und Resilienz.

- Level 2 wäre, mit Haltung und Mimik zu spielen, Frust also mit selbstbewusster Klarheit zu kaschieren. Damit wäre die Irritation des Gegners eingeleitet, damit wäre aber auch, wie gesagt, das eigene – im doppelten Wortsinn – Wiederaufrichten angebahnt.

Monika Matschnig, ehemalige österreichische Volleyball-Nationalmannschafts-Spielerin, studierte Psychologin, spezialisiert auf Körpersprache, stuft eine gerade Kopfhaltung als selbstsicher und neutral ein. Als Übung empfiehlt sie, sich entweder vorzustellen, wie man ein Buch auf dem Kopf balanciert, oder direkt ein Buch auf den Kopf zu packen und loszulaufen. [125]

Es gilt, die Körperspannung aufrechtzuerhalten, um nicht die Kontrolle über die Emotionen zu verlieren. Eine flankierende Maßnahme kann sein, den Bewegungsfluss aufrechtzuerhalten und sich damit „nicht von störenden Gedanken ablenken zu lassen, sondern weiterhin handlungs- und aufgabenorientiert zu bleiben"[126].

Embodiment nennt die Wissenschaft die so wichtige Wechselwirkung von Körper und Geist. Selbstvertrauen lässt sich auch stärken, indem wir – im eigentlichen Wortsinn – den Menschen aufrichten. So, wie der Körper in der Phase der Schwäche in sich zusammensackt, geht er in der Situation der Stärke wieder auf. Genau an diesem Punkt – so vermittelt es etwa das Deutsche Lauftherapiezentrum – kann man gewinnbrin-

124 Mehrabian (1971, S. 43).

125 Matschnig (2007, S. 22).

126 Beckmann-Waldenmayer & Beckmann (2012, S. 124).

gend eingreifen, indem man die Kopplung von seelischem Zustand und körperlichem Ausdruck nutzt.

Die Seele wirkt auf den Körper – warum also nicht auch der Körper auf die Seele? Das bewusste Wieder-Aufrichten, sich womöglich gar in die Brust werfen, löst einen Effekt aus, der über das Körperliche hinausreicht. Dazu trägt auch die sich verändernde Weite des Blicks bei. Wer vorher nur den Boden vor sich gesehen hat, erfasst jetzt erhobenen Hauptes die Welt in ihrer Tiefe.

Körpersprache ist durchaus trainierbar, nicht nur über die gefühlte Bewusstmachung, sondern auch durch Visualisierung. Lukas Kampa, deutscher Volleyball-Nationalspieler und viermaliger Volleyballer des Jahres, behalf sich, indem er sich vorstellte, sich selbst bei einer Spielübertragung im Fernsehen zu sehen.[127]

Noch realistischer wird die Visualisierung, wenn man sich selbst filmt. Denn die Videoanalyse – die ja längst auch für technisches und taktisches Feedback herangezogen wird – zeigt die Situation natürlich genau so, wie sie ist; lässt also keinerlei Verklärung zu, wie sie sich bei bloßer Vorstellungsarbeit ergeben könnte.

Den Körper sprechen lassen

Nehmen wir ein Handballteam. Das Ziel, siegessicher, kampfeslustig, gar aggressiv aufzutreten, muss sich in jeder Faser des Körpers zeigen, von der ersten Spielsekunde an, im besten Fall schon während des Aufwärmens. Aus dem additiven Zusammenwirken der einzelnen Spieler kann eine Aura entstehen, die dem Gegner Angst einflößt und ihn schnell überfordert. Ob man dazu fähig ist, eine solche körperliche Präsenz wirklich sichtbar zu manchen, das zeigt nichts so entlarvend wie ein Videomitschnitt.

Hier sei einmal kurz der Fokus auf den Trainer gerichtet. Auch er trägt nicht nur per Ansage, Ermunterung oder Beschimpfung, sondern auch durch Körpersprache bei.

127 Gatzmaga et al. (2020, S. 14).

Stellen wir uns den Handballtrainer vor, der das Spiel sitzend verfolgt. Er sendet andere Botschaften aus als der Trainer, der gestikulierend an der Linie entlangläuft. Für beide Verhaltensweisen kann es den passenden Moment geben. Wichtig ist, zu reflektieren, was wann und warum passiert.

Und um die Team-Analyse komplett zu machen, muss auch die Bank mit den Wechselspielern betrachtet werden. Auch sie können zur Aura beitragen, indem sie den personellen Korpus vergrößern und dem Gegner dadurch Respekt abringen. Jeder einzelne Spieler, ob im Feld oder auf der Bank, löst etwas im Team aus, indem er Selbstbewusstsein ausstrahlt.

Ein Oliver Kahn und ein Manuel Neuer im Fußballtor, ein Johannes Bitter und ein Andreas Wolff im Handballtor, alle auf Weltklasseniveau – sie sind bestes Exempel und zeigen, wie sich Ruhe und Souveränität von hinten heraus um das Team legt: als kraftspendendes Energiekorsett.

Um die Emotionen zu regulieren, empfehlen Beckmann und Elbe[128], kognitive und körperliche Maßnahmen zu verbinden. Den Körper betreffend: aufrecht zu bleiben, den Kopf hochzuhalten, ruhig zu atmen mit verlängerter Ausatmung. Die Kognition betreffend: Analyse der Misserfolgsursachen und Anregung abhelfender Maßnahmen.

Ist der Frust besonders stark, können einfache, aber anstrengende Bewegungen helfen, Katecholamine wie Adrenalin, Noradrenalin und Kortisol abzubauen. Eine solche Bewegung könnte etwa der Probeschwung im Golf sein – als Ersatz für den Frustschrei in den Wald, der auf dem Golfplatz ohnehin ungern gehört wird.

Die Emotionen zu regulieren – das gelingt aber nicht nur über den (Um-)Weg über den Körper. Wir können den Geist auch direkt ansteuern, etwa über das Selbstgespräch. „Fehler, zack, weg!" So könnte die Idealformel lauten, um ein Missgeschick schnell vergessen zu machen und eine neue Aktion einzuleiten. Fehler, zack, weg. Das wäre eine Sekundensache, mehr Verarbeitungszeit bleibt in der Regel ja auch nicht.

Leider funktionieren wir eher nach dem Prinzip Fehler-zack-Schreck und konservieren alles Misslungene als unangenehmen Einflüsterer im Hinterkopf. Ein wichtiger Schritt gegen diesen uneingeladenen Souffleur:

128 Beckmann & Elbe (2008, S. 121).

Wir müssen uns – wie wir es anderen Menschen gegenüber ja auch schaffen sollten – selbst **verzeihen**.

Wenn wir verzeihen, dann beschließen wir, „unseren Groll versiegen zu lassen"[129], sagt Susanne Boshammer im Interview. Die Professorin für praktische Philosophie an der Universität Osnabrück nennt hier das Schlüsselwort: Groll. Wer Groll in sich zulässt, der wird abgelenkt, verliert die Kontrolle über seine Aufmerksamkeit. Die Leistung muss zwangsläufig darunter leiden. Und wer nicht vernünftig leistet, beginnt früher oder später, an sich zu zweifeln.

Dort, wo das lösungsorientiert in die Zukunft gerichtete Wort formuliert wird, bleibt kein Platz für die enttäuschte Rückschau. Die Lösungsformel von Henning Fritz, knapp und nach vorn gerichtet: „Drei Sekunden auf einen Punkt gucken und dann den Gedanken für die nächste Situation suchen."

Auch der Platz für generelle Skepsis wird knapp. Mitunter muss man noch weiter ausholen und die Situation kurz überhöhen, indem man sich die Frage stellt, warum man sich überhaupt hier auf dem Court, in der Halle, auf dem Platz befindet. Welches grundlegende Motiv treibt mich an, hier im Wettkampf zu stehen?

KONSTRUKTIVES KOPFKINO

Bei den Olympischen Spielen 2008 in Peking trickste Weltklasseschwimmerin Britta Steffens ihre Ohren einfach aus[130]. Aus „China-China"-Anfeuerungsrufen von der Tribüne machte sie ein inneres „Britta-Britta!". Den Startsprung verknüpfte sie zudem gedanklich mit einem Katapult, im Becken wähnte sie sich außerdem neben Delfinen und bei der Wende wurde sie zum Kugelblitz. Für das sich anschließende Abstoßen stand das Bild der Feder und um auf der Schlussbahn noch einmal über sich hinauszuwachsen, dachte sich Britta Steffens, von einem kleinen Hai verfolgt zu werden. In Peking gewann sie olympisches Gold über 50 und über 100 Meter, über Jahre war sie die schnellste Schwimmerin der Welt.

129 Hauschild (2020).
130 Catuogno (2019).

Die Macht der Bilder spielt also nicht nur in der Werbung eine Rolle, sondern auch für die eigene Performance-Optimierung, nicht nur im Kino um die Ecke, sondern auch in unserem Kino im Kopf. Da kommt es uns gelegen, dass wir in dieser Form der visualisierten Einflussnahme bereits geübt sind.

- Denn wie oft gehen wir bevorstehende Situationen im Leben gedanklich durch: das Antizipieren eines Vorstellungsgesprächs, einer Gehaltsverhandlung, eines ersten Dates?
- Was werde ich sagen?
- Wie wird mein Gegenüber reagieren?
- Was werde ich wiederum darauf antworten?
- Wie werde ich schauen?
- Was werde ich anziehen?

Alltagsdrehbücher entstehen zuhauf in unseren Köpfen, meist intuitiv, bisweilen aber auch strategisch-vorbereitend wie bei einem Schachspiel.

Genau da können wir ansetzen und ein Skript erstellen, das auf Leistungsentwicklung abzielt. Wir sind Regisseur und Hauptdarsteller in einem und haben freie Hand bei der Umsetzung. Wir können Kugelblitz und Feder sein wie Britta Steffens. Oder eben auch alles andere, was unserer Vorstellung von einem Top-Performer zuträglich ist.

Und die Effektivität der Kopfbilder ist groß, nicht zuletzt, weil der Mensch nur rund eine Zehntelsekunde braucht, um den grundlegenden Inhalt eines Fotos zu erfassen.[131]

In der Visualisierung steckt noch ein zweiter, hochrelevanter Trainingsaspekt. Wir können unsere Vorstellungskraft nämlich auch dazu nutzen, einen optimierten Bewegungsablauf einzuspeisen. So, wie es der legen-

131 Digitalphoto (2018).

däre Snowboarder Shawn White gesagt haben soll[132]: dass er im Starthaus schon alle Sprünge im Kopf gestanden hat. Jetzt müsse er sie nur noch machen.

- Und wenn die Bilder im Kopf die falschen sind?
- Wie schafft man es, optischen Müll wieder aus unserem System zu verbannen?

Dem eigenen Kopfkino ein guter Regisseur sein

„Das ist eine der schwierigsten Aufgaben, die man beim Golf bewältigen muss", sagt Bernhard Langer. „Ich erinnere mich noch gut, als ich mit 19 Jahren die Irish Open, damals eines der größten Turniere im Kalender, am letzten Tag angeführt hatte. Mit zwei Schlägen Vorsprung, noch neun Löcher zu spielen."

Langer war frisch auf die Tour gekommen. Es war ihm noch nicht vertraut, Turniere zu gewinnen. Er machte seinen zehnten Abschlag. „Der war wunderbar. Ich lief die 250 Meter zum Ball und mir kam erstmals der Gedanke in den Kopf: Was machst du gleich mit den tausenden Zuschauern, die am 18. Grün stehen? Du musst dann auch vor einer großen Menge Menschen eine Rede halten – was ich zu diesem Zeitpunkt noch nie gemacht hatte. Der nächste Gedanke war: Was machst du mit dem vielen Preisgeld, das du hier gewinnst? Kaufst du dir ein Auto? Oder gehst du an die Börse? Drei Löcher später habe ich nicht mehr geführt. Ich spielte Bogies und die anderen Spieler Pars und Birdies. Ich habe das Turnier nicht gewonnen."[133]

Daraus ergab sich eine Konsequenz, wie sie viele erfolgreiche Spitzensportler leben: „Alles, was zählt, ist der nächste Schlag." Es geht um die große Kunst, seine Aufmerksamkeit zu steuern, seine Konzentration zu bündeln. Gerd Schönfelder, ehemaliger Paralympionike und Hobbygolfer, stimmt mit Bernhard Langer überein: „Dieses Fokussieren auf den einen Ball und gleichzeitig alles um dich herum auszublenden, das ist ein gutes Training. Generell für den Alltag als Behinderter."

---

132 Eurosport, 9.2.2022.

133 Brunner (2020, S. 48).

Das bestätigt rückblickend auch Magdalena Neuner: „Wenn du nicht 100 Prozent fokussiert und konzentriert bist, dann geht's in die Hose. Das habe ich immer an meinem Sport geliebt: dass du alles ausblenden musst, wenn du es gut machen willst."

Im Dezember 2020 sagte Biathletin Franziska Preuß nach dem 10-Kilometer-Verfolgungsrennen in Hochfilzen: „Beim ersten Stehend-Anschlag – da habe ich gar nichts gemerkt. Beim letzten war ich vielleicht nicht ganz im Tunnel. Da habe ich den Stadionsprecher gehört. Und das ist immer ein schlechtes Zeichen." Damit sei es ihr versagt geblieben, sich wieder zu fokussieren. „Ist natürlich ärgerlich, wenn man dann zwei Fehler schießt."[134]

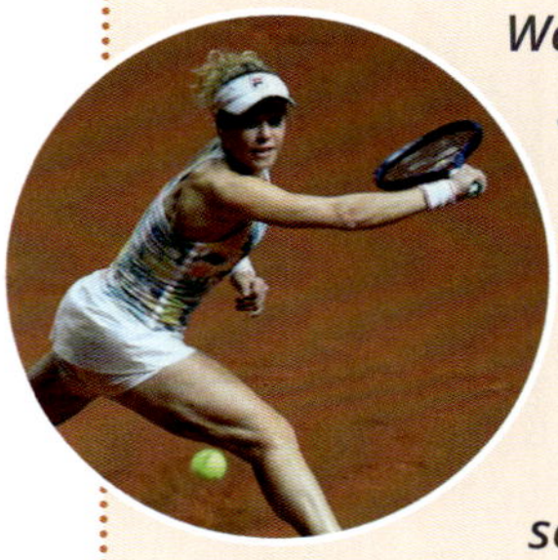

Wenn mir manchmal die Konzentration verloren geht, benutze ich eine Technik, die mir ein Mentaltrainer einmal beigebracht hat. Wenn ich beispielsweise beim Seitenwechsel auf der Bank sitze, variiere ich bewusst meinen Wahrnehmungsfokus von weit auf eng und wieder zurück.

Ich lasse dann für einen Moment alle Störgeräusche bewusst zu, alles, was ich sonst gerne ausblenden würde: Ich sauge den Lärm der Zuschauer auf, die die Pause für einen Toilettengang nutzen, höre, wie sie lärmend die Tribünenränge hinauf- und hinuntersteigen. Ich achte auf das Zischen des Wasserstrahls, wenn der Platz noch einmal bewässert wird, und ich nehme das Getöse aus dem VIP-Bereich an der Stirnseite des Platzes wahr, in dem Menschen aus ihrem Tennisnachmittag eine Champagnerparty machen und nebenbei noch unser Match schauen.

Dann versuche ich, den Fokus blitzartig eng zu schalten und nur bei mir zu sein. Alles eben Genannte auszublenden und nur meinen Körper und meinen Atem zu spüren, konzentriert bei mir zu sein, in einer ruhigen Blase. Habe ich das geschafft, schalte ich wieder auf weit und wechsle so einige Male hin und her.

Diese Übung ist wie eine Kurzform dessen, was ich gleich im Spiel brauchen werde, wenn meine Konzentration wieder abdriften sollte.

134 ZDF, Interview, 13.12.2020.

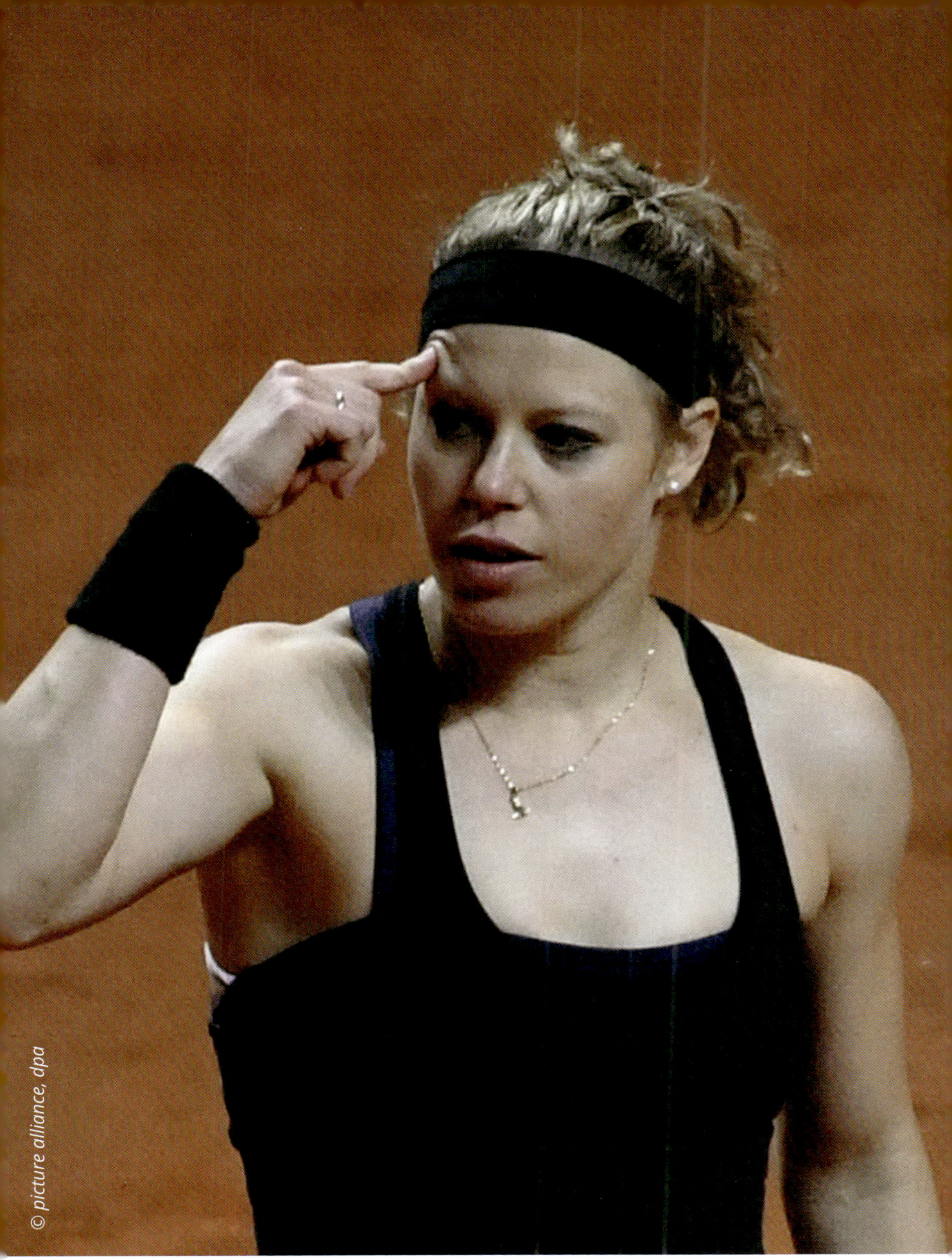

Auf den Kopf kommt es an: Konzentration als Basis guter Performance.

Ein so einfaches und durchaus hilfreiches Werkzeug gegen störende, unkontrolliert umherstreunende Gedanken ist der schlichte Stopp dieser Gedanken. Die Konstruktion einer visualisierten Barriere in Form einer Straßenabsperrung, Schranke oder eines Stoppschildes kann diese Wirkung entfachen.

Eine weitere Maßnahme kennen wir aus dem *Monopoly*®-Spiel – „Gehen Sie zurück auf Start" – und aus der Handybedienungsanleitung – „Auf Werkseinstellungen zurücksetzen". Wir stellen uns also noch einmal auf null, wie die Tages-Kilometeranzeige im Auto. Wir suggerieren uns, noch einmal zu beginnen. Unbefangen. Zurückliegende Fehler, Schläge, Pässe, Würfe, Schüsse – es hat sie nicht gegeben. Die ersten drei Löcher im Golf – Ausball, Wasser, Dreiputt. Reset: Ich starte quasi erneut, an Loch 4.

Mit der Analyse des ursprünglichen Einstiegs in die Runde befasse ich mich – so viel sportlicher Ehrgeiz muss natürlich sein – heute Abend. Die Pause als Schleuse nutzen, wie es Eberspächer formuliert[135]. Als Raum zwischen zwei Systemen, den man zu einer Art Reinigung benutzt, um optimiert in den nächsten Abschnitt zu starten.

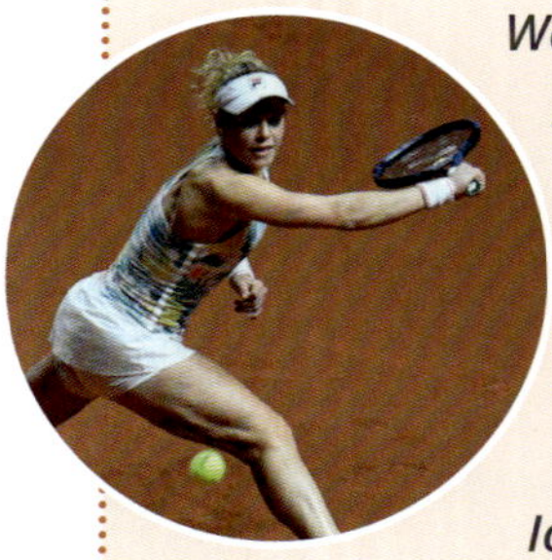

Wenn es am Ende eines Matches besonders eng wird, jeder Punkt schwer wiegt und die Nerven bei allen Beteiligten auf und neben dem Platz bereits blank liegen, versuche ich, etwas zu tricksen, um im Kopf mit meinen Entscheidungsfindungen und Bewegungsausführungen locker und frei zu bleiben.

Ich stelle mir manchmal vor, es steht jetzt am Anfang des ersten Satzes zum Beispiel 2:2. Wie würde ich spielen, wie frei würde ich mich bei meinen Schlägen fühlen, wie meiner Intuition vertrauen, wenn nicht so viel auf dem Spiel stünde? Dieses Gefühl versuche ich zu spüren und in den nächsten Punkt mitzunehmen, dabei aber gleichzeitig hoch konzentriert zu sein.

135 Eberspächer (2012, S. 98).

Leider lassen sich die Gedanken nicht immer so leicht auf unsere Wunschreisen mitnehmen. Wohin mit all unserer Aufmerksamkeit? Welche Gedankengänge sind sinnvoll? Der US-amerikanische Sportpsychologe Robert M. Nideffer hat schon in den 1960er-Jahren eine erste Ordnung in diese Wirrnis gebracht und die Aufmerksamkeit in vier Dimensionen eingeteilt. Gegenüber stehen sich dabei die Ausrichtungen eng und weit sowie internal und external.[136]

Sein „Attentional Diagram" prägt die vier Kombinationen aus:

- weit und nach innen gerichtet;
- weit und nach außen gerichtet;
- eng und nach innen gerichtet;
- eng und nach außen gerichtet.

Bestimmten Sportarten und bestimmten Spielsituationen lassen sich spezifische Aufmerksamkeitsformen zuordnen. In komplexeren Sportarten haben, so viel schon vorneweg, jene Akteure einen Vorsprung, die situationsgerecht auf verschiedene Dimensionen zugreifen können. Doch erst einmal die isolierte Betrachtung:

- **Weit und nach innen (broad-internal):** Das sind die Analytiker, die das Spiel schon vor dem Spiel im Kopf durchgehen. Sie lernen und adaptieren, machen selten den gleichen Fehler zweimal. Sie antizipieren die Aktionen ihrer Gegner. Passen den eigenen Stil adäquat an. Das kann gleichermaßen große Stärke und große Schwäche bedeuten. Oftmals sind sie von der eigenen Analyse so gefangen, dass sie alles andere als Überraschung erleben, sich mitunter auch überschätzen.

- **Weit und nach außen (broad-external):** Passend für sich schnell verändernde Wettkampfsituationen. Alles, was um einen herum passiert, soll ins Bewusstsein dringen. Typischer Sportler, der einen Blick für den freistehenden Mann im Fußball oder Basketball hat. Wird problematisch, wenn zu viele Informationen einströmen.

136 Nideffer (1967, S. 52ff.).

- **Eng und nach innen (narrow-internal):** Konzentration auf den einen Gedanken. Hilfreich, wenn es um einen einzelnen intensiven Akt wie beim Gewichtheben geht. Der psychologische Teil des Schmerzes kann kontrolliert werden. Es ist wie beim Zahnarzt, der uns zum Beispiel durch den Einsatz von Musik ablenkt vom Schmerzgedanken. Das Kunststück vollbringen manche Sportler auch, indem sie ihren Fokus auf zum Beispiel den schwingenden Arm oder den Atemrhythmus lenken. Doch auch wenn die Schmerztoleranz gesteigert werden kann, so steht und fällt am Ende alles mit der Stärke des Selbstkonzepts.

- **Eng und nach außen (narrow-external):** Je präziser eine Bewegung sein muss, desto enger muss sich der Fokus darauf richten. Hohe Konzentration auf Details. Damit lässt sich unnötige Ablenkung vermeiden. Beispielhaft wäre das Putten beim Golfen. Sind nicht irritiert von Geräuschen oder zum Beispiel nah am Spielfeld stehenden Fans. Von eigenen Gedanken nicht abgelenkt, da eben nach außen gerichtet. Problematisch, wenn das Spiel Flexibilität und Veränderung braucht. Manchmal fehlen erweiterte Feld-Informationen.

Es ist gut, diese Facetten der Aufmerksamkeit zu kennen, besser ist es, sie situationsgerecht variabel einsetzen zu können. Viele Sportarten und auch Lebenssituationen lassen sich nicht mit nur *einer* Dimension bedienen.

Nehmen wir Golf als Beispiel. Weit und external muss man ausgerichtet sein, um Distanzen und etwaigen Wind zu erfassen und die Erkenntnisse in die Auswahl des richtigen Schlägers münden zu lassen. Weit und internal müssen wir werden, um die gesammelten Informationen mit den eigenen Möglichkeiten abzugleichen, etwa wie man beim letzten Wettkampf unter gleichen Bedingungen gespielt hat, eher konservativ oder riskant?

Dann wird der Schläger gewählt und der Fokus wechselt zu eng und external, ist also auf den Ball fokussiert. Nach dem Schlag braucht man den eng-internalen Bezug, um noch einmal gedanklich durchzugehen, was passiert ist, wie man sich gefühlt hat, welche Fehler zu analysieren sind.

In jeder Mannschaftssportart wird man selbstredend alle vier Dimensionen im steten Wechsel einsetzen müssen. Auch in der Podiumsdiskussion und der Betriebsratssitzung. Der Wortführer muss die Kategorien der Aufmerksamkeit kennen und können. Es ist nicht davon auszugehen, dass man alle Dimensionen in gleicher Qualität beherrscht. Deshalb muss man sie trainieren.

Die Konzentration, wie sie vor allem in den beiden „engen" Dimensionen zum Ausdruck kommt, ist hierbei die besonders schützenswerte Sphäre. Eberspächer hat in einer Kreisgrafik dargestellt, wie „ICH" in meiner Aufgabenerfüllung von außen abgelenkt werde (siehe Abb. 1).

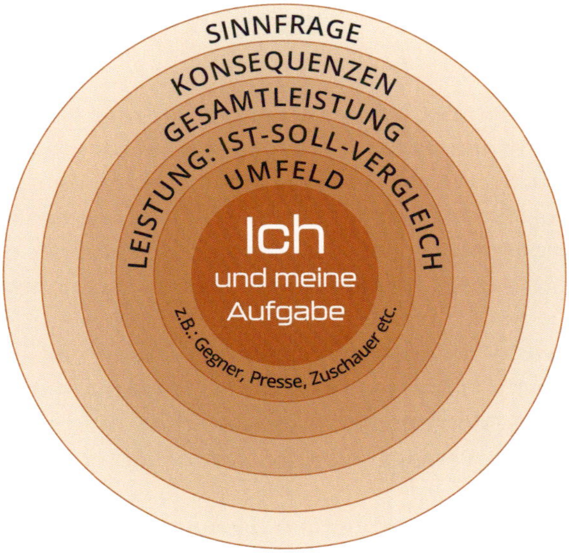

Abb. 1: Einflüsse auf die Konzentration im sportlichen Kontext (Eberspächer, 2012, S. 46)

MIT SICH SELBST INS GESPRÄCH KOMMEN

Weiter oben hat uns Schwimmerin Britta Steffen schon offenbart, dass für den Gedankenaustausch kein menschliches Gegenüber nötig ist. Sie hat sich das Wasser zum Gesprächspartner auserkoren. Eine kluge Idee, sich jemanden für den Dialog zu suchen, mit dem man so viel Zeit verbringt. Doch es geht auch ohne Wasser, es geht ganz ohne äußere Hilfsmittel. Es geht auch: mit mir selbst.

Ich kann also mit mir selbst in den Diskurs gehen, was vom grandiosen Vorteil flankiert wird, dass ich als Gesprächspartner allgegenwärtig bin.

Bekomme ich also einen guten Draht zu mir selbst, steht mir eine wertvolle Rundumberatung zur Verfügung.

Bleibt die Herkulesaufgabe, aus mir selbst einen soliden Berater zu machen. In der Realität sind wir uns oftmals leider ein sehr destruktiver Gesprächspartner und beschimpfen uns für Misslungenes: „Du Depp!", „Ich check's einfach nicht!" „Sch . . . Spiel!", „Heute geht gar nichts!", „Was soll das?!" Man braucht keinen Studienbeleg dafür, um zu wissen, dass ein solch negativ gefärbter Meinungsaustausch mit sich selbst nutzlos und sogar abträglich ist.

Unsere erste Erkenntnis: Wir sind bereits vertraut mit dem Selbstgespräch, wenden es intuitiv an, haben aber offenbar wenig Ahnung von sinnvollen Inhalten. Welche Selbstgesprächsformel den größten Effekt hat, ist individuell verschieden. Dem einen dient, wie bereits angesprochen, ein gedachtes oder herausgerufenes „Come on!", dem anderen hilft es eher, sich explizit an die eigenen Stärken zu erinnern.

Abzuraten ist von Formeln mit negativem Wortgut wie „Sei nicht . . .!", „Mache nicht . . .!", „Habe doch nicht ...!", „Ich kann das nicht!" Schon komisch, aber im Moment der Aufgewühltheit macht man sich zum größten Dilettanten, Versager, gern auch zum Idioten.

Auch das intuitiv häufig hinzugefügte „immer wieder" oder „wie immer" ist kontraproduktiv; zu stark hallt der Selbstzweifel nach. Es liegt nahe, aus diesen disqualifizierenden Selbstverurteilungen lösungsorientierte Handlungsanweisungen werden zu lassen, verpackt in kurze Sätze mit Aufforderungscharakter, am besten in Ich-Form.

Jegliches negativ konnotierte Vokabular ist aus diesen Phrasen zu verbannen. Ein: „Keiner ist so schlecht wie ich", wird radikal geschreddert. Die neuen Formeln lauten: „Ich schalte schneller um!" und: „Ich nehme den Ball früher!"

Und am besten lässt man auch den angedeuteten Vergleich mit der missglückten Vergangenheit weg und streicht das fast unsichtbare, aber bedeutsame „-er" am Wortende. Statt „schnell*er*" und „früh*er*" heißt es dann: „Ich schalte schnell um!" und: „Ich nehme den Ball früh!" So resultiert unsere Strategie in einer für Erfolg so notwendigen **Selbstwirksamkeitsüberzeugung**.

Unsere Selbstinstruktionen brauchen also eine sinnvolle Ausrichtung, ein inhaltliches Motiv. Wenn wir das berücksichtigen, ergeben sich motivierende Formeln. So können wir uns Dinge sagen, die uns

- Mut machen: „Du schaffst das!"
- helfen zu relativieren: „Abgehakt. Weiter geht's!"
- loben: „Perfekter Schuss!"
- fokussieren: „Blick auf den Ball!"
- eine Lösung bieten: „Decke die Innenbahn ab!"
- eine handlungsorientierte Richtung weisen: „Den nächsten Volley auf ihre Rückhand!"

Sein Drehbuch selbst gestalten

In der Regel hat jeder negative Slogan seinen positiven Antipoden. Und die negativen Störenfriede sind schnell ausfindig gemacht. Der Sportler braucht nur seine Phrasen aufzuschreiben, die er während des Wettkampfs an sich richtet. Anschließend nimmt man sich jede einzelne Aussage vor und prüft sie auf ihr konstruktives Potenzial. Man passt an, verändert, schreibt um und erstellt sich ein Drehbuch, das zumindest die Chance auf ein Happy End hat.

Positiv, zielführend, handlungsorientiert, so entsteht ein „wertvoller, innerer Dialog", wie ihn auch W. Timothy Gallwey in seinen berühmt gewordenen Büchern über die Psyche von Golf- und Tennisspielern herausstellt.[137]

Auch im Rahmen der populär gewordenen **Achtsamkeitstechniken** geht es um die hilfreich formulierte Selbstanalyse. Eine der grundlegenden Idee ist, seine Gefühle zwar wahrzunehmen, nicht aber zu bewerten.

137 Gallwey (1981/2012).

Ein: „Ich bin unsicher“, wird ersetzt durch ein: „Da ist Unsicherheit“. In zweierlei Hinsicht hilft uns diese Veränderung der Ebene:

- Erstens distanzieren wir uns von einem unguten Gefühl,
- zweitens bringen wir zum Ausdruck, dass es daneben auch noch andere - auch positive - Gefühle gibt.[138]

Es geht darum, konstruktiv mit belastenden Gefühlen umzugehen.

Diesem Vorgehen soll keinesfalls die zweifelhafte Aura anhaften, dass man sich selbst betrügen würde. Dieser Betrug wäre ja allenfalls eine kleine, psychologisch legitimierte Selbsttäuschung: „Fake it till you make it“, heißt es nicht ohne Grund. Mit einer kleinen List helfen wir also nach und regulieren unsere mentalen Vorgänge.

Wenn wir den geknickten Menschen - mit hängenden Schultern, gekrümmtem Rücken, generell in sich zusammengesunken - über seinen Körper therapieren, ihn aufrichten, ihn dazu anregen, sich in die Brust zu werfen, dann werden wir etwas anstoßen. Wir werden keine Depression beheben, aber erfahrbar machen, dass es neben der Niedergeschlagenheit noch etwas anderes gibt - und das, indem wir dem inneren Gefühl der Traurigkeit ein äußerlich spürbares Gefühl von Sicherheit und Größe vormachen.

Ebenso können wir den inneren Dialog einsetzen, um einen besseren Blickwinkel einzunehmen, die negative durch eine positive Sicht ersetzen. Denn die gibt es fast immer. Das kann im besten Fall mit einer objektiven Analyse einhergehen, ebenso mit einer subjektiven, psychohygienischen Analyse[139]. „Es liegt im Auge des Betrachters“, sagt der Volksmund.

So fahnden wir nach der Perspektive, aus der wir glauben, die meiste Kraft zu schöpfen. Wir suchen das halb volle Glas und füllen es dann weiter. Es gibt lösungsorientierte Sätze, die wir standardisieren und als festes Repertoire im Kopf archivieren können.

138 Staufenbiel et al. (2019, S. 165).
139 Eberspächer (2012, S. 91).

Es lohnt sich, ein „Trainingstagebuch der unerlaubten Sätze“ zu erstellen: Immer nach dem Training notiere ich darin über eine festgelegte Dauer, was ich in kritischen Situationen zu mir sage: Zum Beispiel, nehmen wir Handball, wenn ich verwerfe, einen schlechten Pass spiele, unsauber fange, nicht schnell genug reagiere, halbherzig verteidige, im Kreis stehe, wenn mein Mitspieler im Trainingsmatch einen Fehler macht, wenn mich der Trainer zurechtweist.

Die Sätze stehen in der linken Spalte, die rechte Spalte ist nun meine Formulierungs-Challenge. Immer dort, wo links ein rückwärtsgewandter, negativer Spruch steht, wird rechts die lösungs- und handlungsorientierte Neuformulierung notwendig. Aus: „Wie kann man den nicht reinmachen?!“ wird: „Ich springe beim nächsten Ball weiter in den Kreis!“

Diese Ich-Botschaft mit Handlungsorientierung hat die Kraft, mich positiv zu beeinflussen. Mancher dieser Sätze kann dann in mein Archiv aufgenommen werden. Am Ende hat es die rechte Spalte geschafft, die linke zu eliminieren.

Verinnerlichtes Selbstgespräch für den Wettkampf

Was im Training klappt, soll beizeiten auch im Wettkampf automatisiert sein. Nicht jeder innere Wettkampfdialog lässt sich allerdings programmieren. Vielmehr muss es deshalb darum gehen, das motivierende Selbstgespräch als wertvolle Blaupause zu verinnerlichen. Wem schnelles und situationsgerechtes Formulieren schwerfällt, behilft sich einmal mehr bildhaft und engagiert einen gedachten Souffleur.

Souffleure kennen alle Texte, die das Bühnenstück zur Vollendung bringen. Souffleure reagieren schnell, unaufdringlich, präzise. Das Verlangen nach dem versierten Einsager ist allgegenwärtig und leistungsunabhängig. Auch erfahrene und selbstbewusste Top-Tennisspieler versuchen, auch wenn es gar nicht erlaubt ist, per Augenkontakt Tipps aus der fernen Betreuerbox zu erhaschen oder beim Seitenwechsel schnell die Traineranregung auf dem in der Sporttasche versteckten Handy abzulesen.

Wenigstens eine Siri oder Alexa mit Sportpsychologiestudium täte gut, die sich dann per App der Not widmet. Es ist also keine Frage des Weltklasseformats, ob ich mir Unterstützung herbeiwünsche. Es ist eher ein generelles Bedürfnis, in der gefühlten Aussichtslosigkeit etwas Beistand und Rat zu bekommen.

Und da all das von außen oft nicht geht oder gar verboten ist, brauchen wir eben den gedachten Ratgeber. Wer einem Souffleur kein sportadäquates Vokabular zutraut, der denkt sich einfach einen Coach als Einflüsterer. Der perfekte gedankliche Begleiter ist womöglich der Golf-Caddie, wie ihn Beckmann und Elbe ins Spiel bringen[140].

Der Ratgeber im Kopf

Caddies sind wahre Golfexperten, normalerweise selbst gute Spieler. Sie sind Taktiker, Ratgeber, Beruhiger, Schlägerauswähler. Sie haben das große Ganze wie auch das Detail im Blick. Und obendrein tragen sie einem auch noch das Equipment. Wie gut, für solche Koryphäen einen Platz im Kopf bereitzuhalten. Dann nämlich kann ich in jeder mir notwendig erscheinenden Situation meinen Gedanken-Caddie fragen: Was empfiehlst du?

Wie effektiv die mentale Technik ist, hat uns Daniil Medvedev vor Augen geführt, als er bei den Australian Open 2022 im Viertelfinal-Match gegen einen sehr stark aufspielenden Félix Auger-Aliassime mit zwei Sätzen zurücklag und das Spiel überraschend noch drehte und gewann. Wie ihm das gelungen sei? Er habe nicht recht gewusst, was er machen solle.

„Ich habe mich dann gefragt, was Novak jetzt tun würde."[141] Medvedevs innerer Coach war also Novak Djoković, geradezu genial nimmt er sich einfach den Weltranglistenersten. Warum auch nicht – wir sind in der Wahl des Betreuers doch komplett frei. Uns stehen alle Trainer, Psychologen, Mütter, Väter und überhaupt Experten zur Verfügung. Wenn wir es moderner wollen, können wir uns auch unseren eigenen Avatar gestalten, abrufbar in jeder Situation. Medvedevs innerer Coach hat ihm geholfen, ins Grand-Slam-Halbfinale einzuziehen.

---

140 Beckmann & Elbe (2008, S. 75f.).

141 Eurosport (2022).

AN SICH GLAUBEN

Im Moment der Enttäuschung werden wir anfällig. Es ist wie mit dem Erkälteten, der in der Phase immunologischer Schwäche offen für weitere Infekte ist. Eine ähnliche Kaskade setzt auch im Sport ein: Die Erfolglosigkeit kratzt am Selbstvertrauen. Man hadert mit sich, mit dem Glück des Gegners, mit dem Schiedsrichter. Und auch das Hadern kostet wiederum Energie, bindet zusätzliche Aufmerksamkeit und führt noch weiter weg vom Spielgewinn statt hin zur Aufholjagd.

Im Rahmen ihrer motivationalen Problemlagen beschreiben Kleinert und Sulprizio auch das mentale Profil, *zwar zu wollen, sich aber nicht zu trauen*[142]. Als Ursachen definieren sie fehlendes **Selbstvertrauen**, fehlende Erfahrung oder negative Erlebnisse. Der Blick sollte gegensteuernd auf Positives aus der Vergangenheit gerichtet werden.

- Was lief mal gut?
- Warum lief es gut?
- Wie hat es sich angefühlt?

Es lohnt sich, in diese Ereignisse tief einzutauchen, sie nachzuerzählen und nachzuerleben. Aus den Gedanken entstehen die Schnittbilder eines kleinen Films: der Videoclip meines Erfolgs. Diesen Film spiele ich dann vor meinem geistigen Auge ab, immer wieder. Damit rücke ich meine Gedanken zurecht, vernachlässige bewusst die Negativbeispiele und stelle die positiven Momente in den Vordergrund.

Dienlich kann auch sein, einen sogenannten **somatischen Marker**[143] zu setzen. Indem ich zum Beispiel eine Faust in einer erfolgreichen Situation balle, verankere ich diesen Zusammenhang zwischen positiver gedanklicher Assoziation und muskulärem Impuls. Das Erfolgsgefühl kann später, losgelöst von einem realen Erlebnis, durch das Ballen der Faust erneut angestoßen werden – ein guter Impuls zum Beispiel in einem Moment des wankenden Selbstbewusstseins.

---

142 Kleinert & Sulprizio (2019, S. 173f.).

143 Damasio (1994).

Zum Verständnis von (Selbst-)Bewusstseinszuständen trägt bei, wenn wir Leistungssportler als Zugehörige zweier Gruppen sehen: die Erfolgs- und die Misserfolgsmotivierten. Die **Erfolgsmotivierten** sind wahre Meister im Verzerren der Kausalitäten. Während sie den Erfolg auf sich selbst zurückführen, gründet für sie ein Misserfolg eher auf externen, nicht beeinflussbaren Faktoren, dem Wetter etwa oder auch schlicht dem Pech.

Der **Misserfolgsmotivierte** glaubt hingegen, seinen Erfolg glücklichen Umständen zu verdanken, und führt ein Versagen auf mangelndes Talent zurück. Wer so denkt, kann der Negativspirale kaum mehr entkommen, erwartet immer Erfolg und beginnt, Leistungssituationen und damit letztlich Wettkämpfe zu meiden. Misserfolgsmotivierte fangen an zu grübeln, ihre Gedanken sind gefangen in der Vergangenheit.

Sogenanntes **Ruminieren** setzt ein, man denkt viel darüber nach, was alles schiefgelaufen ist und brütet über den eigenen Fehlern. Man fühlt sich niedergeschlagen und ausgeliefert.[144] Im schlimmsten Fall führt das zum Drop-out aus der Sportart oder sogar generell aus dem Sport – und das, obwohl die betroffenen Sportler mit ihren Fähigkeiten und Fertigkeiten einst auf Augenhöhe mit den Erfolgsmotivierten lagen.

Sich geheime Proben erlauben

Der Misserfolgsmotivation ist behutsam beizukommen, ihre Ängste vor unabwägbaren Leistungsanforderungen und etwaigen Blamagen sind zu berücksichtigen. Die Psychologen Beckmann und Elbe[145] empfehlen, dass Neues im Rahmen des Trainings zuerst allein ausprobiert werden sollte und dass der Vergleich mit anderen erst einmal zu vermeiden ist. So findet die Leistung in einen konkurrenzfreien Raum statt, in dem der Sportler gelobt werden und sich entwickeln kann.

Das Anforderungsniveau ist im Sinne des sogenannten Prinzips der **optimalen Passung** so zu wählen, „dass der Grenzbereich der Fähigkeiten getroffen wird“. Dieses Vorgehen sollte generell in der Arbeitswelt Menschen zuteilwerden, die unter Beobachtung Druck empfinden und unter Druck zu

144 Stangl (2022).

145 Beckmann & Elbe (2008, S. 70f.).

leiden beginnen. Es gilt, sie im geschützten Rahmen Erfahrungen sammeln und ein entsprechendes Selbstverständnis entwickeln zu lassen.

Konkurrenz kann den Misserfolgsorientierten also abschrecken. Die Betroffenen zu isolieren, ist natürlich nur eine begrenzt greifende Maßnahme, über kurz oder lang muss ein neues Verständnis von Konkurrenz entstehen – orientiert an den Erfolgsorientierten, die ihre Konkurrenz auch als beflügelnd erleben.

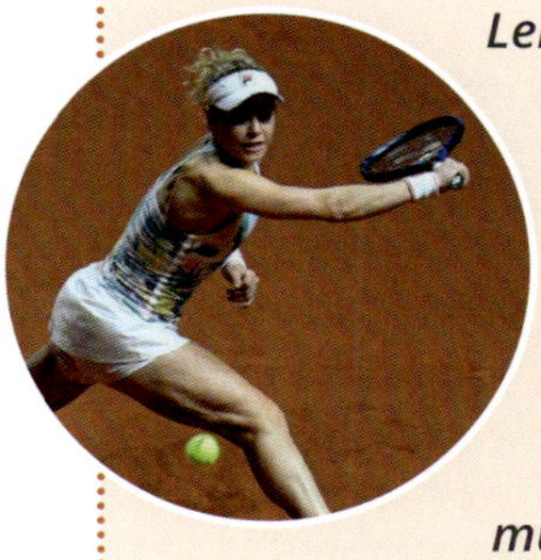

Leider erst im späteren Stadium meiner Karriere habe ich gelernt, die Leistungen meiner Konkurrenz als Antrieb für mich selbst zu nutzen; von anderen Spielern zu lernen, die besser sind als ich. Denn die vielen Lektionen, die uns unsere Gegner erteilen, sind elementar. Sie führen uns unsere Schwächen vor Augen und zeigen, an welchen Aspekten unseres Könnens wir noch arbeiten müssen. Um wirklich zu wachsen und das Beste aus sich herauszuholen, braucht man eine starke Konkurrenz, die einem alles abverlangt.

Die Konkurrenz nicht als Gegenspielerin zu betrachten, sondern eher als Mitspielerin im eigenen Wachstumsprozess, hilft auch, nie den Respekt vor ihr zu verlieren. Es ist ein schmaler Grat auf dem Platz: Einerseits ist es unabdingbar, eine unbändige Beharrlichkeit zu haben, bis zum letzten Punkt nicht akzeptieren zu wollen, dass die Gegnerin besser sein könnte als man selbst. Sich mit aller Macht gegen eine mögliche Niederlage zu stemmen. Andererseits aber auch honorieren zu können, dass das Gegenüber, sei es im Spielverlauf oder nach einem verwandelten Matchball, schlichtweg besser war.

Doch wechseln wir noch einmal von der After-Match-Perspektive zur In-the-Match-Überzeugung. Der Glaube an den geflügelten Satz, dass die Hoffnung zuletzt stirbt, ist weit mehr als eine Floskel. Die Realität beweist es immer wieder.

US Open, 1983, zweite Qualifikationsrunde, gegenüber stehen sich die US-Amerikanerinnen Barbie Bramblett und Ann Hulbert. 0:6, 0:5 und

0:40 lag Bramblett zurück. Die 18-Jährige glaubte an sich, wehrte unglaubliche 18 Matchbälle ab, kam zurück ins Match und gewann. Auch wenn dieses Extrembeispiel nicht die Regel ist, so zeigt es doch, dass es möglich ist, selbst unmöglich anmutende Situationen zu drehen. Ausschlaggebend für den Glauben an sich sollte allein die Frage sein, ob etwas theoretisch möglich ist.

Manchmal muss man allerdings auch etwas länger als nur ein Match ausharren. Bisweilen braucht man über die ganze Karriere hinweg Geduld. Die Taiwanesin Hsieh Su-wei musste erst 35 Jahre alt werden, bevor sie zum ersten Mal im Einzel das Viertelfinale eines Grand-Slam-Turniers erreichte. 2021 bei den Australian Open war es so weit, knapp 20 Jahre, nachdem sie das erste Mal den Versuch unternommen hatte, sich für eines der vier Major-Turniere zu qualifizieren.

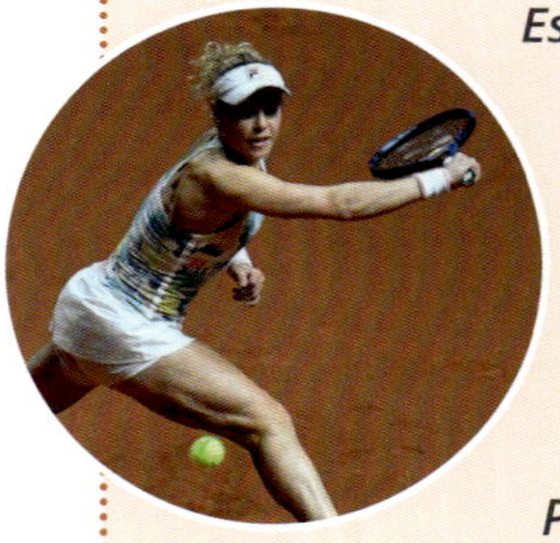

Es entwickelte sich zügig ein richtig gutes Match gegen Johanna Konta, alle Spiele waren eng, ich spielte gut. Ein einziges Break kostete mich den ersten Satz. Rückstand. Aber ich wusste, ich war dran, habe weiter auf mein Spiel vertraut und kam im zweiten Satz stark zurück, gewann ihn knapp mit 7:5.

Physisches und mentales Level waren hoch, ich spielte in weiten Teilen das beste Tennis, das ich zu bieten hatte. Auf einmal lag ich im dritten Satz 0:3 zurück. Ich hatte im zweiten Satz so gekämpft, im Match zu bleiben und dieser Spielerin, die mir überhaupt nicht lag, standzuhalten. Ich hatte alles gegeben, oft mit Erfolg, und jetzt schien mir auf einmal, wegen eines läppischen unaufmerksamen Aufschlagspiels, das Match wie aus dem Nichts aus den Händen zu gleiten.

Der Score war aussichtslos. Ich war enttäuscht und habe die Niederlage kommen sehen. Auf einmal brach alles über mich herein: Ich spürte die verdammte Kälte und wie müde ich von diesen harten zweieinhalb Sätzen war, mehr noch von diesem ganzen Tag, dem vielen Warten, der Anspannung. Ich hatte doch alles gegeben, hatte ein richtig gutes Match gespielt, vielleicht eines meiner besten. Besser als manches in Stuttgart.

Aber hier schaute eben keiner zu, keiner pushte mich zum Sieg, keine Kamera zeigte nach einem sensationellen Punkt das Replay oder wie ich die Faust balle. Ich bekam das tiefe innere Gefühl, dass mir jetzt einfach alles zu viel war. Zu viele Widrigkeiten auf einmal. Selten in meiner Karriere war ich so nah dran, innerlich das Handtuch zu werfen, bevor der letzte Punkt überhaupt gespielt ist.

Ich habe nicht mehr daran geglaubt, gewinnen zu können – weil man gegen eine Nummer sieben der Welt nach zwei Breaks und 0:3 im dritten Satz einfach nicht mehr gewinnt. Meine Gedanken begannen zu kreisen. Ich ging alle Motivationssprüche zu diesem Thema durch, die ich bis dato gehört hatte – bis zu diesem Moment in meiner Karriere aber vielleicht nie richtig im Kern verstanden hatte.

Dann mein Entschluss. Ein minikleiner Teil in mir wusste, dass es wenigstens theoretisch noch eine Chance gibt. Ich will nicht aufgeben! Ich spielte also weiter und kämpfte weiter. Ich spielte jeden Punkt, als wäre es der letzte in meiner Karriere. Ich schaute nicht zurück und nicht nach vorn, ich blieb einfach meiner Bestimmung treu, nie aufzugeben. Am Ende gewann ich 6:3.

Als ich meine Tasche auf dem Platz packte, mir mehrere Handtücher um den Körper schlang, um nicht mehr zu frieren und gen Ausgang steuerte, habe ich gemerkt, wie sich Stolz in mir breitmacht. Ich hatte meinen Schweinehund überwunden, diesen listigen Loser.

Als ich rausging, fiel ich meinem Freund in die Arme, müde, erschöpft, völlig leer, aber unheimlich glücklich: „Das war einer der besten Siege meiner Karriere und keiner wird es je wissen." Er nickte nur. Ich hatte mich gerade – im positiven Sinne – selbst besiegt. Es wird ein Sieg bleiben, den ich nie vergesse.

Ein Match im Tennis geht eben so lang, bis der letzte Punkt gespielt ist. Das kann dauern. Fernsehsender stimmen hier gern ihr Klagelied an, weil sie ihr Programm im Rahmen solcher Unabwägbarkeiten nicht planen können. 11 Stunden und 5 Minuten – das Tennismatch zwischen John Isner und Nicolas Mahut 2010 in Wimbledon hat alle Rekorde gesprengt. Aufgrund von Regen hatte sich dieses Rekordmatch dann sogar auf drei Tage erstreckt. Es fing sehr normal an, mit 6:4 und 3:6, dann folgten zwei Tiebreaks, 6:7, 7:6, die Vorboten eines unglaublich ausgeglichenen fünften Satzes. John Isner gewann das Match mit einem Basketballergebnis im letzten Satz: 70:68.

Und noch einmal, man kann es gar nicht oft genug sagen: Ein Match im Tennis geht exakt so lange, bis der letzte Punkt gespielt ist. Und genau so lang gibt es berechtigten Anlass, an sich zu glauben; an seine Fähigkeiten und Fertigkeiten, die sich in der **Selbstwirksamkeitserwartung** spiegeln.

Auch der Glaube an das inflationär im Livekommentar beschworene „Momentum", gern mal augenzwinkernd belächelt, gibt berechtigte Hoffnung. So beweist etwa eine Studie im Volleyball, dass erfolgreiche Schläge auch häufiger *erneut* erfolgreiche Schläge nach sich ziehen, das Phänomen der sogenannten **Hot Hand**, analog trifft das auf Fehlschläge zu.[146]

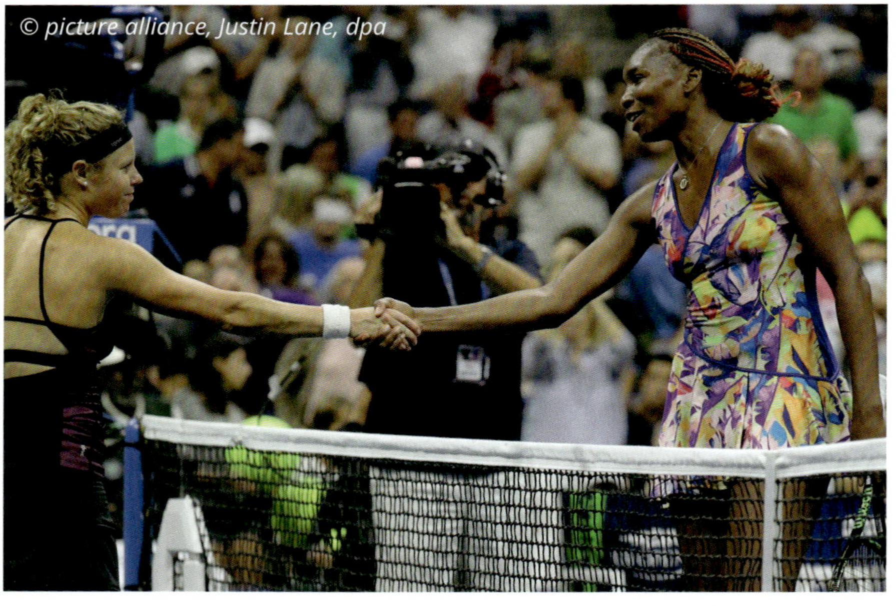

Fairer Handschlag nach jedem Match – egal, auf wessen Seite das Momentum letztlich lag.

146 Raab, Gula & Gigerenzer (2012, S. 81-94).

ZUSAMMENGEFASST: PRAKTISCHES IN STICHWORTEN AUS KAPITEL III

Rückstände akzeptieren, sie belächeln oder sie am besten aus den Angeln haben. Es gibt verschiedene Möglichkeiten der Annäherung, um Bedrohung von Rückständen zu überwinden.

DEN WIDRIGKEITEN TROTZEN

Unterscheiden zwischen Akzeptieren und initiativem Verändern *** Resilienz schafft Selbstvertrauen *** Tagesform annehmen *** das Match als frisches, weißes Blatt Papier *** in Unerwartetem die Herausforderung sehen.

DRUCK ABFEDERN

Ohne Druck geht es nicht *** Hoheit über seine Zeit behalten *** die Einmaligkeit trainieren *** die Erwartungshaltung des Publikums differenzieren *** Druck als Privileg sehen.

FEHLER UND MISSERFOLG VERARBEITEN

Schnelles Lösen von der negativen Emotion *** die Psyche über den Körper aufrichten *** Körpersprache trainieren *** sich verzeihen.

KONSTRUKTIVES KOPFKINO

Mentale Clips zur Bewegungsoptimierung nutzen *** Fokus auf den nächsten Moment *** die Wahrnehmung von intern auf extern und von eng auf weit stellen können *** Gedankenstopp.

MIT SICH SELBST INS GESPRÄCH KOMMEN

Handlungsorientierte Ich-Botschaften entwerfen *** Negatives in Positives umformulieren *** Selbstwirksamkeitserwartung fördern *** den inneren Souffleur etablieren.

AN SICH GLAUBEN

Sich daran orientieren, was schon gut lief *** die optimale Passung im Rahmen der eigenen Fähigkeiten finden *** Konkurrenz als Antrieb *** bis zuletzt an sich glauben.

4

Die Big Points machen

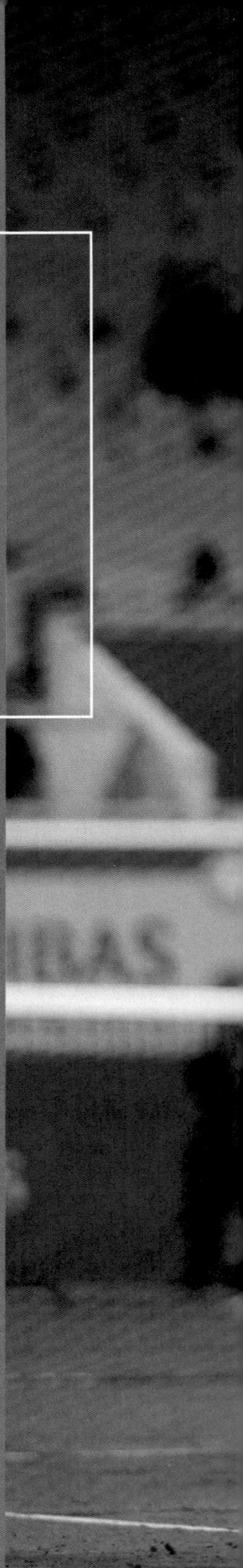

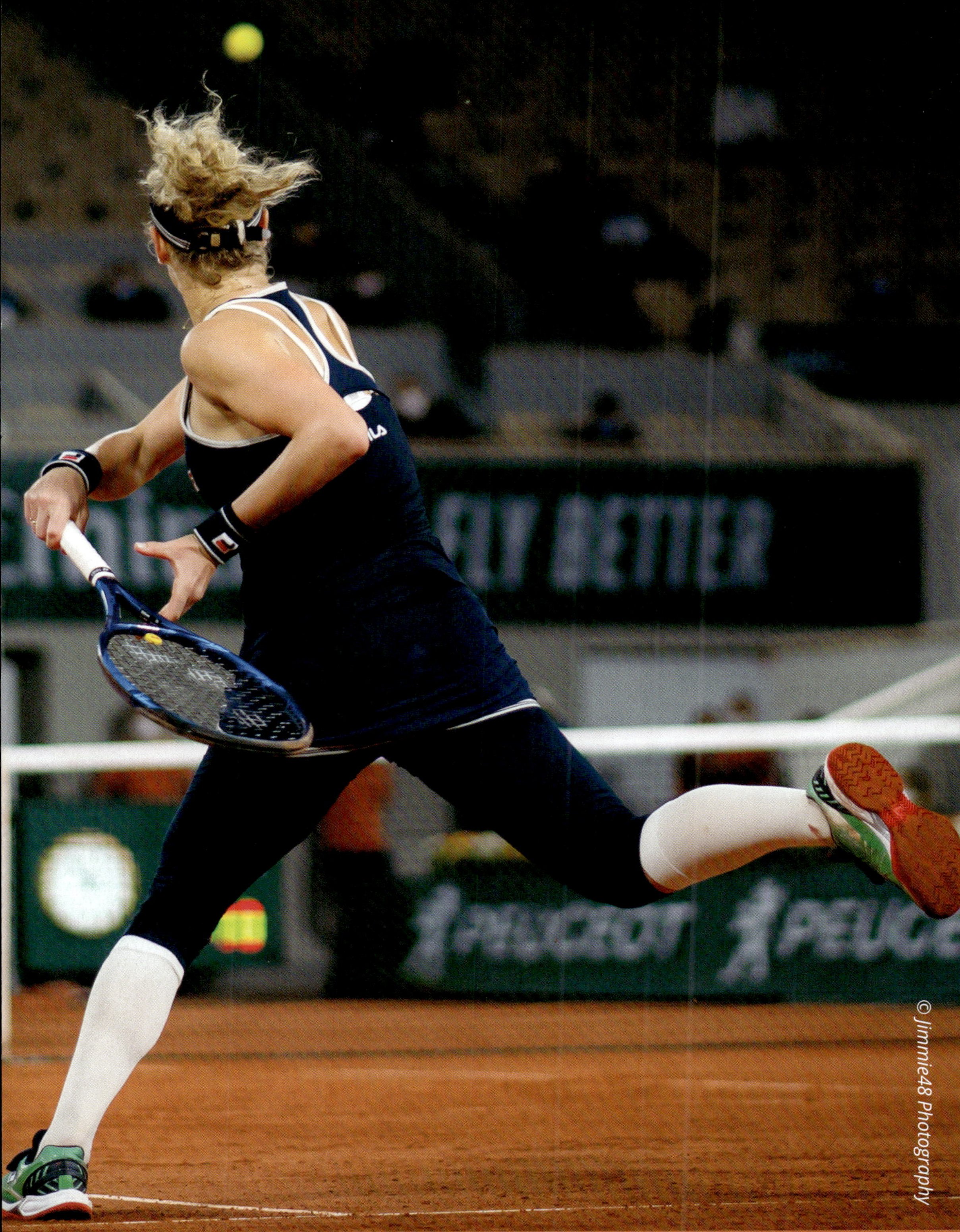

© Jimmie48 Photography

MATCHBALL: IM ENTSCHEIDENDEN MOMENT BEREIT SEIN

Etwas so richtig zu wollen. Wie ein Kind, das endlich ins Wohnzimmer darf, in dem der Weihnachtsbaum steht, darunter, ausgebreitet, die verheißungsvoll eingepackten Geschenke. Wie ein Erwachsener, der nach einer mehrmonatigen Arbeitsstrecke endlich seinen Urlaub antritt.

Oder wie wir alle, wenn ein Tag hinter uns liegt, an dem wir wenig gegessen und deshalb unbändigen Hunger haben, unser Geruchssinn auf supersensibel gestellt ist und wir nah am Kontrollverlust sind, wenn auf dem Heimweg der Duft von Pizza oder gegrilltem Rumpsteak, von gebratenen Garnelen oder Steckerlfisch, von frisch gebackenem Brot oder Croissants in unsere Nase zieht.

Kaminartig zischen die Moleküle von dort hoch ins mehrere Quadratzentimeter große Riechepithel, das die reizvollen Infos ans zentrale Nervensystem weiterleitet. Dort wird dann entschieden, ob man direkt des Nachbars Grill vereinnahmt oder noch die letzten Meter bis zum eigenen Herd aushält.

Auch einen Sieg muss man unbedingt wollen. Hungrig sein. Die Außenwelt ausblenden. Alles dem Ziel und dem zugehörigen Moment unterordnen.

EINMAL UND NIE WIEDER

Manchmal hat man im Leben nur *eine* Chance, diesen Hunger zu stillen. Für Olympiateilnehmer kann das gelten. Da die Sportspiele nur alle vier Jahre stattfinden und sportliche Topleistung kein garantierter Dauerzustand ist, kann es durchaus sein, dass viele, viele Jahre Training dereinst in einem einzigen Olympiaauftritt zu Buche schlagen. Auf diese Einmaligkeit, die es mit sich bringt, allen Druck dieser Welt in diesem einen Wettkampf zu bündeln, muss man vorbereitet sein. Das Startkommando erfolgt und man muss funktionieren.

„Wir wissen, dass wir nur *eine* Chance haben", sagte EU-Kommissionschefin Ursula von der Leyen 2021 vor der Weltklimakonferenz im schottischen Glasgow und meint die knappe Zeit, die nur noch zur Verfügung stünde, um zum Beispiel die Emissionen zu reduzieren.[147] „Man hat ja nur eine Chance, eine Sprengung durchzuführen", sagte Peter Bodes, Chef des Kampfmittelräumdienstes und meint die latente Gefahr und die Verantwortung für Team und Familien.[148] Und „manche haben nur *einmal* im Leben die Chance, zu Olympischen Spielen zu fahren", kommentierte Max Rendschmidt, der bei den Olympischen Spielen 2016 zweimal Gold im Kajak holte, und sprach sich – als es darum ging, die Spiele in Tokio wegen Corona zu kippen – gegen eine Absage der Spiele aus.[149]

Es gibt also ganz oft diese einzige Chance, in der sich alles zuspitzt. Es ist eine Form der Einmaligkeit, die das Leben als Besonderheit bereithält. Mindestens im Sport wollen wir auf diesen exklusiven Moment möglichst gut vorbereitet sein. Deshalb sollten wir ihn trainieren. Die passende Methodik existiert längst, hat auch einen Namen, mit dem man sie leicht zuordnen kann: **Einmaligkeitstraining**.

Der Sportler wird hierbei pro Trainingseinheit zu einer jeweils einmaligen Aufgabe aufgefordert. Er muss also etwas umsetzen, wofür ihm lediglich ein Versuch zur Verfügung steht. Der Druck des Moments ist entscheidend und hochzuhalten und ließe sich noch steigern, indem sich zum Beispiel die Mannschaftskameraden im Halbkreis um den Auserwählten versammeln. Auch indem man eine Art Strafe festlegt, die bei Nichterfüllen der Aufgabe zu entrichten ist.

Am 19. Mai 2012 kam es zu einer solchen Einmaligkeit, und betroffen davon waren gleich mehrere Sportler. Der FC Bayern München stand im Champions-League-Finale gegen den FC Chelsea. Nach 90 Minuten stand es 1:1, es ging in die Verlängerung, in der Arjen Robben einen Strafstoß verschoss – ein erster Wink? Es blieb auf jeden Fall beim Unentschieden und ein Elfmeterschießen musste die Entscheidung bringen.

Und jetzt passierte, was man bis dato für unmöglich gehalten hatte: Mehrere Spieler verweigern Trainer Jupp Heynckes ihren Dienst, wollten keinen der entscheidenden fünf Elfmeter schießen. Zu viel Druck, zu viel Verantwortung – und eben zu viel unwiederholbare Einmaligkeit!

---

147 Tagesschau (2021).

148 Gesamtverband der Deutschen Versicherungswirtschaft (2018).

149 Rendschmidt & Friebe (2020).

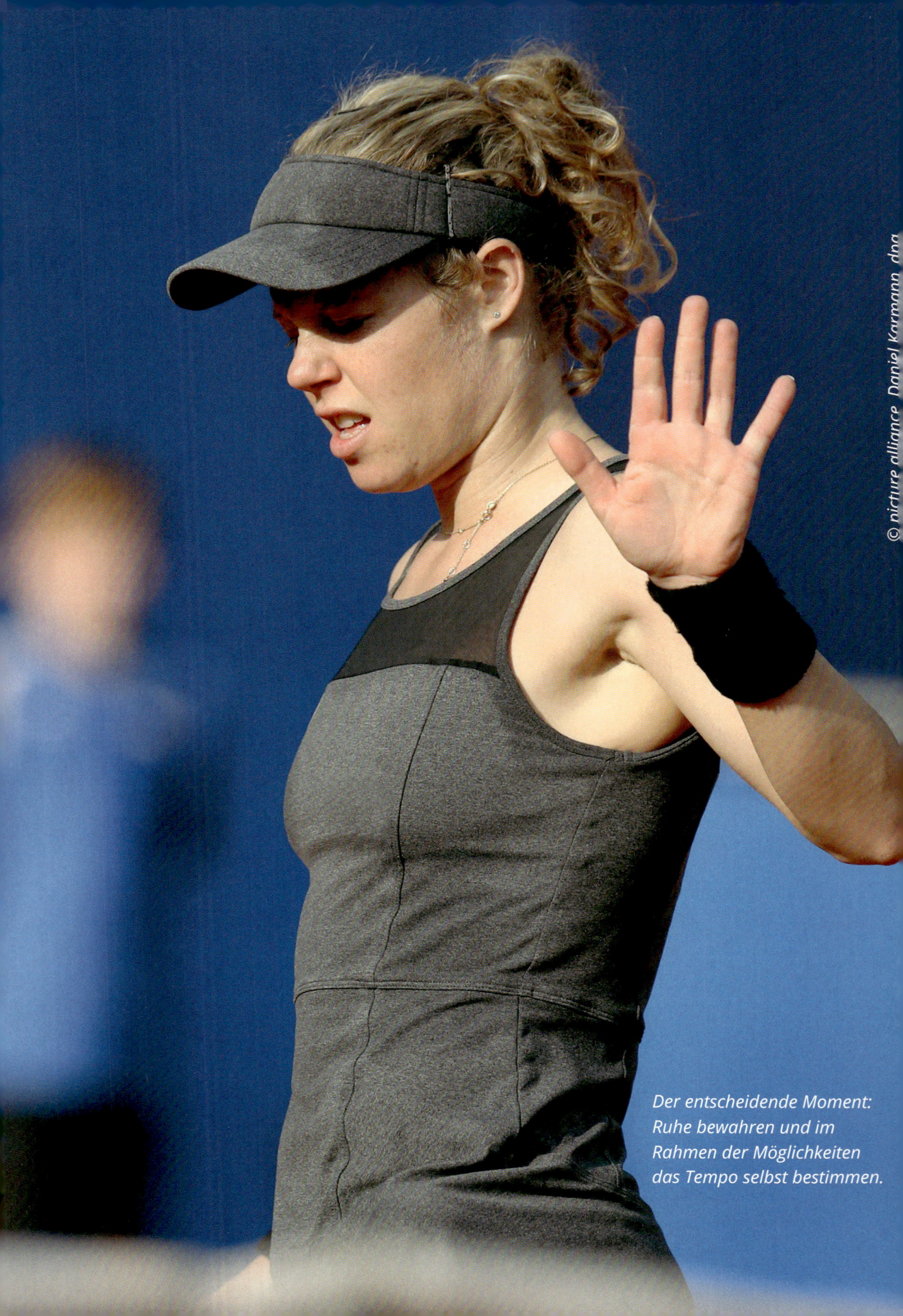

Der entscheidende Moment: Ruhe bewahren und im Rahmen der Möglichkeiten das Tempo selbst bestimmen.

Die Situation war neu. Auch wenn Bayern München bereits vor zwei Jahren in diesem Finale stand – damals gegen Inter Mailand – und mehrere Spieler sowohl am einen als auch am anderen Endspiel teilgenommen hatten. Ein Elfmeterschießen hat aber eine ganz andere Aura und vor allem einen ganz anderen Druck: Jeder Schuss muss sitzen, es geht – abhängig natürlich auch von der Trefferquote des Gegners – um alles, sprich: um den europäischen Fußballthron.

Obendrein spielt sich dieses Finale vor heimischer Kulisse ab, mitten in München, ausverkauftes Stadion. Wenn das keine Einmaligkeit darstellt?! Auch die Dramaturgie des Spiels trug zur Zuspitzung bei: Bayern München hatte seinen Gegner mit einem Eckenverhältnis von 20:1 und einem Chancenverhältnis von 7:3 an die Wand gespielt. Man musste das Elfmeterschießen einfach gewinnen.

Oder war Robbens verschossener Elfmeter in der Verlängerung doch ein schlechtes Omen? Ein paar Spielern mag es so vorgekommen sein, da sie sich nicht in der mentalen Verfassung sahen, die nötige Verantwortung zu übernehmen. Ihnen fehlte ein gehöriges Maß an Vertrauen in ihre Selbstwirksamkeit.

Den Malus erkennt auch René Paasch, Professor für Sportpsychologie und Life-Coaching. „Profifußballer erwecken für gewöhnlich den Eindruck, dass sie ein großes dispositionales Selbstvertrauen besitzen. Wenn ihr Team aber bei einer wichtigen Meisterschaft ins Elfmeterschießen muss, kann ihr situatives Selbstvertrauen jedoch plötzlich in den Keller sinken."[150]

In diesem Keller sitzend, mussten die Bayern dann hinnehmen, wie Chelsea das Elfmeterschießen für sich entschied. Mehrere Spieler kamen mit der Wucht der Einmaligkeit nicht zurecht, womöglich, weil sie die Einmaligkeit zuvor nicht trainiert hatten. Alle hätten gewiss ausreichenden Grund gehabt, auf ihre Elfmeterqualitäten zu vertrauen. Alle hatten gewiss unendlich viele Trainingselfmeter geschossen und erfolgreich ins Tor befördert. Doch Trainingsweltmeister sind noch lang keine Wettkampfsieger, denn der beliebige Trainingselfmeter hat mit dem speziellen Champions-League-Final-Elfmeter außer der Distanz nicht viel gemeinsam.

150 Paasch (2015).

Eberspächer listet auf, was – um sich Erfolg versprechend auf eine einmalige Gelegenheit einlassen zu können – für jeden Bayern-Spieler hätte gegeben sein müssen:[151]

- eine unumwundene Überzeugung von den eigenen Fähigkeiten und Fertigkeiten;
- ein angemessenes Einschätzen der Anforderungen;
- sich zuzutrauen, genau jetzt die erforderliche Leistung erbringen zu können;
- den optimalen Bewegungsablauf auch in schwieriger Anforderungssituation abrufen zu können.

Nicht nur die Einmaligkeit ist laut Eberspächer zu trainieren. Man muss auch mit dem wettkampftypischen Gedankenprozess vertraut werden, seine Ergebnisse vorherzusagen. Das sogenannte **Prognosetraining** knüpft am weiter oben thematisierten Setzen von Zielen an, nur jetzt bezogen auf eine Trainingseinheit.

Die Kraft der eigenen Einschätzung

Um es am Beispiel des Fußballstrafstoßes zu zeigen: Der Spieler bekommt die Aufgabe, fünf Elfmeter zu schießen. Vorab gibt er eine Prognose ab, wie viele der fünf Schüsse ihr Ziel erreichen. Der Effekt lässt sich verstärken, indem man die Prognose vor den zuschauenden Mitspielern offenlegt. Zusätzliche Schärfe erhielte die Situation, wenn eine Strafe vereinbart wird, die beim Nichterreichen der prognostizierten Quote droht. Intensivierend würde auch wirken, wenn der Spieler vor dem ersten Schuss noch angibt – natürlich ohne dass es der Torhüter hört –, wohin er den Ball platzieren möchte.

All das bereitet die druckvolle Wettkampfsituation vor, in der man diese situativen Zielsetzungen ja ebenso vornimmt.

151 Eberspächer (2012).

Der nächste Schritt ist, in einem **Einmaligkeitstraining** das Bewusstsein dafür zu schärfen, dass es im Wettkampf oftmals eben nur diese eine Chance gibt – die kompromisslos und unabgelenkt zu nutzen ist. Das Gefühl, das eine solch einmalige Situation auslöst, darf nicht unbekannt sein – also wird es im Training immer wieder angebahnt. Pro Trainingseinheit allerdings, das ist wichtig, nur genau einmal.

So könnte der Coach dem Spieler 15 Minuten vor Trainingsende ankündigen, dass dieser heute noch eine letzte Aufgabe zu bewältigen hat: einen finalen und einzigen Elfmeter zu schießen, der darüber entscheiden soll, ob derjenige zufrieden oder unzufrieden vom Training nach Hause geht.

Verstärken lässt sich dieser Effekt, wenn man Zugang zur Vorstellungswelt des Spielers findet: Stell dir vor, es ist nicht das Ende des Trainings, sondern das Ende eines Fußballspiels. 90. Minute, 0:0, das Tor entscheidet. Oder eben das Ende eines Elfmeterschießens, *des* Elfmeterschießens, im Finale der Champions League. Dein Schuss entscheidet. Je näher man die Gedanken an eine reale Situation heranrückt, desto besser.

Je näher man auch die akustischen und optischen Eindrücke der realen Situation angleicht, desto effektiver. Was spricht gerade bei einem bevorstehenden Heimspiel dagegen, das Stadion auch einmal für realitätsnahe Erlebnisse zu nutzen? Das Zuschauerrauschen müsste in dieser speziellen Trainingssituation aus den Stadionlautsprechern beigemischt werden. Alles andere lässt sich imitieren: Wer wann wo steht, wer wann wohin geht, auch das Flutlicht.

Beim Finale der Bayern gegen Chelsea standen die Spieler vereint an der Mittellinie. Als einzelner Spieler muss ich mich dann aus diesem vertrauten Team-Kollegen-Kreis lösen und die rund 40 Meter bis zum Elfmeterpunkt allein hinter mich bringen. 62.500 Zuschauer links, rechts, hinter und vor mir, trotzdem mucksmäuschenstill. 30 Sekunden für Gedanken über die Einmaligkeit meines Schusses. Für Gedanken darüber, wie mich das heimische Publikum feiern wird, wenn ich treffe.

Oder darüber, wie die Fans leiden werden, wenn ich verschieße. Letzteres wäre die falsche Prognose, die falsche Zieloption, die falsche Verknüpfung mit der Einmaligkeit – die sich vor allem dann ergibt, wenn ich sie nicht trainiert habe. Chelsea gewann das Elfmeterschießen mit 4:3 und damit ein auch in sportpsychologischer Hinsicht geschichtsträchtiges Spiel.

Einmalige Situationen setzen uns im Leben unter Druck. Um sie erfolgreich oder zumindest besser zu meistern, sollten wir uns ihnen durch entsprechendes Üben und Trainieren annähern. Obendrein sollten wir eine von Experten oft beschriebene Strategie kennen, die vielen schon geholfen hat, die Ruhe zu bewahren: das Implementieren von Routinen und Ritualen. Sie können uns nachweislich dabei dienen, unser Aktivierungsniveau zu regulieren und störende Faktoren im Augenblick höchster Anspannung auszublenden.

ROUTINEN UND RITUALE PFLEGEN

Wer Einsicht ins Ritual sucht, blickt besser über westliche Grenzen und westliches Werteverständnis hinaus, dorthin, wo das Ritual sehr traditionellen Vorstellungen gehorcht. Etwa nach Japan. Das Handeln der Einheimischen dort verrät viel über ihr Verhältnis zum Leben, zu ihren Lehrmeistern, zu sich selbst.

Nehmen wir die Routine des Tuschemalers: Sie umfasst das Prüfen der Pinsel, das bedächtige Bereitlegen, das sorgsame Reiben der Tusche, das Zurechtrücken der Papierbahnen, das Innehalten vor dem Start. All das besitzt „so hohe Ausdruckskraft, dass es wie ein Bild auf den Beschauer wirkt“, beschreibt es Eugen Herrigel in seinen Aufzeichnungen.[152]

Der Tuschemeister, der Blumenmeister, der Meister im Bogenschießen – alle folgen sie einem Muster, das der inneren Sammlung bei gleichzeitiger Loslösung von äußeren Einflüssen dient. Rituale haben „etwas Zeremonielles an sich und können abergläubische Elemente enthalten“, heben Beckmann und Elbe hervor.[153]

Der eine verlässt die Umkleidekabine als Erster, immer, der andere betritt den Fußballplatz als Letzter, auch immer. Es müssen stets dieselben Kleidungsstücke sein, ihr Zustand spielt keine Rolle. Das Bekreuzigen vor dem Spiel und der Blick in den Himmel ist **Ritual**, das Goldkettchen Talisman, das Schweißband Glücksbringer, immer.

152 Herrigel (2011, S. 52ff.).
153 Beckmann & Elbe (2008, S. 87).

Der **Aberglaube** drängte auch den ehemaligen Fußball-Bundestrainer Berti Vogts zur monotonen Kleiderwahl, als er in den 1970er-Jahren für das Team von Borussia Mönchengladbach verteidigte. „Ich habe immer dieselben weißen Socken getragen, zumindest solange wir gewonnen haben.“[154]

Der ehemalige jugoslawische Fußball-Nationalspieler Miroslav Stevic sagte vor der WM 1998, dass er immer das gleiche T-Shirt getragen und im Falle einer Niederlage direkt weggeworfen habe. Ganz anders bei einem Sieg: „Wenn alles gut läuft, dann habe ich Angst, auch nur das Geringste zu verändern. Selbst die Zahnpasta.“[155]

Die Magie des feinen Zwirns

Das mag uns schmunzeln lassen, aber wir werden schnell vom Kopfschüttler zum Kopfnicker, wenn wir unsere Erfahrungen mit der eigenen Kleidung Revue passieren lassen. Fühlen wir uns nicht wie zwei unterschiedliche Menschen, wenn wir im einen Fall Anzug oder Abendkleid, im anderen Fall legere Sport- oder robuste Baustellenkleidung tragen? Manch einer, der immer nur Jeans trägt, kommt sich schnell verkleidet vor, wenn er sich plötzlich im Smoking durch die Öffentlichkeit bewegt. Und das hat nichts damit zu tun, wie sich die Textur oder der Schnitt anfühlen.

Vielmehr geht es um den optischen Eindruck, den ich in meiner Kleidung im heimischen Spiegel mache und die Wirkung, die ich infolgedessen erwarte, wenn ich gleich vor die Tür trete. Kleidung und Seele im unsichtbaren Dialog miteinander – absurd, oder? Aber wahr.

Gönnen wir uns einen kurzen Blick auf die Kinder. Sie handeln intuitiv und mental förderlich, wenn sie sich vor dem Fußballtraining ein Barca-, Real- oder Inter-Trikot überstreifen. Denn werden sie nicht, beflügelt vom Gefühl, jetzt einer von den Großen zu sein, ein klein bisschen schneller über den Platz laufen? Werden sie nicht mit dem Logo von Roger Federer oder Rafael Nadal auf dem Shirt ein klein wenig mehr Spin auf den Filzball bringen?

154 Brunner (1998).

155 Ebd.

Rafael Nadal ist auch in anderer Hinsicht prägend. Sein Name ist das Pars pro Toto, er steht für das Ritual. Er zupft mit den Fingern am Hosenboden, dann am Shirt links an der Schulter, rechts an der Schulter, er streift über den Nasenrücken, streicht die Haare links übers Ohr, nimmt noch mal kurz den Nasenrücken mit, dann geht es mit den Haaren rechts übers Ohr, immer gleich. Die Sequenzen ließen sich wie Kopien übereinanderlegen.

Die Menschen werden nicht müde, das ulkig zu finden, sollten aber ob der sportlichen Souveränität des Spaniers doch allmählich statt alberner Ticks besser wirkungsvolle Tricks erkennen. Nadals Gegnern zumindest ist das Lachen seit vielen Jahren vergangen.

Rituale geben Halt, generell im Leben. Am deutlichsten kommt das zum Vorschein, wenn das Ritual unterbrochen wird. Was, wenn die tägliche Zeitung nicht auf dem Frühstückstisch liegt? Wir mögen die Wiederholung, weil wir uns auf sie verlassen können. Sie kommt ja immer wieder, am selben Ort, zur gleichen Zeit. Das gibt uns Sicherheit.

Manchem ist der morgendliche Kaffee das nötige Schwungrad, um gut in den Tag zu kommen. Andere mögen den vertrauten Geruch der frisch gemahlenen Kaffeebohne, wieder anderen geht es – und da taucht das Wörtchen explizit auf – um das Ritual, den Siebträger einrasten zu lassen oder auch einfach nur den Knopf zu drücken.

Vertrautes schafft Sicherheit

Wer jahrelang Fahrer ist und plötzlich – aus welchem Grund auch immer – auf den Beifahrersitz wechseln muss, fühlt sich auf verlorenem Posten. Er fühlt sich unsicher, weil er erstens das vertraute Terrain verlassen musste und weil er zweitens die Kontrolle über das Fahrzeug abgegeben hat.

Diese Erkenntnisse helfen uns, die Kraft der **Routinen** zu verstehen: Sie geben uns Verlässlichkeit und Schutz, schon am Anfang unseres Lebens in Form unserer Zu-Bett-geh-Rituale. Die Umarmung, das Gute-Nacht-Küsschen, das Kuscheltier zur Rechten. Schon in ganz jungen Jahren braucht man das, Rituale geben einen Rahmen, sie „bestimmen Kontexte des Kinderlebens“[156].

156 Morgenthaler & Hauri (2010).

Und Routinen geben uns Unabgelenktheit, was einem Abschweifen von Gedanken vorbeugt und sich in jeder herausfordernden Situation auszahlt. Denn in jedem Augenblick, der nicht einer konkreten Aufgabe unterliegt, lauert die Gefahr der Ablenkung.

Um den Fokus nicht zu verlieren, koppelt Rafael Nadal gleich mehrere Rituale aneinander. Er folgt einem Schema, wenn er die Linien auf dem Platz entlangläuft, ohne sie zu berühren, wenn er das Handtuch stets in gleicher Manier über die Werbebande hängt, wenn er die Flaschen beim Seitenwechsel vor sich positioniert, sie identisch ausrichtet, eine gekühlt, die andere handwarm temperiert.

Seine Rituale sind keine Momentaufnahmen, sondern wiederkehrende Inszenierungen. Durchstrukturiert, das gibt seinem Spiel Basis, Halt, Vertrautes.

Davon leiten wir ab, dass wir nicht warten sollten, bis Rituale und Routinen zu uns kommen. Wir müssen sie uns vielmehr zu eigen machen. Ein Moment, der im Sport wie überall, wo es gleich zur Sache geht, besonderer Fürsorge bedarf, ist der Moment vor dem Start. Das Publikum darf nicht Besitz ergreifen von meiner Aufmerksamkeit. Ebenso wenig dürfen es Gedanken an Privates, an schlechte Leistungen, an den nächsten Urlaub. Und weil die Gedanken bekanntlich frei sind, muss ich sie im Zaum halten.

Das schaffe ich mit Ritualen respektive Routinen. Zur Differenzierung: Die bislang besprochenen Rituale enthalten normalerweise keine zielgerichteten physiologischen Elemente, geschehen also eher unabhängig von der spezifischen Bewegungsaufgabe, die bevorsteht. Obendrein erlauben sie auch abergläubische Tendenzen.

Routinen hingegen umfassen „Fertigkeiten, die für die Lösung der anstehenden Aufgabe funktional sind“ und das Ziel haben, „die Handlungsvorbereitung zu optimieren“[157]. Es geht also darum, Bewegungsformen zu durchlaufen, die eine bevorstehende Aufgabe in Teilen oder als Ganzes vorwegnehmen.

157 Beckmann & Elbe (2008, S. 87).

Der Rahmen ist bewusst zu stecken und beginnt bestenfalls mit dem Konzentrieren auf die Atmung und endet unmittelbar vor der eigentlichen Handlung. Damit ist eine gute Basis für eine unbeeinträchtigte Konzentrationsphase gelegt.

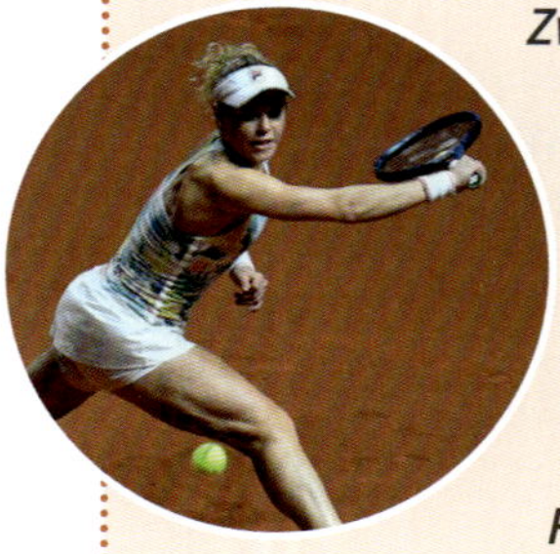

Zwischen den Punkten in einem Match ist es mir wichtig, mir Zeit zu nehmen, um den vergangenen Punkt zu verarbeiten, mich zu sammeln und den nächsten Spielzug zu planen. Das alles muss allerdings innerhalb von 25 Sekunden geschehen, denn nur so viel Zeit haben wir Spieler zwischen den einzelnen Ballwechseln im Tennis.

Früher war diese Zeitangabe eher eine Art Faustregel, die ein Schiedsrichter nur bei grober, regelmäßiger Überschreitung geahndet hat. Seit den US Open 2018 zählt in der Ecke des Platzes eine Uhr die Zeit herunter, die sogenannte Shotclock. *Sie wird vom Schiedsrichter aktiviert, sobald ein Ballwechsel beendet ist.*

Man weiß also, wann der nächste Punkt zu beginnen hat und die Strafen setzen sofort ein. Ist man auch nur ein, zwei Sekunden zu langsam, bekommt man eine Verwarnung, ab der zweiten Zeitüberschreitung geht es schon an die Punkte.

Um innerhalb dieser kurzen Zeit die drei Schritte – verarbeiten, Ruhe finden, planen – durchlaufen zu können, habe ich mir über die Jahre eine immer ähnliche Routine zugelegt: Nach dem Punkt gehe ich zum Handtuch und sortiere kurz mental den vergangenen Punkt ein:

- *War taktisch alles richtig?*
- *Was kann ich besser machen?*

Dann atme ich tief durch und versuche, kurz einfach gar nichts zu denken und mich zu entspannen. Das gelingt mir, indem ich mich in einer Art Mini-Meditation kurz in eine gefühlt „geschützte" Ecke des Platzes „zurückziehe" und mich nur auf einen Teil meines Körpers konzentriere, zum Beispiel auf meine Atmung. Oder darauf, dass ich meine vom Stress angespannte Schulter mit jeder Ausatmung bewusst herabsinken lasse.

Es fühlt sich leichter an, zu entspannen, wenn man sich für diesen Moment der inneren Ruhe einen Platz irgendwo am Rand sucht, der weniger einsehbar ist – wo man sich deshalb geschützter fühlt. Ich versuche, mithilfe einiger ruhiger, tiefer Atemzüge geistig und körperlich herunterzukommen. Oft hilft es mir, dabei die Augen zu schließen.

Nach einigen Sekunden der Ruhe drehe ich mich um und die Aktivierungsphase beginnt: Ich mache einige zügigere Bewegungen, ein paar schnellere Tappings oder Sidesteps, etwas, was mir neue Energie gibt. Es kann auch ein anfeuerndes, inneres Selbstgespräch sein, etwas wie: „Auf geht's jetzt!" Dann lasse ich mir von den Ballkindern die Bälle geben, wähle ganz bestimmte Bälle für den nächsten Punkt aus.

Welche Auswahl ich genau treffe, bleibt an dieser Stelle mein kleines Geheimnis. Ich finde es wichtig, ganz private Teilaspekte innerhalb dieser Routinen und Rituale zu kreieren, deren System kein anderer kennt. Ein System, das man nur für sich maßgeschneidert hat und das einen dazu befähigt, in kürzester Zeit „voll da" zu sein. Je individueller und damit authentischer, desto besser.

Routinen und Aberglauben liegen hier sehr nah beieinander und sind außerdem wunderbar kombinierbar. Es ist nicht verwerflich, auch objektiv unfunktionelle Aspekte mit funktionellen zu verknüpfen, sofern es sich besser anfühlt. Diese Aktivierungsphase ist zigfach trainiert und einstudiert und damit automatisiert.

So habe ich den Kopf frei, mir währenddessen den nächsten Spielzug zu überlegen. Wenn ich dann zum Aufschlag an die Linie trete, prelle ich den Ball auf meine Art. Es gibt mir im letzten Abschnitt dieser Pause zwischen den Punkten die nötige Ruhe und den Rhythmus für meine Aufschlagbewegung und entspannt mich zusätzlich, weil ich es immer schon genau so gemacht habe, auf allen Plätzen dieser Welt.

Auch Olympiaschützin Barbara Engleder kennt die Kraft der Routine vor dem Wettkampf. „Ich nehme das Gewehr vom Stativ, setze es in die Schulter ein. Bevor ich das Ziel aufnehme, schaue ich über das Gewehr und prüfe zwei Punkte: meine Schulter und meinen Stützarm. Sollte ich dabei ein schlechtes Gefühl haben, breche ich den Schuss sofort ab und baue neu auf." Ein neuer Versuch, Ruhe und Selbstvertrauen aufzubauen, die Routine dazu als Vehikel.

Sehr versiert gehen Golfer mit Routinen um, die – abgesehen davon, dass sie damit ihre Aufmerksamkeit bündeln können – ihre Schläge auf diesem Weg vorbereiten und abschließen können. In einem optimierten Zeitrahmen, in dem Pre-Shot-Routine, Schlag und Post-Shot-Routine lückenlos aufeinanderfolgen, haben störende Gedanken keinen Platz mehr. Einem Golfschlag, eingebettet in strukturierte Pufferhandlungen, kann eigentlich nichts mehr passieren.

Sportpsychologe Jürgen Beckmann hat ein Beispiel für die Pre-Shot-Routine im Golf detailliert aufgeschrieben: Ball aufteen, drei Schritte hinter den Ball gehen, Wind prüfen, Entscheidung für Schlag und Schläger treffen, Ziel anschauen, Ball anschauen, Visualisierung, zwei Probeschwünge, zum Ball gehen, Ball „ansprechen", zwei Waggles, anspannen, entspannen und go.[158]

Die Preshot-Routine des weltberühmten Golfers Jack Nicklaus soll cinemaskopisch abgelaufen sein, als kleiner Spielfilm, in dem er den Ball nach dem Schlag vor seinem geistigen Auge fliegen, landen, rollen und ins Loch fallen sieht.[159]

Auch Bernhard Langer erklärt, wie er auf eine „Pre-Shot"-Routine zurückgreift, die er im Lauf der Zeit entwickelt hat und die bis auf die Sekunde durchdacht ist. Sie dauere genau 42 Sekunden. Diese Routine sei wichtig, um die im Golfjargon genannten „Yips" – unkontrolliertes Muskelzucken im Unterarm – zu überwinden und ganz präzise Schläge zu machen.

„Wenn ich meinen Schläger aus der Tasche ziehe, mache ich zwei Testschwünge. Dann trete ich zum Ball, suche nach meinem Ziel, ziele mit meinem Schläger, mache zwei oder drei Korrekturen an meiner Haltung und schwinge"[160].

Tiger Woods, der aktuell bekannteste und rückblickend erfolgreichste Golfer auf der Tour, benutzt eine unkomplizierte und kurz gehaltene

158 Beckmann (2015, S. 52).
159 Ebd. (S. 43).
160 Bogner (o. J.).

Routine. Um ein Rhythmusgefühl für den folgenden Schlag zu bekommen, macht er, je nach Situation, mehrere oder wenige Probeschwünge. Diese sind kontrolliert und langsam, dabei konzentriert er sich größtenteils auf sein Gleichgewicht.

Anschließend visualisiert er ein Ziel in der Ferne, zum Beispiel eine Fahne oder einen Baum, und dann ein Ziel in unmittelbarer Nähe, das womöglich direkt vor dem Ball liegt. Das nähere Ziel, das in der Verlängerung zum anderen liegt, kann bei der Ausrichtung beziehungsweise dem Zielen helfen. Nachdem er sich über dem Ball stehend wohlfühlt, führt er seinen Schlag aus.

Erlauben wir uns an dieser Stelle einen kurzen Ausflug zur Entscheidungsfindung und der notwendigen Konsequenz, die damit einhergehen sollte. Heinz Heckhausen und Peter Gollwitzer entwickelten 1987 das **Rubikon-Modell**[161], ein Handlungsmodell, das die Intentionsbildung als den Moment festmacht, an dem wir wie Cäsar den Fluss Rubikon überschreiten und nicht mehr umdrehen können.

Zur eigenen Entscheidung stehen

Einmal eine Entscheidung an einer bestimmten Schwelle getroffen, muss sie auch durchgezogen werden. Sportpsychologe Jürgen Beckmann bezeichnet es als „Überschreiten der Line of Commitment"[162].

Ihm dient die Golfroutine als anschauliches Beispiel. Auf dem kurzen Weg zwischen dem Probeschwung und dem eigentlichen Schlag zieht sich die Linie imaginär über den Boden. Habe ich sie überschritten, ist meine Entscheidung für Schläger und Schlagart Gesetz. Ich versage mir jeden Parallelgedanken. Wir müssen also über jeden Zweifel erhaben sein, heißt: Wir müssen die Entscheidung komplett akzeptieren.

Das allerdings genügt nicht, nicht wenn wir uns zu einem Spitzenathleten entwickeln wollen. Reizen wir unsere Möglichkeiten weiter aus: Wir hängen unsere gedankliche Übereinkunft mit unserer Entscheidung deshalb noch etwas höher. Es ist wie mit der Hochsprunglatte, die Zenti-

161 Heckhausen, Gollwitzer & Weinert (1987).

162 Beckmann (2015, S. 54).

meter um Zentimeter angehoben wird, weil man sich in der Verfassung sieht, noch weiter über sich hinauszuwachsen. Wir geben uns also nicht mit der bloßen Akzeptanz zufrieden, sondern umarmen die Entscheidung ab jetzt und finden ehrlichen Gefallen an ihr. Und selbst dieses Mögen lässt noch Spielraum für höhere Messlatten.

- Was aber wollen wir mehr, als unsere Entscheidungen zu mögen?
- Was spräche dagegen, uns für das eigene Tun – für das es an dieser Stelle ja keine Alternative mehr gibt – einfach zu begeistern?
- Wäre das nicht die Deluxe-Variante für Selbstvertrauen und Motivation?

Die Entscheidung, wie hoch die Latte zu hängen hat, ist sehr individuell. Klar ist: Je mehr wir eins werden mit unserer Entscheidung, desto weiter öffnet sich das Tor für große Leistung.

Sich den Effekt von Routinen zunutze zu machen, ist keine Frage des Sportleralters, sondern eine generelle. Der promovierte Sportpsychologe Kai Engbert hat ein mentales Trainingsbuch speziell für den Schüler- und Jugendbereich geschrieben. Er sieht den sinnvollen Start mentaler Trainingsanteile schon ab einem Alter zwischen 10 und 13 Jahren.[163]

Es scheint, als wäre das reichlich früh. Allerdings nur dann, wenn man glaubt, ein 10-Jähriger läge sodann auf einer Couch im regen Austausch mit dem Psychologen über traumatische Erfahrungen als Kleinkind. Dieses Szenario gibt es natürlich nicht. Mentales wird in diesem Alter normalerweise auch nicht im Einzelgespräch thematisiert, sondern im gesamten Team oder zumindest in kleinen Gruppen.

Auch gilt es hier weniger, entstandene Probleme aufzuarbeiten, als darum, ganz unbelastet auf den Sport zu blicken. Gemeinsam kann nach Momenten gefahndet werden, die sich eben nicht nur mit Kraft, Ausdauer und Schnelligkeit bewältigen lassen, sondern auch mit dem Köpfchen. Es ist geradezu eine Chance, schon in diesem Alter ein Bewusstsein dafür zu schaffen, dass der Kopf das gleiche Recht auf ein Training hat wie der Körper. Und nicht nur das Recht, auch die Notwendigkeit.

163 Engbert (2017, S. 10).

Der Vorteil früher Interventionen ist offensichtlich: Schneller wird man es schaffen, die kleinen Herausforderungen leichter und spielerisch zu bewältigen. Das macht stolz, selbstbewusst und bereitet auf ein höheres Niveau vor – und es reduziert die Drop-out-Rate: die Rate derer, die sich frühzeitig wieder vom Sport verabschieden.[164]

MEINE ROUTINEN AUF DER GOLFRUNDE

Vor jedem Schlag:

- Lage des Balls einschätzen.
- Wind kontrollieren/Höhenunterschied.
- Distanz messen, berechnen/einschätzen, mit welcher Distanz zu rechnen ist.
- Mögliche Hindernissen und Gefahren wahrnehmen.
- Schlägerwahl, zwei bis drei Probeschwünge am Ball, um ein Gefühl für die Lage zu bekommen (Gras, Sand, Schräglagen etc.).
- Hinter den Ball gehen (in Verlängerung zum Ziel), sich die Flugbahn und den Schlag vorstellen.
- Weitere Probeschwünge, um das Gefühl für den Schlag aufzubauen.
- Sobald ich mich wohl fühle, an den Ball gehen und gleichzeitig eine „Zone" betreten, in der ich nur noch an die Ausführung denke.
- Am Ball stehend mit den Füßen „tippeln", um den richtigen Stand zu bekommen.
- Dreimal zum Ziel und auf den Ball schauen.
- Mit einem leichten Nach-rechts-Drehen des Kopfs wird meine folgende Schlagbewegung eingeleitet.

Vor jedem Putt:

- Erst das rechte, dann das linke Hosenbein unmittelbar vor dem Putt mit der linken Hand leicht anziehen.
- Das Break erst aus der Sicht von hinter dem Loch, danach von der Seite lesen.

Abb. 2: Routinenliste des Bundesliga-Golfers Pablo Brunner

164 Engbert (2017, S. 11).

Jahr um Jahr kann sich mentales Wissen aufbauen. Spätestens in den Kaderjahrgängen sollte dann auch Raum dafür sein, Routinen zu thematisieren und in den Sport zu integrieren, wie es die Liste der Routinen des zu diesem Zeitpunkt 17-jährigen Golfers Pablo Brunner, Bundesligaspieler und Mitglied des Landeskaders, zeigt (siehe Abb. 2).

Sich mental sammeln

Was im Golf sehr komplex gestaltet ist, da diese Sportart eine besondere Form der Konzentration und Präzision erfordert, lässt sich in verschlankter Form auf viele Sportarten übertragen: auf eine Routine vor dem Siebenmeter im Handball, dem Penalty im Eishockey oder dem Elfmeter im Fußball, vor der Turnkür, dem Stabhochsprung, dem Ski-Cross-Rennen. Alle Wettbewerbe machen es erforderlich, sich vorher mental zu sammeln, Selbstsicherheit aufzubauen, Störfaktoren zu blockieren, sich mit der Konzentration auf den eigenen Atem einzupegeln und die ausstehende Aktion mit einer positiv-antizipierenden Visualisierung vorzubereiten.

Auch der Wettbewerber fernab des Sports kann profitieren. Ganz gleich, ob Verhandlung, Moderation oder Gesangspräsentation – allen Situationen kann die Verbildlichung vorausgehen, die sich wie eine Routine noch kurz vor das Ereignis schiebt. Selbstredend darf der Bezug zur Realität nicht verloren gehen.

Davon etwa zu fantasieren, wie sich am Ende eines ausstehenden Bewerbungsgesprächs alle in den Armen liegen und fröhliche Lieder zusammen anstimmen, wird eben über die Fantasie nicht hinauskommen. Eine Visualisierung meiner selbst als sympathischer und schlagfertiger Bewerber hätte indes das Zeug dazu, real zu werden.

Beispiele für Routinen

- ***Morgen-Routinen:*** *Etwas tun, das immer möglich ist, wie auch immer man sich fühlt oder wo man ist. Das kann ein kurzer Spaziergang sein, eine Meditation oder eine Gymnastik- oder Yogaübung im Schlaf- oder Hotelzimmer.*
- ***Pre-Performance-Routinen:*** *Ein Warm-up für die eigentliche Performance, eine Vorbereitung aufs Wesentliche, ebenso ortsunabhängig. Zum Beispiel Musik, ein bestimmtes Lied, das man immer hört, bevor es losgeht. Oder man zieht sich kurz an einen Ort der Ruhe zurück, um mit sich oder einem Partner durchzugehen, was man sich für heute vorgenommen hat.*
- ***During-Performance-Routinen:*** *Abläufe für Pausen und andere zeitliche Lücken während der Performance festlegen. Zum Beispiel im Tennis: der Gang zum Handtuch vor einem wichtigen Punkt oder die festgelegte Chronologie dessen, was man bei den Seitenwechseln isst und trinkt. Es könnte auch ein tiefer Atemzug vor dem entscheidenden Handgriff sein oder das Schließen der Augen, um eine angestrebte Technik zu visualisieren.*
- ***Reset-Routinen:*** *Wenn etwas nicht so gut lief, eine Routine schaffen, über die man sich auf null stellt und neu beginnt. Im Tennis: Nach einer Serie verlorener Spiele ein neues Griffband wickeln, die Schweißbänder wechseln, nach einem Satzverlust in einer Toilettenpause ein neues Outfit anziehen, bewusst eine andere Farbe wählen. Außerhalb des Sports: einen Schluck Wasser trinken, eine kurze Pause einlegen, kurz den Blick aus dem Fenster schweifen lassen und gedanklich für ein paar Sekunden den Raum verlassen. Sich dann wieder neu fokussieren.*
- ***Flow-Routine:*** *Hierbei geht es nicht darum, einen neuen Ablauf zu entwickeln, sondern lediglich – wenn es gut läuft – um das Festhalten an funktionierenden Abläufen. Konkrete Gedanken leiser werden zu lassen, den Kopf auszuschalten und sich automatisierte motorische Bewegungsmuster von selbst abspulen zu lassen. „Never change a working system“, das gilt im Großen wie im Kleinen.*

Bei manchen Sportlern fängt die Routine am Match-Tag bereits morgens beim Aufstehen an, alles muss an Ort und Stelle sein, alles wie gewohnt ablaufen, dasselbe Frühstück, dasselbe Match-Outfit, derselbe Trainingsplatz fürs Warm-up, dasselbe, dieselbe, derselbe. Und letztlich sind es wohl alle Spitzensportler, die am Ende irgendeine Form von funktioneller Routine haben, von Dingen, die genau *so* zu machen sind und die Sicherheit geben.

Routinen für den Wettkampf automatisieren

Allein diese Chance auf mehr Sicherheit drängt förmlich dazu, geeignete Routinen zu entwickeln, sie bewusst zu trainieren und zu verinnerlichen. Denn nur dann können sie im Match unter Zeitdruck, vor Zuschauern und wenn alles auf dem Spiel steht, dabei helfen, die Konzentration zu steigern und die notwendige Ruhe herzustellen.

Und wenn es nicht klappt, die Routine in gewohnter Manier umzusetzen? Dann darf es den Spitzen-Performer natürlich nicht aus der Bahn werfen, dann muss er trotzdem funktionieren. „Top-Leister und Leistungsträger sind in der Lage“, so Eberspächer, „ihr Bewerten so zu regulieren, dass ihnen auch dann etwas gelingt, wenn sie sich jenseits der Routine mit höchsten Anforderungen konfrontiert sehen.“[165]

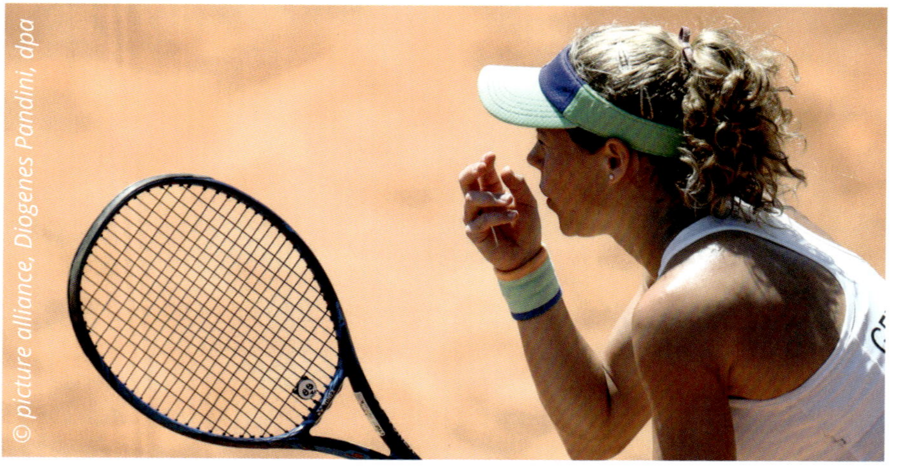

Konzentration vor dem Return: Routinen nutzen, um besser vorbereitet zu sein.

165 Eberspächer (2011, S. 50).

ZUSAMMENGEFASST: PRAKTISCHES IN STICHWORTEN AUS KAPITEL IV

Um in einmaligen Situationen fokussiert und konzentriert zu sein, muss man Einmaligkeit trainieren. Im Übungsmodus wird sich zwar nie eine identische Szene mit der identischen Gefühlslage herbeizaubern lassen. Annäherungen sind aber möglich und unbedingt zu empfehlen. Darüber hinaus ebnen Rituale und Routinen den Weg zu einem Gefühl der generellen Sicherheit und Vertrautheit.

EINMAL UND NIE WIEDER

Sich in Situationen bringen, in denen man sich nur einen Versuch zugesteht *** Druck steigern, indem wettkampfähnliche Atmosphäre geschaffen wird *** Druck erhöhen, indem man das Ergebnis prognostiziert *** überzeugt sein von sich und vertraut sein mit den Anforderungen.

ROUTINEN UND RITUALE PFLEGEN

Rituale: geben Vertrauen und Halt *** Routinen: Bewegungsformen entwickeln und durchlaufen, die eine bevorstehende Aufgabe in Teilen oder als Ganzes vorwegnehmen oder darauf vorbereiten *** individualisierte Abfolge *** hilft, sich mental zu sammeln und Selbstbewusstsein aufzubauen *** verschiedene Zeitfenster denkbar *** je individueller, desto besser *** dem Gefühl folgen.

5

Sich entwickeln

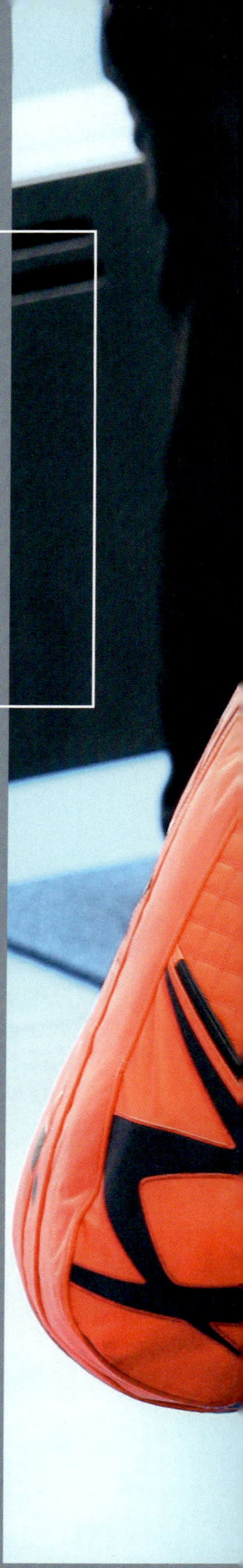

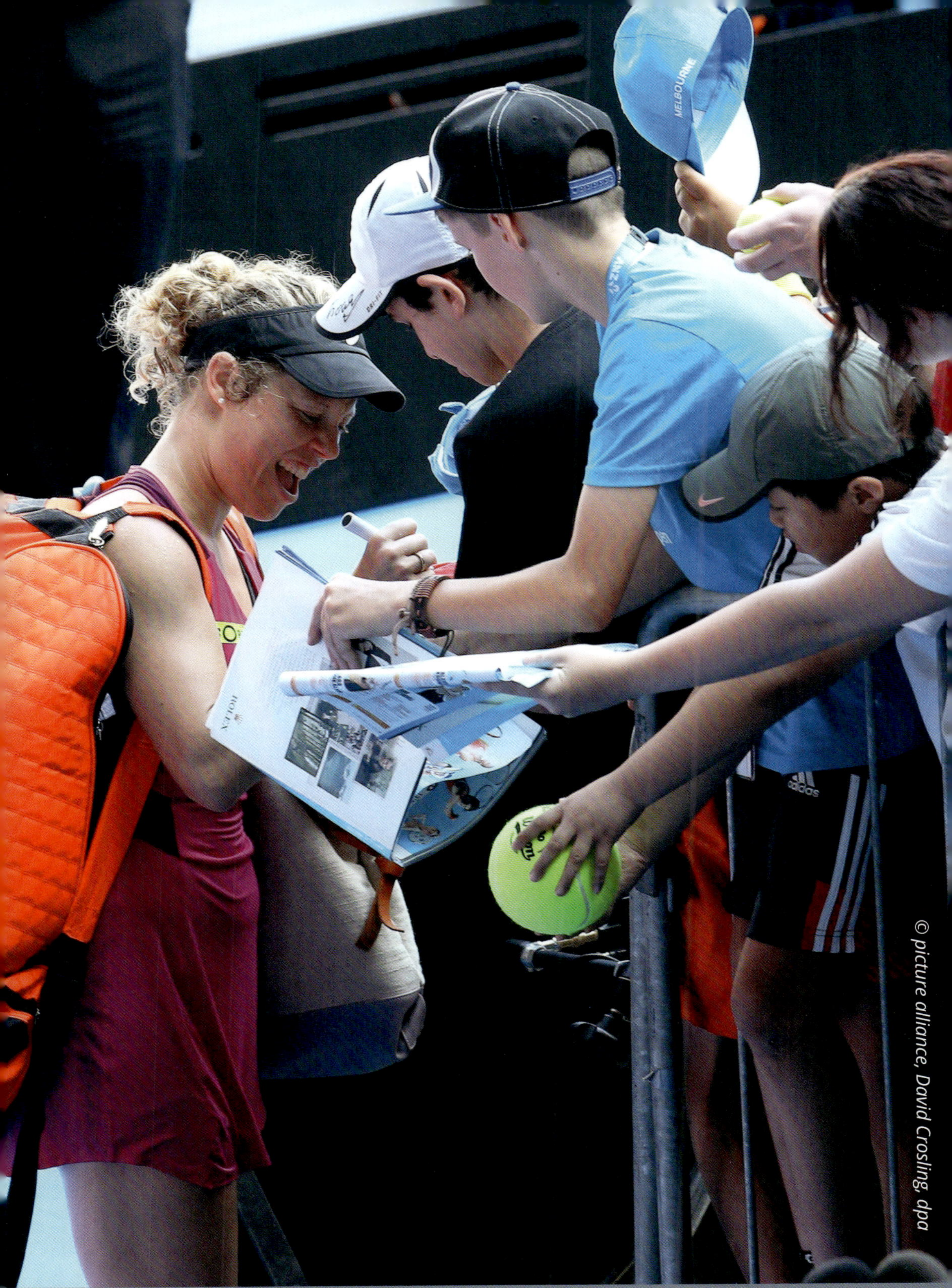

© picture alliance, David Crosling, dpa

SPIEL, SATZ, SIEG: KARRIEREN GESTALTEN

Oft entscheiden hundertstel Sekunden, es ist so knapp, dass ein Zielfoto oder kalibrierte Linien der Software herangezogen werden müssen, um eine faire Entscheidung zu treffen. Von Leistungsunterschied zu sprechen, wäre vermessen. Ebenso entscheiden statt Sekunden manchmal auch Stunden oder ganze Tage, respektive die Tagesform. Und oft ist es eine ganze Saison, die zählt und dem Athleten dann auch mal ein paar überflüssige Zehntel und auch mal einen verpatzten Tag zugesteht.

In der Saison 2014/15 lag Borussia Dortmund, ein Topteam der Fußball-Bundesliga, nach der Hinrunde auf dem vorletzten Platz – einem Abstiegsrang, die zweite Liga hatte die Dortmunder schon am Wickel. Am Ende der Saison wurden die Borussen allerdings beachtlicher Siebter und durften damit sogar um einen Platz in der Europa League mitspielen. So sind es manchmal klitzekleine Zeitfenster, manchmal aber auch viele Monate, die über Erfolg und Misserfolg entscheiden.

Und dann gibt es noch den Blick auf das ganz große Ganze: auf die jahrelange Zeitleiste einer gesamten Karriere. Welche Leistungs- und Wettkampfhöhepunkte strebt man an oder hat man bereits hinter sich?

Die australische Tennisspielerin Ashleigh Barty war 25, als sie sich für eine ungewöhnlich frühe Pensionierung entschied, unter anderem, weil sie die zwei ihr wichtigen Karrierehöhepunkte erreicht hatte, den Sieg in Wimbledon und in Melbourne.

Der japanische Fußballer Kazuyoshi Miura hingegen denkt auch im Alter von 54 Jahre noch nicht ans Aufhören. Er gilt als der weltweit älteste Profi seiner Zunft. Brechen wir es zu Beginn auf eine einfache Frage herunter: Worum geht es den Spitzensportlern eigentlich?

ERFOLG VERSPRECHEND

Ist Erfolg vielleicht nur eine gesellschaftliche Falle, in die der Hochleistungsmensch unaufhörlich tappt? Schon bedenkenswert, warum sich die Gesellschaft, nicht das Ausmaß ihres Handelns beachtend, immer wieder aufmacht, um ihre unmenschlichen Anspruchsfallen auszulegen.

Warum goutiert sie Erstligasport mehr als die Unterklassen, die Olympischen Spiele mehr als die Paralympics? Weil sie es, dem ebenso olympischen Slogan entsprechend, schneller, höher und weiter haben möchten. Nur wenn der Stabhochspringer die Sechs-Meter-Marke überfliegt, wird das Bedürfnis nach Spektakulärem befriedigt.

Unermüdlich sind die Medien darin, Hochrechnungen zu verkünden, etwa zum Stand der Grand-Slam-Siege der Tennisspieler oder zum Pflichtspiel-Torrekord der Fußballer. In den Headlines hat die Quantität der Tore die Qualität abgelöst, vermutlich auch, weil sich mit einer starken Zahl die Sehnsucht nach Rekord-News plakativer stillen lässt als mit blumigen Ausführungen zur Eleganz.

- Was aber ist mit dem Sportler, der hart trainiert, seit Wochen, Monaten, Jahren, voller Hingabe, und dann, am Tag der Entscheidung, nicht die Leistung bringt und hinter seinen Möglichkeiten zurückbleibt?

- Wird auch er geschätzt, geehrt, überhaupt beachtet?

Der Tag der Entscheidung wird zum Tag des Jüngsten Gerichts: Wer dem Publikum nicht den Dienst erweist und wenigstens auf dem Treppchen steht, wird übersehen. Kritischer, aber durchaus treffend ausgedrückt: Er wird übergangen.

Die Sicht des Fans auf den Sport ist binär und damit schlicht. Entweder jemand ist erfolgreich oder er ist es eben nicht. Und so sozialisiert die Gesellschaft auch den Sportler, der sich am Gewinnen orientiert, und nichts als dem Gewinnen. „Du misst alles am Erfolg“, fasst es Handballer Henning Fritz zusammen. „Es gibt schwarz oder weiß.“

Aber es gibt natürlich mehr als den Sieg und die Niederlage, mehr als das Finale, als den abschließenden Showdown. Der wahre Einblick ins Leistungssportleben kommt oftmals zu kurz. „Es ist wichtig, die Erfahrungen aus dem Spitzensport in die Gesellschaft einzubringen“, sagt Fritz.

Erfolg zu haben, bedeutet in hohem Maße, Erwartungsdruck ausblenden oder überwinden zu können. Viele zerbrechen an diesem Druck. Warum wir von nur wenigen Fällen erfahren, heißt nicht, dass die Zahl der Betroffenen de facto niedrig ist. Hier schnappt eine weitere perfide Falle des gesellschaftlichen Anspruchsdenkens zu.

Denn sich überfordert zu fühlen, ist nur das eine, sich und der Welt das auch öffentlich zu gestehen, ist dann das andere. Womöglich führt das dezidierte Suchen nach Erfolg auch einfach auf einen unbefriedigenden, da endlosen Weg. Eine Gemeinheit des Erfolgs ist es nämlich, dass er sich erst einmal lange nicht blicken lässt.

„Erfolg scheint sich seinen Weg selbst zu suchen, auch um viele Ecken herum. Hierbei geht es um das Finden gangbarer, möglicher Wege", sagt Wirtschaftswissenschaftsprofessor Wolfgang Vieweg.[166]

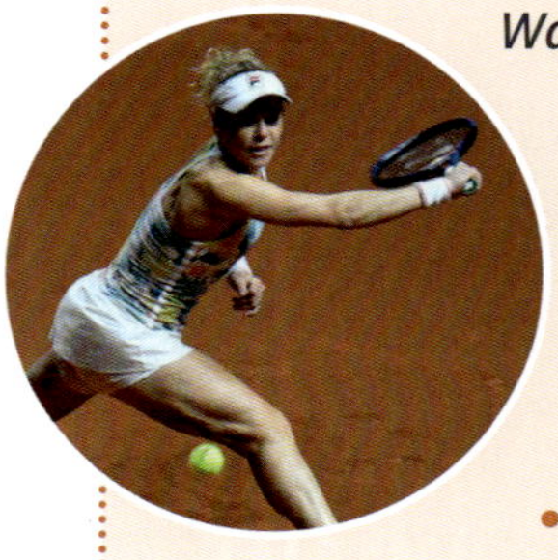

Was ist Erfolg? Keine leichte Frage.

- ***Ist man erfolgreich, wenn man ein großes Haus besitzt und ein dickes Auto fährt?***
- ***Oder wenn man ein Unternehmen führt, Mitarbeiter beschäftigt?***
- ***Oder einfach, wenn man das tut, was man wirklich liebt?***
- ***Oder, ganz anders: Ist es Erfolg, genügsam und deshalb mit dem Allernötigsten zufrieden zu sein?***

Viele werden sich hier für Wohlstand und soziales Ansehen entscheiden. Aber so einfach ist es aus meiner Sicht nicht.

Es liegt natürlich im Auge des Betrachters. Die Antworten werden unterschiedlich ausfallen, abhängig von der Sozialisation, vom Alter und vom Lebenskontext. Die 13-Jährige, die eine Eins in Mathe schreibt, der 22-Jährige, der seine Frau fürs Leben findet, die 30-Jährige, die olympisches Gold gewinnt, der 42-Jährige, der die ausgeschriebene Stelle bekommt. Vieweg legt eine allseits anwendbare Basis, indem er sagt, Erfolg sei das Nützen von Chancen.[167]

166 Vieweg (2015, S. 4).
167 Ebd. (2015, S. 4).

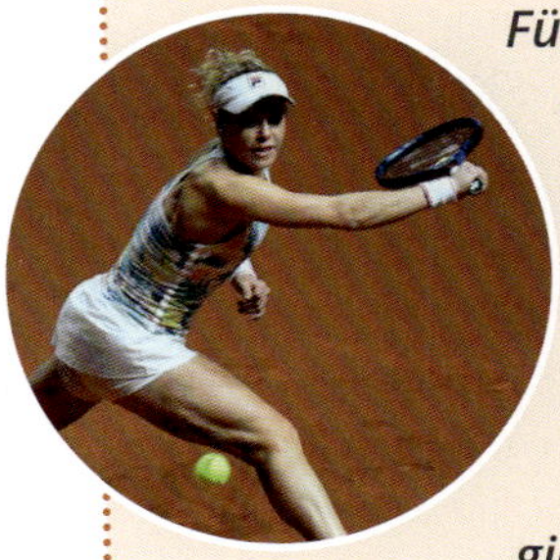

Für mich ist Erfolg, nie stehen zu bleiben. Sich immer weiterzuentwickeln, sich selbst immer besser kennenzulernen und immer besser zu werden in dem, was man tut. Sei es im Beruf, auf dem Weg zu eigenen Zielen oder einfach als Mensch, im Umgang mit sich und seinen Mitmenschen. Dazu gehört für mich, dass man nie aufhört zu lernen und sich immer eine gewisse Offenheit und Neugierde bewahrt, von anderen etwas mitzunehmen und neu Entdecktes auf die eigenen Grundsätze und das eigene Handeln anzuwenden, selbst wenn man schon viel Know-how hat.

Es ist wichtig, die Freiheit zu haben, eigene Maßstäbe zu entwickeln, sich die eigenen inneren Werte klarzumachen und ihnen treu zu bleiben. Daraus entwickelt sich für mich innere Stärke, Selbstbewusstsein und eine klare Linie im Leben, die zum Erfolg führt.

Erfolg ist für mich am Ende das Ausmaß der inneren Zufriedenheit, im Frieden mit sich selbst sein zu können, weil man etwas Gutes aus den eigenen Möglichkeiten geschaffen hat, für sich und andere Menschen einen Mehrwert geleistet hat. Sich also auch selbst verwirklicht hat. Ich glaube daran, dass sich auf dieser Reise zum inneren Erfolg der äußere Erfolg wie von allein einstellt.

So sieht es auch Tennislegende Billie Jean King und stellt den inneren Erfolg über alles andere, macht ihn zur Voraussetzung für Glück, Erfüllung und letztlich den äußeren Erfolg. Gleichzeitig beklagt sie die fehlende Integrität und die ungute Schwerpunktverschiebung auf Äußeres und Materielles: „Many of the problems we are seeing nowadays concerning a lack of integrity stem from the fact that people are putting the emphasis on 'outer success' – how much we make, how much we own, how we look, etc."[168]

168 King (2008, S. 152).

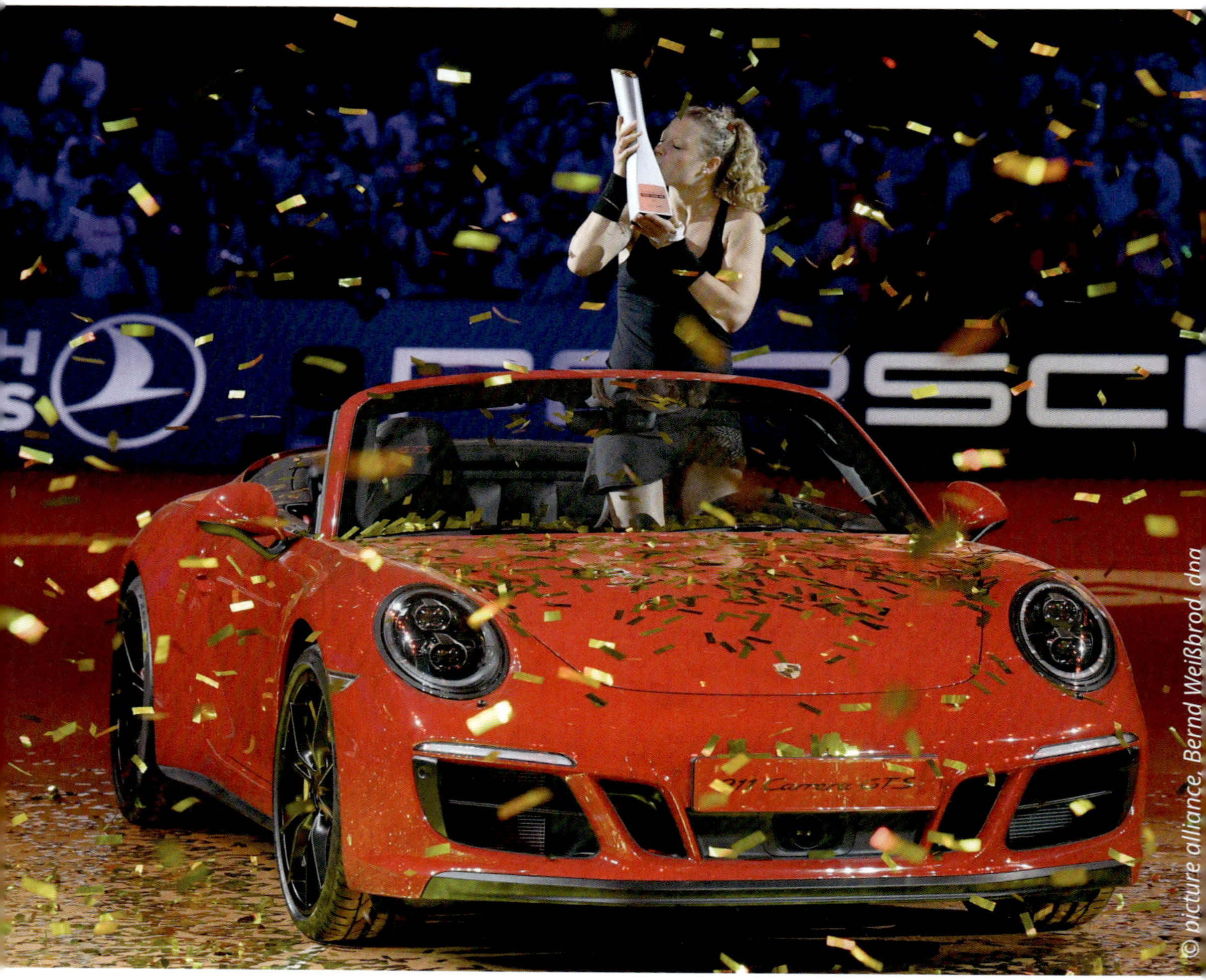

© picture alliance, Bernd Weißbrod, dpa

Sich Erfolge erarbeiten und den Moment genießen.

Erfolg ist eine im hohen Maße abhängige Variable, die nicht nur vom Athleten selbst beeinflusst ist, also nicht nur von Training, Tagesform und Leistungsniveau. Sondern ebenso von äußeren Faktoren, etwa von tagesabhängigen Größen wie Wind, Temperatur, Luftfeuchtigkeit, Licht, Fans, Wettkampfstätte, der sportlichen Konkurrenz und gegebenenfalls von den eigenen Mitspielern.

Erfolgsindikatoren lassen sich hierbei allerdings kaum normieren. Menschen sind unterschiedlich, der eine verkrampft bei Kälte, der andere kapituliert bei Hitze. Folglich können gleiche Leistungen unterschiedliche Erfolge herbeiführen und unterschiedliche Leistungen wiederum gleiche Erfolge.[169]

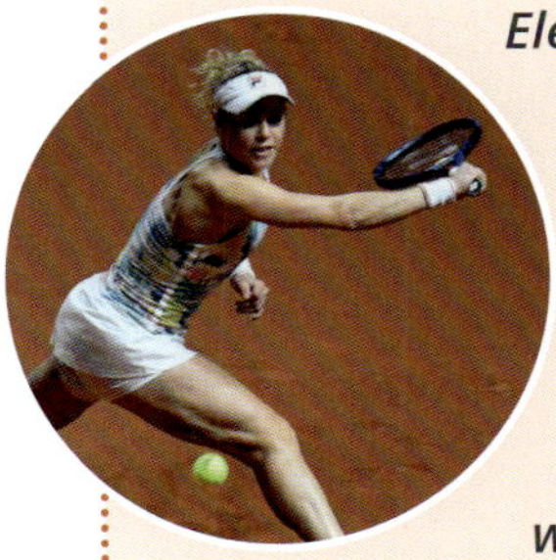

Elementar war für mich, eine ganzheitlichere Perspektive zu entwickeln, mich also mehr als Menschen in seiner Gesamtheit und nicht nur als Tennisprofi zu betrachten. Wenn es mir gut ging und ich ausgeglichen war, machte auch mein Körper mit und dann spielte ich auch gutes Tennis.

Sobald ich Leistungen und Ziele jedoch erzwingen wollte, kam ich nicht weiter. Allein, indem man beständig mit hoher Qualität an sich arbeitet, lädt man den Erfolg ein. Dann liegt es sozusagen an ihm, die Einladung anzunehmen.

Wie wichtig es doch ist, sich zu lösen von externen Bewertungen und sich auf sich selbst zu besinnen. Eine Checkliste zu erstellen, worauf es einem wirklich ankommt.

- Was heißt Erfolg für mich?
- Was erwarte ich von meinem Sport?
- Was von meinem Leben?
- Wer will ich sein?

„Es ist für mich wichtiger, ein guter Mensch zu sein als eine gute Tennisspielerin“[170], hat Ashleigh Barty nach ihrem Wimbledon-Sieg 2021 gesagt. Es klang nicht effekthascherisch, sondern ehrlich. Auch denkwürdig, denn solche Töne werden selten angeschlagen.

Einer ihrer Seelenverwandten ist Skirennläufer Linus Straßer. „Ich habe schon so viel erreicht, habe solche Schritte vorwärts gemacht. Das ist immer das Allerwichtigste. Nicht nur sportlich, sondern auch mensch-

169 Güllich & Krüger (2013, S. 541).
170 Ran (2021).

lich“, sagte er im *ARD*-Interview. Gerade hatte er sich auf Platz sieben im olympischen Slalomwettbewerb gewedelt. Um 23 Hundertstel verpasste er im Februar 2022 eine Medaille in Peking.

Er stand also nicht auf dem Treppchen, auf dem man ihm den ultimativen Respekt gezollt hätte. Weiter sagte er, dass er sich „eigentlich nichts vorwerfen kann“, denn „man verliert in der Regel öfter, als man gewinnt. Das gehört einfach dazu.“ Eine niederschmetternde Einfachheit, die Gehör finden sollte.

Von Niederlagen profitieren

Noch mehr Auftrieb erhält das Thema, wenn wir die Frage stellen, woraus wir mehr lernen: aus der Niederlage oder aus dem Sieg? Gibt es nicht sehr viele Sportler, die nach einem großen Finalsieg in ein tiefes Loch fallen, wohingegen viele Verlierer Kraft aus der Niederlage schöpfen und motiviert Fehler wegtrainieren?

Bestätigung gibt es aus berufenem Munde. Schon vom US-Autopionier Henry Ford ist das Zitat überliefert, dass unsere Fehlschläge doch oft erfolgreicher sind als unsere Erfolge.

Linus Straßer beendete seine Ausführungen nach dem olympischen Slalomrennen mit der pragmatischen wie Grundzufriedenheit stiftenden Aussage: „Das ist der Spitzensport, das gehört dazu und das macht es am Ende auch so unglaublich schön.“ Dem kann allenfalls noch Flow-Experte Mihaly Csikszentmihalyi etwas hinzufügen, der noch einmal die Möglichkeiten unserer Einflussnahme zurechtstutzt, denn „Erfolg kann wie Glück nicht verfolgt werden; er muss erfolgen“. Und zwar „als unbeabsichtigte Nebenwirkung, wenn sich ein Mensch einer Sache widmet, die größer ist als er selbst“[171].

---

171 Csikszentmihalyi (2017).

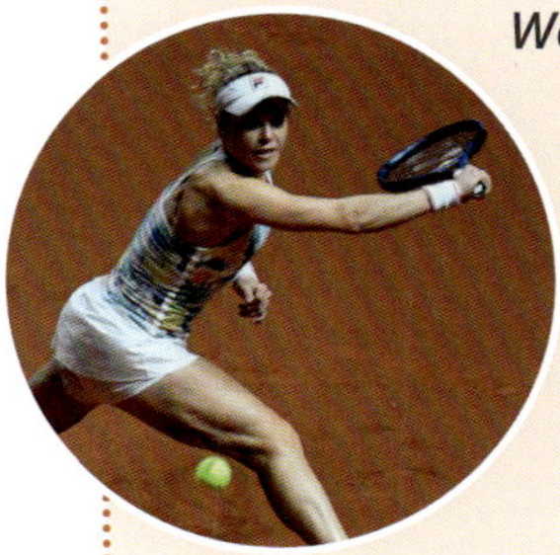

Wenn wir uns in einem leistungsorientierten Bereich bewegen, hohe Ziele haben und sehr hohe Ansprüche an uns selbst stellen, dann neigen wir dazu, den Erfolg erzwingen zu wollen. Wir sind ungeduldig und wollen den kürzesten und schnellsten Weg zu unseren Träumen oder glauben, wenn wir nur hart genug arbeiten, haben wir geradezu ein Recht auf den Erfolg.

Und diesem Irrtum muss ich – wohlgemerkt, aus eigener, unguter Erfahrung heraus – widersprechen. Denn manchmal ist es besser, clever zu sein. Die Krux ist, unterscheiden zu können:

- ***Wann ist es angebracht, härter mit mir umzugehen?***
- ***Und wann sollte ich lieber smart agieren, weil ich gerade besser vorankommen kann, indem ich die Leine mir selbst gegenüber etwas lockere?***

Das kann dann durchaus bedeuten, auch mal weniger zu trainieren oder weniger Turniere zu spielen.

Und dann hat der Erfolg natürlich auch noch einen zweiten Abschnitt: die Zeit nach dem Erfolg, präziser gesagt: die Zeit zwischen dem jetzigen und dem erhofften nächsten Erfolg. Denn schnell wird einem klar, dass die Welt in einem unbarmherzigen Kategoriensystem tickt.

Auf der einen Seite steht der einmalige Erfolg, der vielleicht auch begünstigt war, weil alles Förderliche an eben diesem einen Tag zusammengekommen ist, womöglich auch Glück und Zufall. In den Olymp der wahren Siegertypen steigt aber nur auf, wer sich über die Glücks-Zufalls-Vermutung hinwegsetzen und seinen Erfolg auch bestätigen kann – und ihn mit einem Folgeerfolg geschichtsbuchtauglich macht.

Doch bei Erfolg Nummer zwei wird es nicht leichter, eher schwerer. Erst einmal sollte man den verdienten Jubel nach Erfolg eins durchaus auskosten, beizeiten aber auch limitieren, um sich den neuen Aufgaben zuwenden zu können. Aus Selbstzufriedenheit muss sehr schnell der Anspruch erwachsen, den nächsten 8.000er besteigen zu wollen.

Literaturnobelpreisträger Bernard Shaw kondensiert diesen Gedanken: „Der Mensch kann wohl die höchsten Gipfel erreichen, aber verweilen kann er dort nicht lange."[172] Und, das sollte einem klar sein: Ab jetzt stellen sich Gegner in den Weg, die sich besonders angespornt fühlen, den amtierenden Champion am erneuten Gipfelsturm zu hindern.

Fragen wir doch den Meister des Extrembergsteigens, Reinhold Messner, wie man zuverlässig oben ankommt. „Je weniger ein Mensch vom Erfolg abhängt, desto unwahrscheinlicher wird sein Sturz"[173], sagt er und macht klar: Wer den Erfolg erzwingen will, droht zu stürzen, respektive zu scheitern. Das also ist die heikle Aufgabe, die wir bewältigen müssen: hungrig auf den Erfolg zu sein, ihn aber nicht um jeden Preis auf der Welt herbeiführen zu wollen.

Bilder vom Erfolg zeichnen

So ist es durchaus legitim, auch ratsam, das Erfolgsziel frühzeitig in unserem Geist aufgehen zu lassen, indem wir es visualisieren. Das kann der Individualsportler genauso leisten wie das Team. Zusammen mit dem Sportpsychologen lassen sich die entsprechenden Bilder erarbeiten, möglichst präzise und echt. Auch Details zählen, etwa akustische Eindrücke, die Hallenatmosphäre – was sich unterstützend im Visualisierungsprozess über Lautsprecher einspielen ließe. Das Erfolgsvideo im Kopf kann bereits im Trainingsspiel zum Einsatz kommen und damit manifestiert werden.

Und auf noch zwei ernüchternde Spielarten der Realität sollte man vorbereitet sein. Erstens gibt es keine Vorschusslorbeeren, keinen Bonus. Man nimmt leider keine Punkte aus dem alten Erfolgsgeschehen mit in den neuen Wettbewerb. Zumindest selten. Jedes Tennisturnier, jede Basketballsaison und jeder Marathonlauf beginnen erneut bei null. Und zweitens werden nicht alle an unserer Siegesfreude Anteil nehmen. „Erfolg kann auch einsam machen, er schafft Neider und er macht Angst", sagt Lothar Linz.[174]

---

172 Shaw (o. J.).

173 Messner (o. J.).

174 Linz (2014, S. 174).

DEN SINN SUCHEN UND SEINE IDENTITÄT FINDEN

Zu viele Stunden Schlaf auf einer weichen Matratze, das schmerze, und zwar höllisch, wie er sagt. „Hustend und stöhnend drehe ich mich auf die Seite und rolle mich wie ein Fötus zusammen." Meistens lege er sich dann auf den Fußboden, um dem Schmerz zu entrinnen. „Nach drei Jahrzehnten des Rennens und Abstoppens, des Hochspringens, nach unzähligen Sprüngen und harten Landungen fühlt mein Körper sich nicht mehr so an, als gehörte er mir", resümiert Andre Agassi in seiner Autobiografie.

Nicht erst nach, sondern schon während seiner Karriere plagte ihn sein Körper, vor allem seine Wirbelsäule, etwa das Wirbelgleiten und die Bandscheibenvorfälle.[175]

Auf der anderen Seite seiner Work-Life-Balance stehen mehr als 100 Wochen Weltranglistenplatz eins, acht Grand-Slam-Titel und ein Millionenvermögen in wahrscheinlich dreistelliger Höhe. Aber ist es wirklich eine Balance? Übersetzt man die körperliche Eingeschränktheit als eine Form der Verletzung, lässt sich auch Steffi Graf, Andre Agassis Ehefrau, in die Diskussion einbeziehen.

In einem Twitter®-Tweet vom 1. Februar 2014 schrieb sie: „Wenn man verletzt gewinnt, steigert das natürlich den Stellenwert eines Siegers, aber Verletzungen können nicht der Preis für Erfolge sein."[176] An diesem Punkt lässt sich schon einmal festhalten, dass es nicht einfach ist, den Schmerz gegen den Erfolg aufzurechnen. Die Währung ist nicht dieselbe. Bertolt Brecht, kein Sportler, aber ein Kluger, fügte hinzu: „Der große Sport fängt da an, wo er längst aufgehört hat, gesund zu sein."[177]

Nach langer Verletzungsphase im Jahr 2021 war nicht klar, ob Rafael Nadal noch einmal zurückkehrt auf die ATP-Tour. Im Juni desselben Jahres wurde er 35, kein unüblicher Zeitpunkt für ein Karriereende. Doch jedwede Theorien über einen biologischen Leistungshöhepunkt im Tennis haben Serena Williams und Roger Federer ja spätestens widerlegt, als

175 Agassi (2009).
176 Graf (2022).
177 Brecht (o. J.).

sie mit 39 Jahren in Wimbledon antraten. Natürlich nicht das Preisgeld, aber dafür die Leidenschaft für den Sport, die Wettkampflust, der Rekordreiz und das einzigartige Gefühl der Anerkennung sind ausreichende Verlockung, es immer wieder zu versuchen.

Die Tatsache, bereits näher am durchschnittlichen Pensionärsalter zu sein als an der eigenen Schulzeit, zählt nicht. Auch Nadal fühlte sich von der Magie der ATP-Tour angezogen. Nur ein kleines Vorbereitungsturnier ging voraus, dann stand er in der weltbekannten Rod-Laver-Arena und holte sich bei den Australian Open 2022 – nach einem 5-Stunden-21-Minuten-Finale – seinen 21. Grand-Slam-Titel. Eben Rekord.

Bei der Siegerehrung spricht er gerührt von „einem der emotionalsten Momente“ seiner Karriere. Erklärt das bereits den Sinn? Insgesamt wurden es 20 Matches im ersten Quartal, die Nadal hintereinander für sich entschied. Auch das muss ein unbeschreibliches Gefühl gewesen sein.

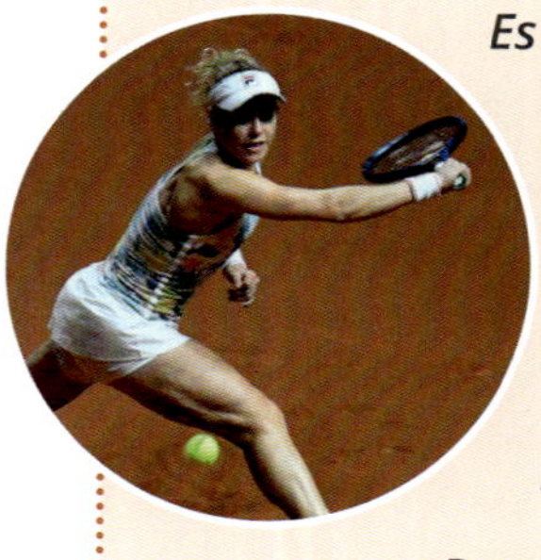

Es beginnt schon mit den letzten Schritten durch die Kabinengänge, es ist ein spannender Moment, dieser Walk on Court. Zum Beispiel beim Porsche Grand Prix 2017, Halbfinaltag, ich spiele gegen Simona Halep. Ich stehe in den Katakomben der Arena, lauter Techniker mit Headsets schwirren um mich herum, auch Kameraleute, sie filmen mich von vorn, von der Seite, von hinten.

Dann noch ein kurzes Interview vor einer Sponsoren-Pappwand, live in die Halle gestreamt, in der 4.000 Menschen darauf warten, dich spielen und hoffentlich gewinnen zu sehen. Irgendjemand zählt herunter: „3-2-1-go!“

Der dicke, schwarze Vorhang wird zur Seite geschoben. Die Rauchmaschinen zischen, die Einlaufmusik dröhnt, du hörst deinen Namen aus den Lautsprechern, eine Inszenierung und Dramatik wie vor einem Boxkampf. Die Menschen springen von ihren Sitzen auf und bejubeln dich.

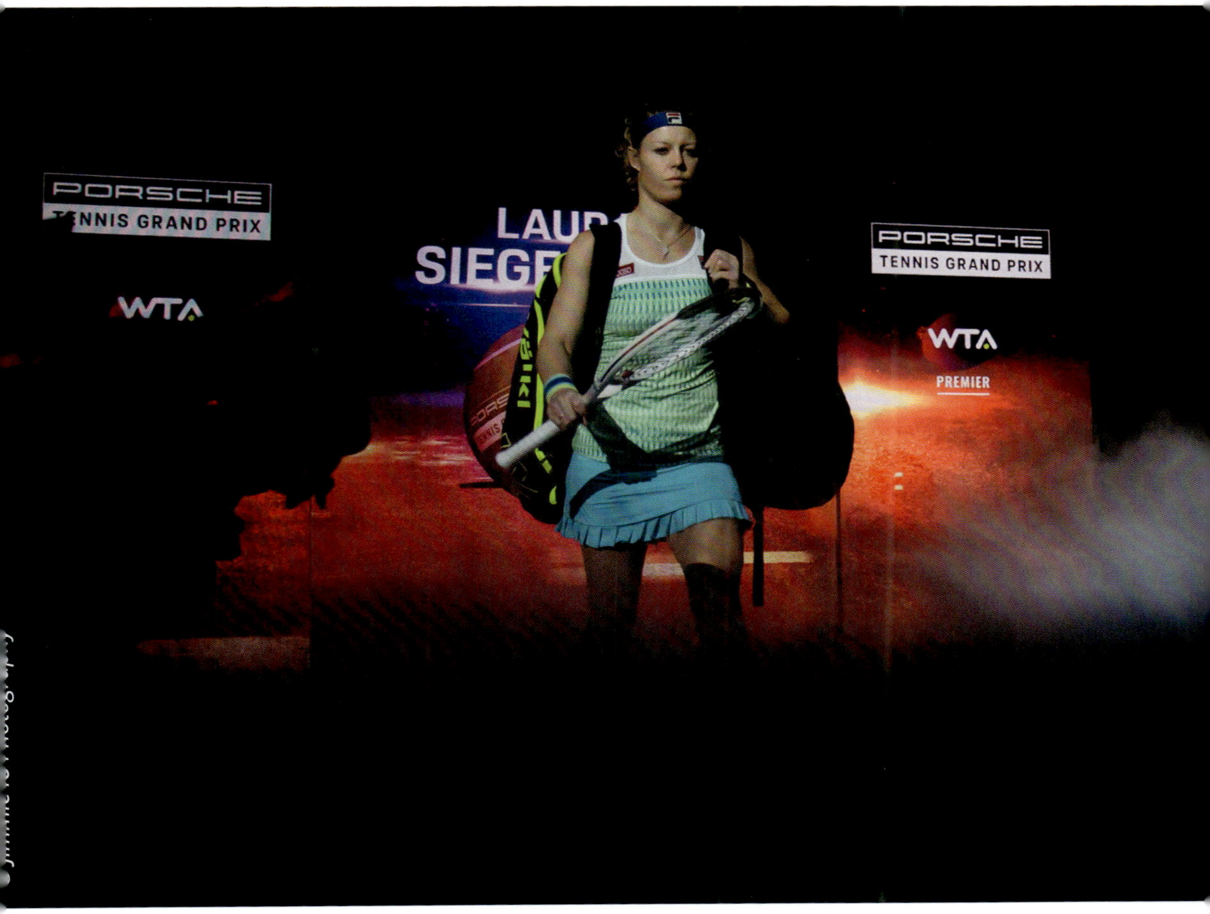

Aufsehenerregend: Sport als Publikums- und Medienereignis.

„Es steht fest, dass der Mensch Beachtung, Bestätigung und Anerkennung braucht“[178], so formuliert es der österreichische Sportsoziologe Otmar Weiß. Eine besonders geeignete Bühne hat dem Menschen hierfür der Sport gebaut mit seinen unzähligen Aktionsflächen.

Es fängt an mit dem Basketballkorb vor der Haustür, der Tischtennisplatte auf dem Spielplatz, der Beachvolleyball-Anlage im Freibad, dahinter der Skatepark. Es geht über das Leichtathletikstadion, den Eispark, die Fußball- und Baseballarenen. Und es endet in Acapulco, wo sich die Klippenspringer ins 35 Meter tiefer gelegene Wasser stürzen, und in der

178 Weiß (1999).

Bucht bei Nazaré in Portugal, wo wagemutige Surfer 20 Meter hohe Wellen reiten.

Der Deutsche Sebastian Steudtner gewann dort 2010, 2015 und 2020 den Big-Wave-Award, was wie ein Weltmeistertitel wiegt. Und das sorgt natürlich für alles: für gleichzeitig viel Beachtung, für viel Bestätigung und für viel Anerkennung. Jeder Zeuge und Fan dieses Spektakels ist baff.

Genau dieser Moment zeigt den sportsoziologisch hervorgehobenen Zusammenhang. Der erfolgreiche Sportler braucht, so Wissenschaftler Weiß, die anderen „zur Bestätigung des eigenen Selbst bzw. der eigenen Identitäten".

Das starke Band, das Fans und Sportler verbindet, wurde im Finale der US Open 2021 besonders sichtbar. Im Match gegen Daniil Medvedev brach Novak Djoković beim Seitenwechsel in Tränen aus – und das nicht, weil ihn die aufkommende Niederlage so sehr erschütterte, sondern weil er gerührt davon war, wie ihn das Publikum unterstützte. Es traf ihn ganz unerwartet. „The amount of support, energy and love I got from the crowd was something that I'll remember forever", erklärte er nach dem Spiel seine Rührung.

Und schon fühlt man mit und versteht, dass es dem Spitzensportler zwar schon um Titel und Rekorde geht – und Novak Djoković ist dafür gewiss ein gutes Beispiel –, dass es aber auch noch eine zweite, oft verborgene Ebene gibt, über die nicht so oft gesprochen wird.

„These are that kind of moments that you cherish and these are connections that you establish with people, that will be lasting for a very long time. And, yeah, it was just wonderful."

Es sind wundervolle Momente, die einem der Sport bescheren kann. Eins werden mit den Fans, mit seinen Teamkollegen, seiner Tanzpartnerin, mit dem Sportgerät, dem Platz, dem Siegerpokal, mit sich selbst, wenn man das erste Mal die Ziellinie eines Marathons erreicht. Vielen glanzvollen Momenten ging ein entbehrungs- und trainingsreiches Leben voraus, intuitiv den von Andy Warhol ausgerufenen 15 Minuten Ruhm folgend.

Viele wären nicht zu dem geworden, was sie sind, hätten sie keine Idole auserkoren. Vorbilder geben Orientierung und werden zum Teil der oft intuitiven Zielsetzung. „So wie die möchte ich auch mal spielen." Der typische Satz eines sportlich ambitionierten Kindes.

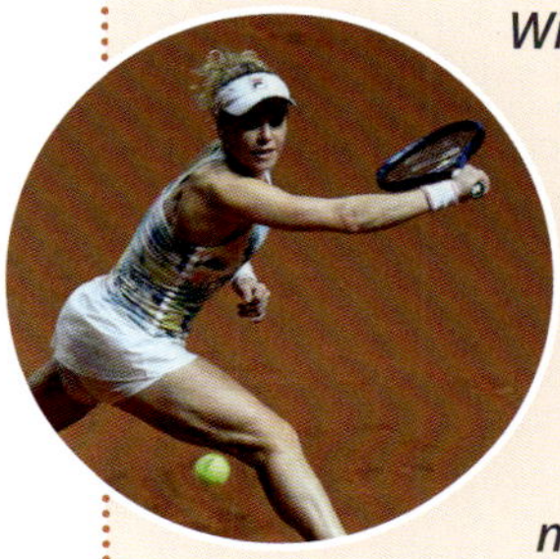

Wir haben es auch als Familie verfolgt, wie Steffi Graf und Boris Becker ihre Erfolge einfuhren. Der Tennisboom der späten 1980er- und frühen 1990er-Jahre hat uns alle gepackt, fasziniert saßen wir vor dem Fernseher. Und auf dem Platz habe ich dann versucht, den Profis nachzueifern.

Auch mein fünf Jahre älterer Bruder war hier immer ein Vorbild. Ich wollte die Dinge natürlich gern genauso gut machen wie er. Das hat mich motiviert und ich habe mich noch viel mehr angestrengt.

Irgendwann muss man aber den Absprung schaffen und seinen eigenen Weg finden. „Lösungen selbst suchen. Herausfinden: Was sind meine Stärken? Nie kopieren. Authentisch sein", sagt Henning Fritz. „Embrace your weird", stand auf dem T-Shirt von Ashleigh Bartys Mentaltrainer Ben Crowe, als er aus der Stadionbox verfolgte, wie sein Schützling das Australian-Open-Finale 2022 gegen die US-Amerikanerin Danielle Collins gewann.

Umarme deine Verrücktheit oder Andersartigkeit, begrüße und schätze deine Besonderheit – Crowe trägt sein Berufsverständnis als Credo auf der Brust. Auch ihm geht es wie Henning Fritz darum, erstens Individualität anzunehmen und zweitens jedwede Verbesserung und Optimierung an der spezifischen Persönlichkeit zu orientieren.

So wie ein Golftrainer die unterschiedlichen Körper- und Hebelrelationen seines Spielers berücksichtigen muss, schaut der Mentalcoach auf die ebenso sehr voneinander abweichenden psychischen Verhältnisse – und nimmt den speziellen, einzelnen Charakter als roten Faden.

„Ash has done a beautiful job." In einem Interview mit *ABC Radio Brisbane* erklärte Crowe, wie er in Barty das Human-Being statt Human-Doing hervorbrachte. „The big lesson is to focus on the 'human-being', and less so on the 'human-doing' and the power of acceptance and gratitude are incredible superpowers to enable you to let go of FOOPO[179] and own your story."[180]

Das Vorbildverständnis von Felix Neureuther geht noch einen Schritt weiter. Schon während seiner aktiven Karriere setzte er sich für eine gesunde Entwicklung der Kinder ein. Diesem Pfad folgte er auch nach dem Karriereende, und mehr noch. Er war sogar bereit, in eine Richtung zu gehen, die Sportler gern meiden, vor der sie oft auch gewarnt werden: sich auch politisch zu positionieren.

In der *ARD*-Reportage „Spiel mit dem Feuer – Wer braucht dieses Olympia?", die im Januar 2022 ausgestrahlt wurde, wirft Neureuther einen sehr kritischen Blick auf die Olympischen Spiele in China. „Für kommende Generationen muss sich etwas ändern, damit diese so wertvolle olympische Idee weiterleben kann." Neureuther stellte sich in der 44-minütigen Reportage vor das chinesische Generalkonsulat in München und sprach mit einer Uigurin. Ein provokantes Setting.

Ein Vorbild sein

Viele große Sportorganisatoren ziehen es vor, wenn ihre Akteure zum Torschuss statt gegen umstrittene Regierungen ausholen. Es würde zu sehr in ihr Verhandeln mit geldkräftigen Nationen als Austragungsort großer Veranstaltungen eingreifen. Und viele Sportler tun ihnen den Gefallen. Einer der deutschen Nationalspieler, der 1978 in Argentinien danach gefragt wurde, wie er über die Foltervorwürfe und die möglichen Untaten in nahen Gefängnissen denke, antwortete schlicht: „Also, die politischen Zustände in Argentinien interessieren mich überhaupt nicht."[181]

Es kostet dem Individuum Kraft und es riskiert Kopf und Kragen und den Job. Um gegen Rassismus zu demonstrieren, hat sich Quaterback Colin Kaepernick von den San Francisco 49ers 2016 nicht zur US-Nationalhymne erhoben. Die ganze Welt nahm davon Notiz. Die Profiliga NFL hat ihn dafür bestraft und ab 2017 nicht auf das Gehaltskonto genommen.

179 Fear of Other People's Opinions.
180 Suchit (2021).
181 WDR (2015).

Amnesty International hat Kaepernick dagegen 2018 für sein Verhalten mit dem „Ambassador of Conscience Award" ausgezeichnet. Viele ahmten Kaepernicks Geste nach, längst nicht mehr nur Sportler. Der US-Rapper Eminem war es, der sich 2022 in der weltweit bestaunten Super-Bowl-Halbzeit-Show in bekannter Manier hinkniete. Schneller lassen sich 100 Millionen Menschen nicht erreichen.

Der Fußballer bekennt sich lieber zu nichts, nicht zur Depression, nicht zur Homosexualität, nicht zu kritisierten Austragungsorten. Zu heikel, zu wenig prognostizierbar, welche Ressentiments das nach sich ziehen könnte. Also kicken nicht wenige eine ganze Karriere lang unter einer Maske, unter der sie verfluchen, verdrängen, verzweifeln.

Es ist von geradezu lebensrettender Wichtigkeit, schnell den Quantensprung zu Toleranz und Gleichberechtigung hinzubekommen, um diese Form des gänzlich überflüssigen Drucks von allen Betroffenen zu nehmen – und auch ihnen die Möglichkeit zurückzugeben, als Individuum und Vorbild funktionieren zu dürfen.

PSYCHISCHE UND PHYSISCHE VERLETZUNGEN VERARBEITEN

Die Bilder bleiben im Kopf, graben sich unangenehm ins Fan-Gedächtnis. Es schmerzt, auch aus sicherer Distanz mitzuerleben, wie sich Sportler verletzen; wie sich im Handball Knie- und Sprunggelenke fern jeder anatomischen Gesetzmäßigkeit verdrehen, wie Köpfe beim Fußball wuchtig aneinanderklatschen, Hochgeschwindigkeitssprünge bei Skiabfahrtsrennen außer Kontrolle geraten. Selbst im Fernsehsessel zuckt man zusammen und schlägt die Hände bei flauem Magen vors Gesicht, als könne man es damit nachträglich ungesehen machen.

Es geht durch Mark und Bein, wenn der Knall einer gerissenen Achillessehne durch die Sporthalle schallt. Und wer 1981 gesehen hat, wie der Oberschenkel von Fußball-Profi Ewald Lienen durch seinen Gegenspieler 20 Zentimeter lang aufgeschlitzt wurde, der hat das Bild noch heute im Gedächtnis, mehrere Jahrzehnte danach.

Auch der betroffene Sportler speichert nicht nur den Schmerzmoment, sondern ebenso Bildhaftes ab. Es kann das traumatisch Erlebte aus der

Eigenperspektive sein, es kann auch der Originalfilm sein, den man sich nachträglich aus gespeicherten Fernsehbildern herunterlädt. Vor Letzterem ist allerdings zu warnen, da es nicht jedem Gemüt, auch nicht in jedem Gemütszustand und damit nicht zu jedem Zeitpunkt zuträglich ist, sich frühzeitig mit erschreckenden Bildern zu konfrontieren. Die intensive Auseinandersetzung mit der eigenen Verletzung ist indes unumgänglich.

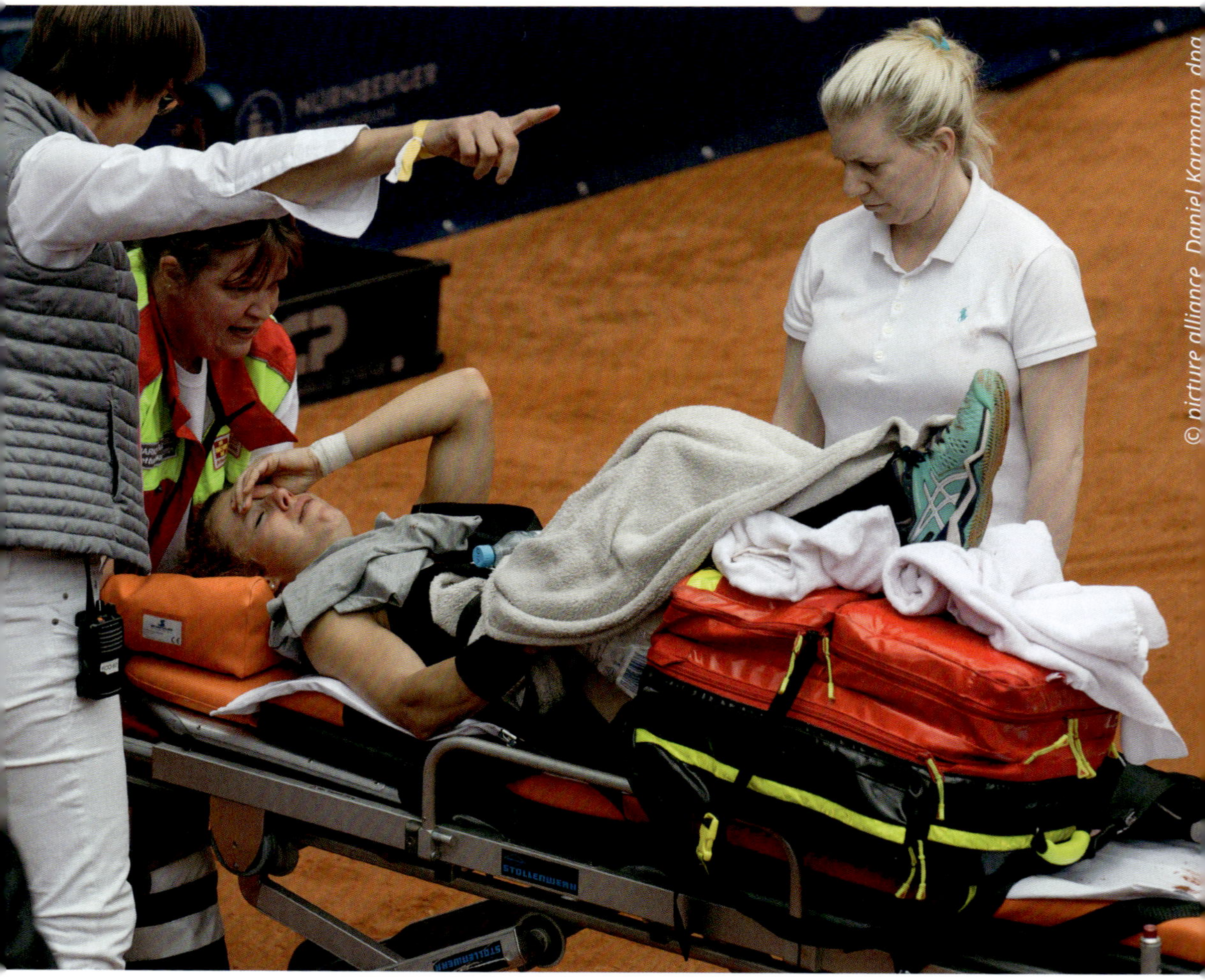

Die schwierigsten Momente aushalten und darin sogar den Antrieb für die eigene Entwicklung erkennen.

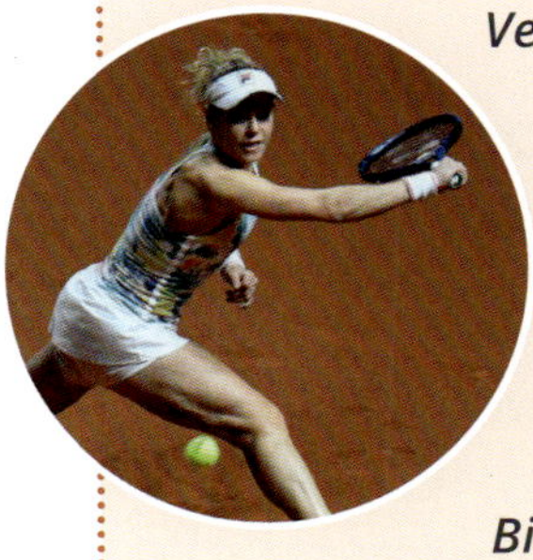

Verletzungen gehören zum Profisport. Man trainiert am Limit, die Belastungen, sowohl im Training als auch im Wettkampf, sind enorm, gerade im Tennis, wo Training und Turniere sehr eng getaktet sind. Tennis ist eine extreme Sportart. Man kann jede Woche irgendwo auf der Welt ein Turnier spielen. Reisestrapazen, Jetlags, Schlafmangel, alles inklusive. Ständig muss sich der Biorhythmus umstellen. Man spielt in unterschiedlichen Zeitzonen auf unterschiedlichen Belägen unter unterschiedlichen klimatischen Bedingungen – das alles erhöht das Verletzungsrisiko.

Umso wichtiger ist es, dem Risiko etwas entgegenzusetzen. Eine hohe, professionelle Trainingsqualität ist entscheidend. Der Sportler und sein Team brauchen einen ganzheitlichen Blick auf das Gesamtsystem aus Physis, Psyche und Umfeld.

Befassen wir uns also mit der wohlweislich größten sportlichen Krise, der Verletzung. Kaum ein Spitzensportler entkommt ihr. Im Gegenteil, viel größer ist die Wahrscheinlichkeit, sich in seiner Karriere zu verletzen, als davon verschont zu bleiben.

Schon in den 1990er-Jahren fand die kanadische Psychologin Lydia Ievleva zusammen mit dem kanadischen Wissenschaftler Terry Orlick heraus, dass sich der Heilprozess durch mentale Arbeit günstig beeinflussen lässt. In den Vordergrund stellten sie vor allem den Einsatz von **Zielsetzung**, positivem **Selbstgespräch** und **Visualisierung.**[182]

Wie sich weiter oben schon gezeigt hat, trägt ein Zielsetzungstraining ganz wesentlich zur Aufrechterhaltung der Motivation bei. Das gilt auch und besonders im Kontext einer Verletzung. Denn der viele Monate umfassende Regenerationsprozess nach einer schweren Verletzung, etwa nach einer Kreuzbandruptur im Knie, ist aus Betroffenensicht unerträglich lang. Dieser Eindruck verstärkt sich zusätzlich, da die Kluft zwischen *sich gerade gar nicht bewegen zu können* und *sich dereinst wieder super-*

182 Ievleva & Orlick (1991).

dynamisch bewegen zu müssen so groß ist, dass man nicht glauben mag, diese Lücke jemals wieder zu schließen.

Bedauernswert sind all jene, die schon mehrere solcher Verletzungen hinter sich bringen mussten. Doch die quälenden Momente bescherten ihnen zumindest einen Wissensvorsprung: An sich selbst zu erleben, wie man nach einer noch so schweren Verletzung wieder auf die Beine kommt, sich sogar wieder auf Topniveau zurückarbeitet, festigt den Glauben an die innere Stärke und das Durchhaltevermögen ungemein und kann bisweilen richtig beflügeln.

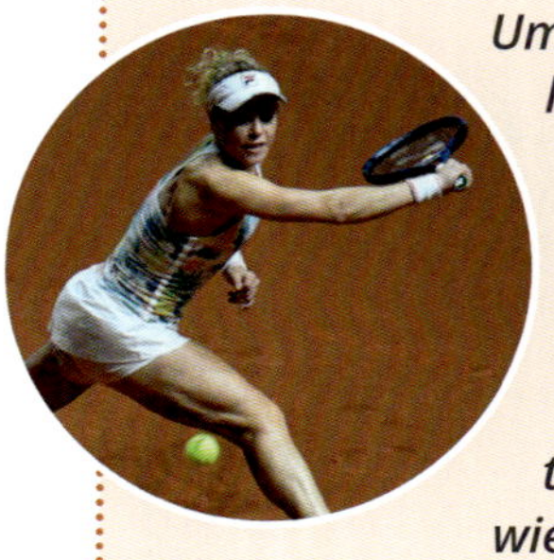

Um wieder uneingeschränktes Vertrauen in die verletzten Körperstrukturen zu bekommen, hilft es mir ungemein, diszipliniert am Wiederaufbau zu arbeiten. Wenn ich jeden Tag mein Bestes gebe, um wieder gesund zu werden, wenn die Arbeit langfristig mit Profis der jeweiligen Fachbereiche stattfindet – mit Tennis- und Fitnesstrainern, Ärzten und Physiotherapeuten –, dann entwickle ich wieder Vertrauen in die Strukturen.

Kleine Fortschritte werden sichtbar, die mir den Glauben zurückgeben, wieder auf mein volles Niveau zu kommen. Das hilft mir, im Kopf stabil und positiv zu bleiben.

Der erfolgreiche Prozess bedingt ambitionierten Einsatz. Auch Geduld und gedankliche Flexibilität. Denn selten ist der Verlauf geradlinig. Mal schwimmt man oben auf der Welle der Euphorie, weil die Narbe gut verheilt, sich die Bewegungsamplituden stetig verbessern, sich das Gangbild normalisiert. Und dann drückt einen ein unerwartetes Stechen im Knie wieder tief ins Wellental. Die meisten dürfen sich aber berechtigt darauf freuen, dass sie ein gutes Rehaprogramm am Ende wieder fit in die Wettkampfstätte spült.

Manch hilfreiche Parallele mag man erkennen, wenn man die Therapiephase wie eine lange Saisonvorbereitung begreift, nur eben auf Krücken. Am Ende steht in einen Fall das erste Spiel, der Saisonauftakt. Im anderen Fall der erste Wettkampfeinsatz nach der Reha. Die Analogie liegt also nahe.

Ein kleiner, aber sehr ernst zu nehmender Unterschied besteht darin, dass der Termin für den Saisonauftakt feststeht. Der „Return to Competition“ nach einer Verletzung lässt sich jedoch nicht fixieren. Sich hierfür ein terminliches Ziel zu setzen, kann bei Nichterreichen sehr frustrierend sein – und sollte deshalb in den Hintergrund treten.

Natürlich will ich in sieben Monaten wieder auf dem Platz stehen. Wichtiger ist aber erst einmal, dass ich zum Beispiel das Knie in zwei Wochen um weitere soundsoviel Grad zu beugen vermag.

Ich kann meinen Heilprozess auch transparent darstellen, indem ich eine wochenweise Tabelle führe. Die Spalten überschreibe ich mit relevanten Teilaspekten, etwa dem Bewegungsgefühl und dem Beugewinkel. Auf einer Skala von 1 bis 10 bewerte ich diese jeweiligen Teilaspekte immer am Wochenende. Zudem bilde ich in einer letzten Spalte ganz rechts stets die Quersumme aller Teilaspekte.

So mache ich die Entwicklung jedes einzelnen Bausteins sichtbar, aber auch die Entwicklung in der Gesamtheit. Letzteres hat die Besonderheit, dass sich Werte untereinander ausgleichen können und sich trotz Teilverschlechterung noch ein positiver Verlauf abbilden lässt. Das mildert etwaige Stagnationen und kleine Dellen ab – nicht kaschierend allerdings, sondern die ganzheitliche Sicht priorisierend.

Neben ergebnisorientierten Zielen spielen mentale Ziele eine große Rolle. Eine der zentralen Aufgaben, die uns unsere verletzte Struktur aufbürdet: Vertrau mir! Aber wie soll das gehen?!

- Monatelang haben mich die betroffenen Bänder, Muskeln, Knochen, Sehnen im Stich gelassen – und jetzt soll ich ihnen wieder mein volles Vertrauen schenken?

- Mich mit dem ganzen Körpergewicht auf sie stützen, gar auf sie fallen lassen? Seitbewegungen, Drehbewegungen, Sprungbewegungen, spontane, da unerwartete Abstützbewegungen?

Das ist kein Unterfangen, das man mal eben an- und wieder abschaltet. Das ist vielmehr ein subtiler Prozess, den ich behutsam und im besten Fall mit imaginativer Unterstützung anstoßen sollte.

Ich kann mir Bewegungsabläufe vorstellen, noch bevor ich sie in der Realität angehe. Vielmehr bereite ich sie mental vor, gehe sie minutiös durch, erstelle einen inneren Film darüber, wie ich wieder laufen lerne.

Jeden kleinen Teilprozess meiner Rekonvaleszenz kann ich auf diesem Weg vorbereiten, bis hin zum dynamischen Handball-Sprungwurf gegen den Block zweier gegnerischer Verteidiger. Mein Film macht mich wieder vertraut mit Bewegungsmustern und Handlungsabläufen, die sich verletzungsbedingt aus meinem Repertoire gestohlen haben.

Auch passend gewählte Metaphern können meine vertrauensbildenden Maßnahmen unterstützen. Stellen wir uns den Baum am Ufer vor, der nicht zentral im Boden wurzelt, sondern sich schräg in die Böschung krallt. Ein Wunderwerk an Kraft und effektiver Stabilität und ein Vorbild für jedes Sprunggelenk, das zu alter Stärke zurückfinden will. Paare ich all das mit positiven Instruktionen, bin ich der Rückkehr in den Sportalltag schon deutlich nähergekommen.

Beim verletzungserfahrenen Sportler wird sich das positive Selbstgespräch womöglich von allein ergeben. Er kennt den, zum Glück oft im Guten endenden, Genesungsprozess schon und glaubt an ihn.

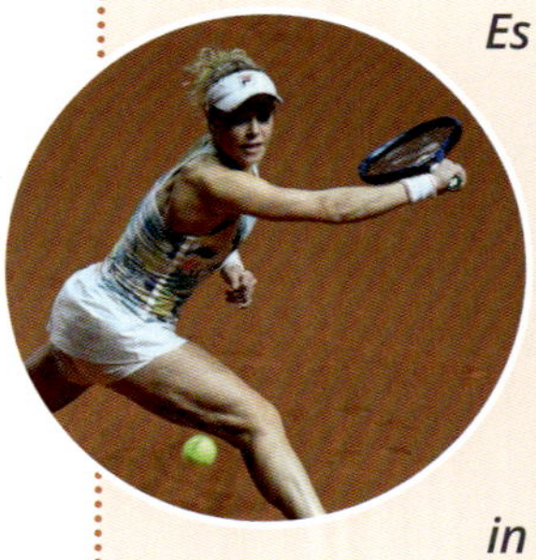

Es gibt viele Studien darüber, wie die eigene Einstellung auf die Heilung von Verletzungen wirkt. Ich versuche, mir das in Rehabilitationsphasen immer wieder klarzumachen: dass es nicht nur wichtig ist, jeden Tag sein Training zu absolvieren, Übungen zu machen, wirklich hartnäckig am Wiederaufbau der Strukturen zu arbeiten, die verletzt wurden. Sondern auch im Kopf daran zu arbeiten, in die eigene Arbeit zu vertrauen, positiv nach vorn zu schauen, sich nicht unterkriegen zu lassen.

Es ist normal, Rückschläge in der Reha zu erleben. Bei größeren Verletzungen sind es oft zwei Schritte vor und einer zurück. Ich versuche, Ruhe und Konstanz durch meine täglichen Routinen zu erhalten und einen besonderen Fokus auf die positiven Elemente des Rehaprozesses zu legen. Ich will die guten Dinge sehen, so klein sie auch sein mögen.

Leider werden die guten Dinge immer wieder von der verletzungstraumatischen Vergangenheit überschattet. Gedanken holen uns ein, die wir lieber nicht mehr hätten. Zweifel werden geboren, auch Unzufriedenheit, manchmal Hoffnungslosigkeit. Bilder und Eindrücke setzen sich fest, das ist erst einmal unumgänglich. Während sich spontane Gefühle tilgen lassen, bleibt uns das Optische meist erhalten.

Statt einen tendenziell aussichtslosen Kampf aufzunehmen, können wir die Bilder unseres Lebens aber auch sinnvoll ablegen. Es hilft, ein Fotoalbum im Kopf anzulegen, in das wir diese Bilder einsortieren. Auch ein gravierendes Verletzungsereignis bekommt dort seinen Platz. Wann wir diese Seite herbeiblättern, bleibt uns überlassen.

Was so lapidar klingt, bringt uns elementare, innere Sortiertheit. Ich verfahre mit dem Album wie mit einem Lexikon. Ich gehe, der Situation entsprechend, immer auf *die* Seiten, die mir im jeweiligen Moment die richtige Stimmung vermitteln.

Das kann das strahlende Siegerfoto sein, die konzentrierte Pose, das jubelnde Publikum. Sehr selten werde ich die Seiten anwählen, die eher von Unglück und Schmerz geprägt sind. Doch auch dafür gibt es Momente. Sicher nicht in krisenhaften Phasen, nicht vor der ärztlichen Diagnose einer erneuten Verletzung, nicht nach einer drastischen Niederlage.

Womöglich aber in einer Phase der Stärke, um mir zu verdeutlichen, was mein Körper für eine Spitzenleistung vollbracht hat, mich wieder auf dieses Niveau katapultiert zu haben.

Ein wichtiger Baustein im Prozess einer zügigen Rehabilitation ist die Community.

- Wie reagiert sie, nachdem sich der Sportler verletzt hat?
- Stehen ihm alle zur Seite, halten alle den Kontakt?
- Der Trainer, die Mitspieler?
- Gibt das medizinische Personal Halt?

Dass dem sozialen Netz eine wichtige Auffangfunktion zukommt, liegt auf der Hand. Auch der Familie und dort wiederum nicht nur den Eltern, sondern nachweislich auch den Geschwistern.[183]

183 Wippert (2002, S. 196).

Fehlende Unterstützung und überhaupt fehlende Kommunikation aus dem sozialen Umfeld führt schnell zur Verunsicherung. Zu berücksichtigen ist auch, dass instabile Körperstrukturen mit einer instabilen Psyche einhergehen.

Hinzu kommt oft die Sorge, dass die Konkurrenz den Ausfall ausnutzen wird. Das greift vor allem im Mannschaftssport, in dem Positionen doppelt und dreifach besetzt sind. Bin ich der an Nummer eins Gesetzte, fange ich jetzt nachvollziehbarerweise an, um diese Priorisierung zu bangen. Und bin ich Nummer drei, sorge ich mich natürlich darum, ob für mich nach überstandener Verletzung überhaupt noch Land in Sicht ist.

Es lauern da draußen einfach viele Hochmotivierte darauf, sich in die Lücke zu drängen. Seelische und auch rational formulierte Unterstützung tut not.

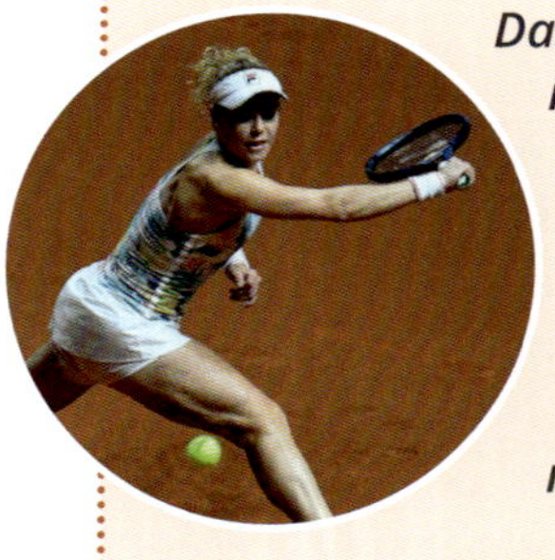

Das eigene Umfeld spielt eine sehr große Rolle. Es ist wichtig, Menschen zu haben, denen man vertraut, mit denen man reden kann, wenn es nicht so läuft. Menschen, die Positivität ausstrahlen, einen anspornen, manchmal auch trösten, über Sorgen und Ängste hinweghelfen, die einfach einen positiven Gegenpol bilden, wenn man in einem tiefen Loch steckt.

Spezialisten und eine optimale Infrastruktur für eine hochprofessionelle Rehabilitation sind von herausragender Bedeutung, auf der anderen Seite sind aber auch Familie und Freunde wichtig, die einen zwar nicht fachlich, dafür aber umso mehr emotional unterstützen können.

Ich habe sowohl bei der Rehabilitation meines Kreuzbandrisses als auch in anderen Verletzungsphasen auf eine gute Mischung gesetzt. Einerseits habe ich darauf geachtet, mit Fachleuten zu arbeiten, denen ich hundertprozentig vertraue und die in ihrem Fach absolute Spitzenklasse sind. Andererseits war mir wichtig, die Verletzungszeit zu nutzen, um in der Nähe meiner Lieben und meiner Familie zu sein, mich also in vertrauter Umgebung zu rehabilitieren.

Die Verletzung als Teil der Spitzensport-Vita zu akzeptieren – daran ist nicht vorbeizukommen. Probleme entstehen, wenn die Akzeptanz zur Angst wird. Die Angst wird hierbei nicht nur gespeist von der generellen Sorge um den eigenen Körper, sondern hat existenzielle Tragweite. Denn eine Verletzung kann auch das Ende der Karriere einläuten. Das bedingt nicht gleich eine Berufsunfähigkeit, auch eine bleibende Leistungseinbuße kann genügen, um dem sportlichen Erfolgen das Aus zu bereiten.

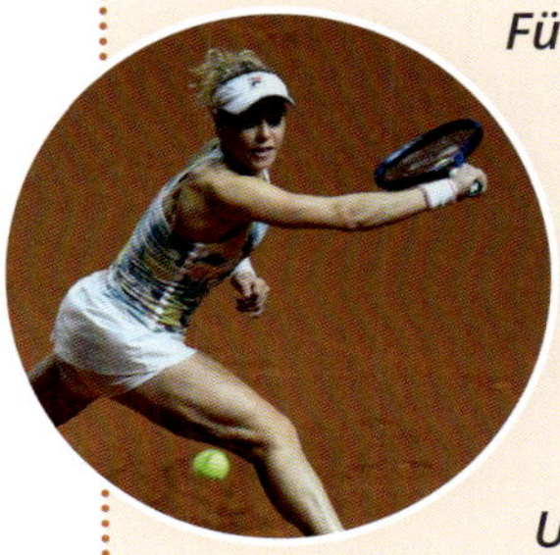

Für mich ist eine gewisse Angst und Sorge vor einer Überlastung und vor Verletzungen immer schon Teil des Sports. Ich bin eine sehr sensible Sportlerin und habe mich viel mit dem eigenen Körper beschäftigt, viel darüber nachgedacht, warum Verletzungen eingetreten sind – um diese in Zukunft vermeiden zu können.

Um Angst vor Verletzungen zu minimieren, muss ich meinen Körper wirklich gut kennen und meinem Einschätzungsvermögen trauen. Mir ist es wichtig, die Freiheit zu haben, meinem persönlichen Empfinden jederzeit im Trainings- oder Turnieralltag Gehör schenken zu dürfen. Ich sehe es so: Mein Körper und ich sind ein Team. Er sendet mir Signale, er spricht mit mir. Meine Aufgabe ist es, seine Sprache richtig zu verstehen, seine Hinweise korrekt zu deuten. Erst daraus kann ich dann mit meinem Team ein optimales Belastungsprogramm schneidern.

Ich bin hier kein Haudrauf-Typ. Es gibt auch Sportler, die eben die Zähne zusammenbeißen und weghören, solange es irgendwie möglich ist. Natürlich will man immer höher, schneller und weiter. Aber den Körper nur auszunutzen, so hart und lange es geht, entspricht nicht meiner Vorstellung von einer guten Zusammenarbeit, vor allem nicht langfristig.

Klar, muss jeder Profisportler, in welcher Sportart auch immer, phasenweise die Zähne kräftig zusammenbeißen, das gehört eben dazu. Aber es war mir immer überaus wichtig, dass meine Betreuer mir diesen hohen Grad an Sensibilität zugestehen und ich die feine Einschätzung meiner körperlichen Verfassung in die Trainings- und Wettkampfsteuerung einbeziehen kann.

Wer glaubt, Verletzungen seien halt Pech, hat nur manchmal recht. Zumindest lassen sich Verletzungsrisiken verringern, indem präventive Maßnahmen einbezogen werden. Der Sportler muss auf jeden Fall lernen, sehr genau in seinen Körper hineinzuhören, um den rebellierenden Aufschrei etwa der Muskelfasern rechtzeitig wahrzunehmen.

- Womöglich entsprechen Trainingsumfänge und -intensitäten nicht dem Leistungsniveau?

- Womöglich war auch der Belastungsanstieg zu sprunghaft?

Eine feine Abstimmung ist ratsam. Auf diese Maßnahmenliste gehört ebenso die individuell angepasste Ernährung, eine langfristige Trainings- und Wettkampfsteuerung und die Zusammenarbeit mit ausgewiesenen Fachkräften: Trainern, Physiotherapeuten, Athletik- und Mentalcoaches.

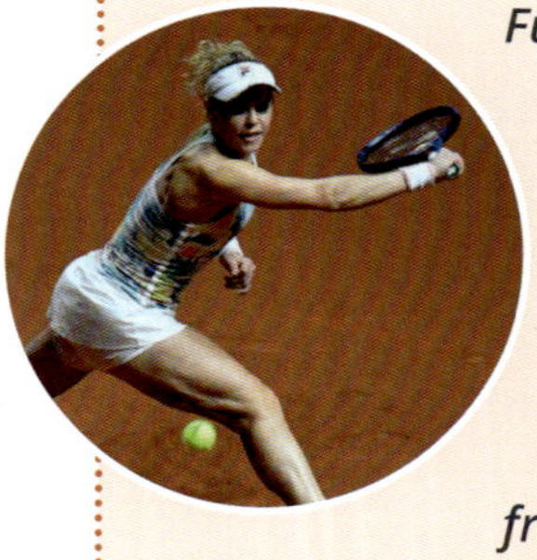

Für die Prävention von Verletzungen ist ein ganzheitlicher Ansatz wichtig. Hierzu zählt neben der körperlichen auch die Einbindung der psychischen Ebene. Ein Athlet muss psychisch ausgeglichen sein, sich langfristig weder über- noch unterfordert fühlen, eine hohe Motivation und Freude an seinem Sport und der Erbringung größtmöglicher Leistungen haben, sonst wird er früher oder später körperliche, aber auch seelische Beschwerden bekommen. Physis und Psyche sind beim Thema Gesundheit sehr eng miteinander verknüpft. Das musste ich aber erst lernen.

Ich hatte einige Verletzungen in meiner Karriere, schon im jugendlichen Alter. Diese Erfahrungen mit meinem Körper haben mich sehr geprägt und ich habe gelernt, mehr auf meinen Körper zu hören, um ihn besser einschätzen zu können und mir mehr Gedanken dazu zu machen, was mir guttut und was nicht.

Ich gehe heute auf jeden Fall mit Verletzungen anders um als vor zehn Jahren. Als Jugendliche oder junge Athletin habe ich sie eher als Übel und Ungerechtigkeit empfunden. Ich war der Meinung, der Körper sei eine Maschine, die ich nutzen kann und von der ich erwarte, dass sie so funktioniert, wie ich es möchte, jederzeit.

Wenn mir heute mein Körper sein Limit zeigt, dann habe ich mehr Verständnis für meine eigenen Unzulänglichkeiten und für meine physischen Grenzen. Für mich ist es nicht selbstverständlich, dass er immer funktioniert und Höchstleistungen bringt.

Verletzungs- und Rehabilitationsphasen können einem auch Kraft geben, wenn man sie richtig nutzt. Man kommt ja etwas zur Ruhe und kann sich ein paar grundsätzliche Gedanken machen. Etwa über die Motivation:

- *Wie viel bedeutet mir mein Sport?*
- *Oder über die Ziele: Was möchte ich noch erreichen?*
- *Oder über die eigenen Grenzen: Wo liegen sie?*
- *Wie gehe ich mit ihnen künftig um?*

Ganz neue Trainingsreize und Trainingsinhalte führe ich zum Beispiel sehr behutsam und mit viel Feingefühl ein. Durch das Älterwerden reagiert der Körper auch stärker auf Ungewohntes, was schnell zur Überreizung führen kann. Es ist ein sehr individuelles Vorgehen.

Profi zu sein, ist eine verrückte Mischung aus der Fähigkeit, sich über lange Zeit alles abzuverlangen und gleichzeitig sehr feinfühlig und rücksichtsvoll mit sich selbst und den eigenen Ressourcen umzugehen.

Es ist eine große Herausforderung, seinen Körper und seinen Geist stabil einzustellen. Die Aufgaben, die zu bewältigen sind, verlangen einem viel ab. Die Taktung, die wir selten selbst bestimmen – sondern vornehmlich der Spiel- und Wettkampfkalender –, ist hoch. Und mit jedem neuen Aufschlag, mit jedem neuen Anstoß, mit jedem Startsignal entsteht Druck.

Wie man ihm entgegnen kann, steht weiter oben. Manchmal steuern aber nicht wir den Druck, sondern zunehmend er uns. In Kombination mit der hohen Frequenz an Ereignissen erleben wir die einengenden Momente in einer Repeat-Schleife. Eine bloße, kleine Blessur kann dann als rettend erlebt werden.

„Es denken alle, es wäre ein Drama, wenn du verletzt ausfällst – ist es nicht“, sagte Per Mertesacker im *Spiegel*-Interview. „Denn es ist der einzige Weg, eine legitimierte Auszeit zu bekommen, mal raus zu sein aus der Mühle.“[184]

Auf Belastung folgt Entlastung, sprich: Erholung. Entfällt diese gesunde Rhythmik dauerhaft, entsteht ungesunde Disharmonie, die der Körper nicht akzeptiert. Ist die Ermüdung so groß, dass Ruhe allein sie über eine gedachte Testzeit von zwei Wochen nicht mehr bewältigen kann, lautet die Diagnose meist **Übertraining**. Lösen wir uns vom reinen Sportgeschehen, können wir auch vom **Burn-out** sprechen.

Die Weltgesundheitsorganisation nennt in ihrer Definition Energiemangel oder Erschöpfung und eine zunehmende mentale Distanz zur Arbeit, auch Negativismus und eine verminderte berufliche Effizienz.[185] Viele Berufsgruppen haben ein erhöhtes Risiko, an Burn-out zu erkranken, etwa Führungskräfte und Pflegeberufe.[186] Das Ausmaß ist immens, und es steigt.

Eine Hochrechnung ergab für das Jahr 2019 in Deutschland rund 185.000 Burn-out-Fälle mit insgesamt 4,3 Millionen Krankheitstagen.[187]

Ein besonderes Burn-out-Risiko tragen auch Trainer, da sie zahlreichen Stressoren ausgesetzt sind.[188] Das prominenteste Beispiel in Deutschland ist Ralf Rangnick. Er ist bekannt dafür, in einem hohen Maß Energie in seine Arbeit zu stecken. 2011 war es dann auch für seinen Geist und Körper zu viel. Wegen Erschöpfung gab der Fußballlehrer seine Ämter ab.

184 Windmann (2018).
185 World Health Organization (2019).
186 Statista Research Department (2022b).
187 Ebd. (2022c).
188 Altfeld & Kellmann (2013).

Der Druck, der insbesondere auf Fußballtrainern lastet, ist bedeutsam. Läuft es nicht im Team, ist *er* es in der Regel, der gehen muss. Voraus geht der Entlassung eine hitzige Diskussion über die Stärken und vor allem Schwächen des Coaches in den Medien.

Schnell werden Prognosen aufgestellt, wie viele Tage ihm noch bleiben und welche Partie zu seinem Schicksalsspiel werden könnte. Noch bevor eine Entlassung offiziell wird, hat die Öffentlichkeit schon Listen möglicher Nachfolger präsentiert bekommen. Gerade, dass man das Volk nicht über das Schicksal abstimmen lässt. Dass der Fußballtrainer eine gewisse Disposition fürs Burn-out hat, sollte klar sein.

Neben dem Trainer steht natürlich auch der prominente Sportler selbst im Aufmerksamkeitsfokus der Medien, Ausgang offen.

- Was wird über ihn kolportiert?
- Kreieren die Medien eine Heldengeschichte mit glücklichem Ausgang?
- Oder wird der Sportler zum traurigen Helden degradiert?
- Oder einfach zerrissen?

Vor allem im boulevardesken Zeitungsmilieu kann der hochjubelnden Schlagzeile schon wenige Wochen später die bedingungslose und beileibe nicht immer folgerichtige Kritik folgen. Das muss man erst einmal wegstecken können.

Der Druck ist allgegenwärtig, er kommt aus verschiedenen Richtungen, mal direkt, mal indirekt. Mal stärker, mal schwächer. Jeder Sport folgt hier auch seinen eigenen Gesetzen und hält seine eigene spezifische Stressorenliste bereit, Stressoren, die den geregelten Ablauf des persönlichen sportlichen Geschehens durcheinanderwirbeln: die Konzentration bei den Hochgeschwindigkeitssportarten, die Volition bei den Ausdauersportarten, die Präzision bei den Schießdisziplinen (Stressfaktoren des Golfers, siehe Abb. 3).

Stressfaktoren

- Zeitdruck
- Kommentare und Gespräche anderer Golfer
- Öffentlichkeit
- Falscher Ehrgeiz
- Leistungsdruck beim Golfen (z. B. Abschlagweiten, Driving-Range, Putten, Platzreife, Handicap, Zählspiele, Golfturniere usw.)
- Fitnesszustand
- Alte Sportverletzungen
- Mangelnde Beweglichkeit
- Physiologische Probleme (z. B. Bluthochdruck, Diabetes, Übergewicht etc.)
- Seelische Probleme (Trennung, Scheidung, Tod)
- Schlechte Organisation
- Selbstüberschätzung
- Reizüberflutung
- Ständige Erreichbarkeit
- Angst (vor Versagen oder Blamage)
- Schmerzen
- Konflikte

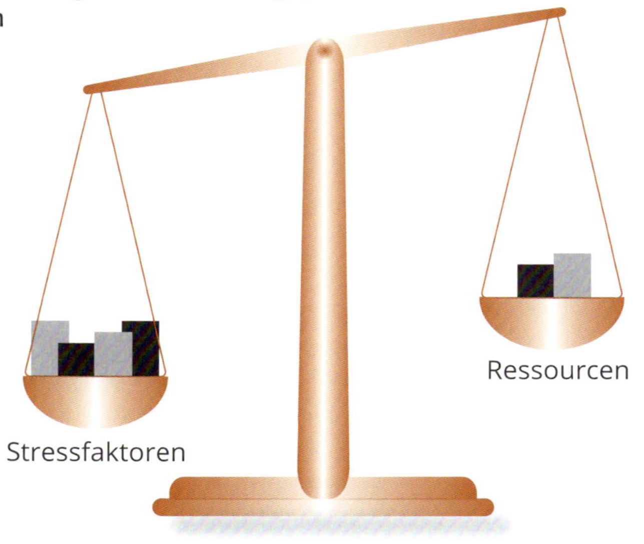

Abb. 3: Stressfaktoren (Heimsoeth, 2014, S. 41)

Auch dauerhafte körperliche Verausgabung kann im Burn-out enden. Körper und Geist korrespondieren hier auf einer Standleitung miteinander. Die Aspekte Erfolg und Misserfolg sind indes keine brauchbaren Indikatoren für Prognosen.

Nehmen wir das Beispiel des ehemaligen Handball-Nationaltorhüters Henning Fritz. Vize-Europameister 2002, Vize-Weltmeister 2003, Olympiazweiter 2004, Europameister 2004, hier auch bester Torhüter des Turniers, Welthandballer 2004. 2005 dann Tiefschlag statt Höhenflug, Burn-out.

„Ich habe schnell gemerkt, dass es nicht einfach ein Formtief war, es saß tiefer." Erschwerend kam hinzu, dass man sich zu dieser Zeit nicht einfach offen dazu äußern konnte. Burn-out als gesellschaftsfähiges Krankheitssymptom findet erst allmählich seinen Weg in die Branche. Noch immer macht man sich Sorgen, etwas von seinem Marktwert einzubüßen, wenn eine Schwäche im persönlichen, mentalen System offiziell wird.

Fritz hat seinen Weg zurückgefunden. Er hat nach einer Lösung für sich gesucht. Auch das ist ein wesentlicher Aspekt auf dem eigenen Schaffensweg: sich lösungsorientiert hindurchzubewegen und einen individuell passenden Zuschnitt zu finden. Fritz hat die sogenannte **frequenzmodulierte Musik** gefunden, die darauf basiert, Töne – die nicht einmal hörbar sein müssen – so zu modulieren, dass sie eine positive Wirkung auf das vegetative Nervensystem haben. Wissenschaftlich nicht belegt, aber hilfreich für einen Handballer in der Not.

Fritz war nunmehr dritter Torwart beim THW Kiel, sollte aber bei der Weltmeisterschaft 2007 als Nummer eins im deutschen Tor stehen. Unter Trainer Heiner Brand holt das Team den Titel und Henning Fritz wird nach dem Turnier ins Allstar-Team gewählt. Eine erfolgsgekrönte Rehabilitation.

Am besten, man erkennt frühzeitig die Zeichen aufziehender Burn-out-Wolken und bläst kräftig dagegen. Ein so leichtes wie eingängiges, vierstufiges Schema der Stressinterpretation und **Copingmaßnahmen** stellte der Psychologe Lazarus schon 1984 vor:[189]

189 Lazarus & Folkman (1984).

. . . **STUFE 1:**

Interpretation des Stressors und Kategorisierung in „positiv", „gefährlich" und „irrelevant". Nur der gefährliche Stressor – in Form einer Herausforderung oder Bedrohung – hat Bedeutung, mit ihm zünden wir . . .

. . . **STUFE 2:**

Analyse meiner verfügbaren Ressourcen mit den Optionen „mangelnd" und „ausreichend". Relevant wird es hier wiederum nur, wenn es mir an Ressourcen mangelt. Dann kommt es zum Stress und ich aktiviere . . .

. . . **STUFE 3:**

Copingoptionen werden ausgelotet. Gehe ich es problemorientiert an, dann ändere ich die Situation selbst. Eine emotionsorientierte Bewältigung bedeutet hingegen, dass ich den Bezug zur Situation ändere und damit die Emotionen verringere. Es folgt . . .

. . . **STUFE 4:**

Hier wird reflektiert, wie ich den anfänglich gefährlichen Stressor in den Griff bekommen habe. Fällt mein Urteil positiv aus, erkenne ich allenfalls noch eine Herausforderung. Bin ich mit meiner Bewältigung gescheitert, habe ich es mit einer Bedrohung zu tun, für die neue Maßnahmen zu suchen sind, womöglich auch einfach eine Vermeidung der Situation greifen kann.

Das sogenannte **transaktionale Stressmodell** von Lazarus weist deutlich darauf hin, dass das Stresserleben maßgeblich von uns selbst beeinflusst ist. Unserer Beurteilung obliegt es, ob aus der Belastung eine negative Bedrohung oder eine positive Herausforderung erwächst. Entscheidend ist, welche Ressourcen uns zur Verfügung stehen, wie resilient wir also sind und welche Werkzeuge zum Gegensteuern wir haben.

Solche Werkzeuge wären beispielsweise die Befähigung, Perspektiven zu wechseln oder unsere Emotionen über Entspannungstechniken zu regulieren. Hans Eberspächer konzentriert die Reaktionsmuster der Autoren auf Flucht, Standhalten und Herausforderung.[190]

190 Eberspächer (2011).

Nichts davon würde sich allerdings als dauerhafte Lösung anbieten, insbesondere das durchgehende Standhalten birgt die Gefahr, früher oder später im Burn-out zu enden. Aber auch ein Leben im permanenten Herausforderungsmodus ist nicht die Lösung. Für Eberspächer setzen sich all jene als Top-Performer ab, die in der Lage sind, „das ganze Spektrum möglicher Bewältigungsstrategien in allen Varianten flexibel zu nutzen".

Auf mentale Grundbedürfnisse achten

Und Flucht sollte dabei nicht als negative Notlösung, sondern als strategische Maßnahme definiert sein. Der Psychologe richtet den Appell an uns, auf unsere Grundbedürfnisse zu achten. Als körperliche Grundbedürfnisse führt er Ernährung, Bewegung, Regeneration, Entspannung und Schlaf an. Als mentale Grundbedürfnisse nennt er Selbstmanagement, Selbstwerterleben, Selbstbestimmung, Bindung, Lust, Freude, Zerstreuung und Unterhaltung.

Und wie der körperlich Verletzte ein Betreuerteam um sich herum braucht, das ihm eine professionelle, physische Rehabilitation sichert, braucht der psychisch Überlastete ein soziales Umfeld, das Halt und Kontinuität gewährt – und das auch einfach nur zuhörend in der Nähe ist und dem Betroffenen die Möglichkeit gibt, seine Gedanken zu teilen.

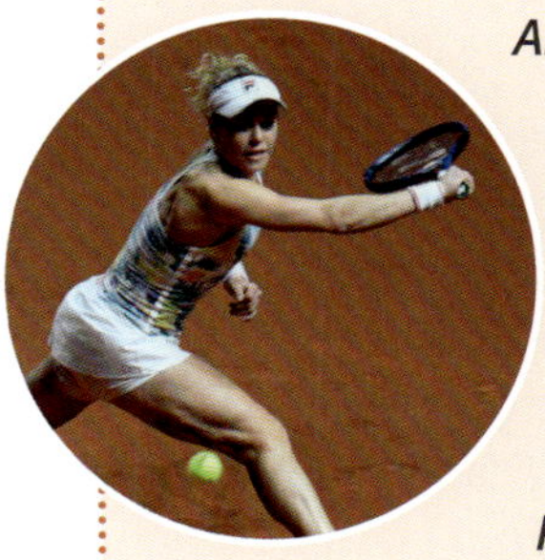

Als ich während meiner letzten Knie-Reha wochenlang nur stupide Thera-Band®-Übungen machen durfte – einfach, weil mein Knie noch nicht mehr leisten konnte –, bin ich von einem Motivationsloch ins nächste gestolpert. Täglich habe ich mich gefragt:

Wie lange und vor allem wie oft will ich solche Phasen noch durchmachen? In manchem Moment schlurfte ich morgens geradezu ins Fitnessstudio, weil mir schon im Voraus vor den immer gleichen Übungen graute. Sie waren so weit von dem entfernt, was ich eigentlich machen wollte. Alles erschien mir jämmerlich.

Da hilft mir eine gute Eigenschaft: Ich schmeiße nie hin. Nie. Wenn es tatsächlich so weit kommt, dass ich in solch einem Maße unmotiviert bin, dann nehme ich mir Zeit für ein inneres Motivationsgespräch. Ich appelliere dann an meine Geduld und Beharrlichkeit und mache mir klar, wo ich aktuell stehe und wohin ich will.

Ich erkläre mir, dass es auch ein wichtiges Zeichen ist, keine Lust auf monotone Thera-Band®-Übungen zu haben. Das nämlich signalisiert mir, wie viel Feuer ich für meine wahre Aufgabe in mir habe. Und: Es ist ein Zeichen von Größe, gerade solche zähen Phasen überwinden zu können.

Ich stelle mir vor, dass mit dieser Phase der Stagnation meine Willensstärke getestet werden soll. Will ich mich wirklich zurückkämpfen? Stelle ich dann ehrlich fest, wie sehr ich wieder fit werden möchte, um auf höchstem Niveau spielen zu können, dann habe ich den Test bestanden.

Und dann mache ich mir klar, wie wichtig jetzt die Arbeit an den kleinen Dingen ist – die sich über die Zeit addieren und zu etwas Großem werden können. Auch wenn es im jetzigen Moment überhaupt nicht danach aussieht.

DIE QUALITÄT DER KARRIERE SICHERN

Die bittere Erkenntnis: Wie viel Geld ein Sportler verdient, hängt erst in zweiter Linie von Talent, Förderung und Trainingsdisziplin ab. In erster Linie von der Sportart. Wer das Glück hat, im Fußball, Tennis oder Golf aufzugehen, in den USA etwa auch im Basketball, Baseball, Football und Eishockey, der schießt finanziell schnell durch die Decke. Vor *allem*, mitunter auch *nur*, wenn er ein Mann ist, die Frau wird in vielen Sportarten nach wie vor deutlich schlechter, manchmal auch gar nicht honoriert.

Den Wechselkurs bestimmt die Fernseh- und Klickquote, also der Rezipient vor dem Bildschirm. Und der Zuschauer favorisiert in der Regel die am schnellsten laufenden, am höchsten springenden, am weitesten werfenden und am härtesten schießenden Athleten. Die Relationen verschieben sich im Tennis, im Schwimmen, in Teilen des Wintersports und in den Disziplinen mit höherem, ästhetischem Anteil, ansonsten herrscht große Ungerechtigkeit.

So hängt der finanzielle Ertrag oft nicht einmal vom Erfolgsniveau ab. Schätzfrage: Was verdient denn ein vierfacher Europameister, vierfacher Weltmeister, zweifacher olympischer Silbermedaillengewinner? Klar, da sollten die Kassen schon kräftig klingeln.

Die Kassen verklingen aber mit einem Mal, wenn der Sportler Bobfahrer ist. Der nämlich verdient weniger als ein Zweitligafußballer, der wiederum nie in ein Nationalteam eingeladen, geschweige denn zu den Olympischen Spielen zugelassen wird. Johannes Lochner, einer der weltbesten Bobfahrer, muss im Elektrobetrieb der Familie mitarbeiten, damit er auch weiterhin ohne finanzielle Not den Eiskanal hinunterjagen kann.[191]

Finanzielle Unabhängigkeit erleichtert Leistung

Geld spielt bei der Karriereplanung also eine große Rolle. Auch, weil die Zeit, in der man als aktiver Athlet etwas verdienen kann, limitiert ist. In vielen Sportarten endet die Laufbahn mit Mitte 30. Und war ich Kunstradfahrer, hat davon fast kein Mensch etwas mitbekommen.

Noch eine Schätzfrage: Wer kennt den amtierenden Kunstradweltmeister? Und weil sich kaum jemand für das in hohem Maße ästhetische, artistische und athletische Kunstradfahren interessiert, kommt es nicht ins Fernsehen. Und was sich keiner anschaut, will auch kein Sponsor unterstützen. Dieser Geldhahn bleibt also zugedreht – obwohl es hiesigen Medien eigentlich ein Thema sein müsste, dass bei den letzten 35 Weltmeisterschaften (Stand: 2021) der Titel 34-mal an die Männer und 27-mal an die Frauen aus Deutschland ging.

Doch auch bei geöffnetem Geldhahn bleibt das Unterfangen Spitzensport zumindest für den Individualsportler heikel, denn Unabwägbares gibt es zuhauf. Will man oben mitspielen, dann sind die Ausgaben grundsätzlich hoch und müssen im Voraus getätigt werden.

191 ARD (2022).

Beispiel Tennis: Ein professionelles Team ist so notwendig wie groß, besteht aus einem Trainer, Fitnesscoach, Physiotherapeuten, Ernährungsberater, Psychologen.

Während es sich Top-10-Spieler leisten können, eine solche Expertenmannschaft permanent um sich zu scharen und auch als Entourage mit zu den Turnieren zu nehmen, müssen die – zwar auch ganz schön guten, aber eben nicht ganz so guten – Spieler hart kalkulieren.

Und lässt man die Zuwendungen der Sponsoren mal außer Acht, dann fehlt das geregelte Einkommen. Denn die Einnahmen aus den Turnierpreisgeldern sind kein verlässlicher Posten: Keiner weiß, wie weit er kommt. Es ist, als würde man im außersportlichen Arbeitsleben auf einer 100-prozentigen Provisionsbasis arbeiten. Wer würde sich darauf schon einlassen?!

Johannes Lochner hat – nebst Sponsorengeldern – als Rückhalt und Rücklage wenigstens das selbstverdiente Geld aus dem Familienbetrieb. Eine andere, aber lediglich ein paar hundert Euro pro Monat umfassende Quelle lässt die **Deutsche Sporthilfe** sprudeln. Das deckt aber meistens nicht einmal die Mietkosten. Eine solide Grundfinanzierung erhält nur, wer es in den Staatsdienst, etwa von Zoll oder Bundesgrenzschutz, schafft und weitgehend für den Sport freigestellt wird.

So kommt es zum weiter oben schon benannten Stressmoment, der in einer Studie mit mehr als 1.000 olympischen und paralympischen Athleten erschreckend belegt wird: Ein Drittel der Sportler hat zu wenig Geld, um sich vernünftig auf den Sport konzentrieren zu können.[192]

Weil Geld der Faktor ist, der maßgeblichen Anteil an der sportlichen Entwicklung hat, müssen sich Athleten immer wieder auch auf unangenehme Kompromisse einlassen und zum Beispiel an Olympischen Spielen in einem Land teilnehmen, das sie eigentlich gar nicht unterstützen möchten. Doch nur dort gibt es die geballte Ladung an Medienaufmerksamkeit. Plötzlich bin ich weltweit zu sehen – was lukrative Sponsorenverträge mit sich bringen kann.

192 Deutsche Sporthilfe (2021).

Da geht es also dahin mit der **Selbstbestimmtheit**, auf die wir uns weiter oben so einhellig verständigen wollten. Sie gilt es, zurückzuholen, das Individuum zu stärken und Grundlage für den so wichtigen, selbstverantwortlichen Athleten zu schaffen.

Das betont auch Henning Fritz, der Welthandballer aus dem Jahr 2004. „Jeder muss seinen eigenen Stil finden", so seine Empfehlung an alle, die es im Sport weit bringen wollen.

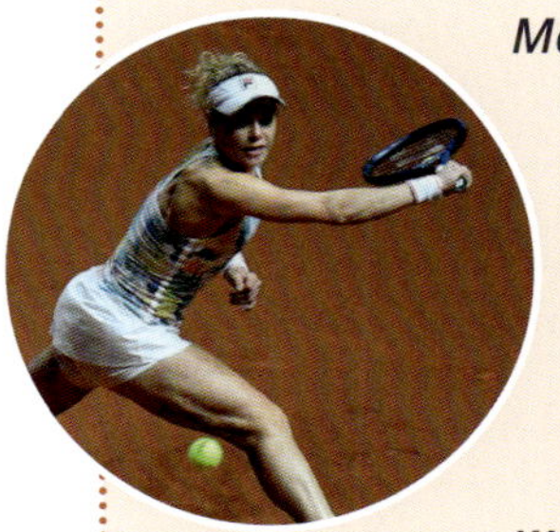

Manches muss reifen und sich über die Jahre entwickeln. Ich habe als junges Mädchen sehr hart trainiert, und das, weil ich es wirklich selbst so wollte. Hat mein Trainer mir als 12-Jährige 40 Minuten Berg- und Treppenläufe am Weinberg in Metzingen aufgegeben, so habe ich eine Stunde daraus gemacht. Der Puls sollte in der Spitze auf 190 hochgehen, mein innerliches Ziel war, die 200er-Marke zu knacken.

Mein Vater stand dann am Fuße der Treppen und hat die Zeit gestoppt oder die Läufe gezählt. Heute sagt er, ich hätte ihm so leid getan, wie ich da geschnauft und mich gequält habe. Dafür gab es aber gar keinen Grund, ich war in meinem Element und überzeugt davon, dass man es nur so zu ganz Großem bringen kann.

Über die Jahre in meiner Jugend bis ins junge Erwachsenenalter habe ich mich gequält und meinem Körper mehr abverlangt, als er zu bieten hatte. Ich war davon überzeugt, dass ich eines Tages dafür belohnt werde. Es kam aber anders: Schon früh hatte ich sehr viele Verletzungen, dadurch immer wieder Einschränkungen im Trainingsalltag, Rückschläge und zu wenig Konstanz in Training und Turnieren.

Der Frust kam, Zweifel an meiner Leistungsfähigkeit und an meinen physischen Voraussetzungen. Und glücklicherweise irgendwann auch Zweifel an meiner Rechnung, die ja nicht aufgehen wollte.

Erst im späteren Verlauf meiner Karriere, als ich Mitte 20 war, habe ich gelernt, mehr auf meinen Körper und auf meine Bedürfnisse zu hören. Ich fing an, meine psychische Verfassung beim physischen Training zu berücksichtigen. Beispielsweise weniger hart zu trainieren, wenn ich mich nicht hundertprozentig fit fühlte oder sehr gestresst war.

Da mein Körper sehr empfindlich auf Trainingsreize reagiert, habe ich damit begonnen, deutlich weniger Umfänge, dafür aber wesentlich höhere Intensitäten zu trainieren. Lieber nur zwei Stunden Tennis am Tag, dafür aber volle Konzentration und maximale Intensität. Im Fitnesstraining dasselbe: High Intensity Training in allen Bereichen.

Und durch das sehr harte, aber kürzere Training entstand plötzlich mehr Zeit für Ruhe und Regeneration – sogar für mehr Freizeit.

Mir wurde klar, wie sehr ich mich über die Jahre im harten Training verkeilt und wie wenig Wert ich auf mein Wohlbefinden gelegt hatte. Ich habe gemerkt, dass es an manchen Tagen besser für mich ist, eine härtere Einheit wegzulassen und stattdessen nur locker durch den Wald zu joggen und die Natur zu genießen.

An anderen Tagen, an denen theoretisch nur eine lockere Einheit auf dem Programm stand, spürte ich vielleicht, dass ich noch mehr Power hatte und machte dann flexibel eine harte Intervalleinheit daraus – nicht, weil es mir jemand vorschrieben hat, sondern weil ich es wollte und merkte, dass es Körper und Geist in diesem Moment hergaben.

Sich dem Leistungssport und der Trainingsdisziplin kompromisslos zu verschreiben, kann durchaus im Erfolg münden, kann aber auch riskant für die Entwicklung sein. Je „ausschließlicher die Fixierung auf den Leistungssport und je geringer die entwickelten Lebensalternativen", so formulierte es die Wissenschaftlerin Anke Abraham, „desto größer ist die Gefahr des Identitätsverlusts und des psychischen Absturzes, wenn der Sportler als ‚Lieferant' für Identitätsgewissheit nicht mehr zur Verfügung steht." [193]

193 Abraham (2008, S. 243).

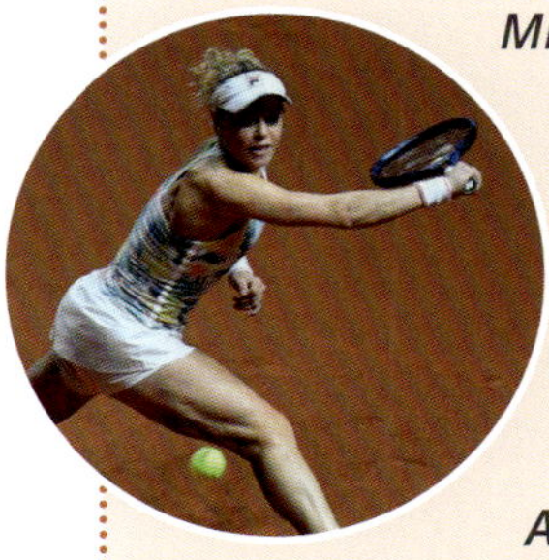

Mir war es immer wichtig, nicht zu vergessen, dass es außer Tennis noch andere Dinge im Leben gibt. So habe ich die Tour auch als Reise verstanden und genutzt, um die Welt kennenzulernen und meinen Horizont zu erweitern. 2016 konnte ich mich gerade noch für die Olympischen Spiele in Rio qualifizieren, ein Traum ging in Erfüllung.

Aber auch in Rio wollte ich nicht nur Tennisplätze sehen. Ich bin also eine Woche früher hingeflogen, um die Zeit bei einer befreundeten deutsch-brasilianischen Familie zu erleben, ganz privat. Ich bin eingetaucht ins Leben der Einheimischen und lernte eine extrovertierte Stadt kennen. Und ich war zusätzlich bereits bestens akklimatisiert, als das olympische Turnier losging.

Viele sind später dann nach ihrem Ausscheiden gleich abgereist, um schnellstmöglich auf die Tour zurückzukehren und sich auf die US Open vorzubereiten. Ich habe auf mögliche Preisgelder verzichtet und um eine weitere Woche im olympischen Dorf verlängert. So habe ich andere Athleten kennengelernt und neue Freundschaften geschlossen, die zum Teil bis heute anhalten. Zusammen haben wir uns Wettkämpfe angesehen.

Aus der ersten Reihe die besten deutschen Athleten in so vielen verschiedenen Sportarten hautnah zu erleben und anzufeuern, diese Möglichkeit würde es vielleicht nie wieder für mich geben! Es war etwas ganz Besonderes, etwas, was mir fürs restliche Leben in Erinnerung bleibt.

Am Ende waren die drei Wochen in Rio mit die besten, die ich durch meinen Sport je erleben durfte. Dabei haben mich viele für verrückt erklärt, als ich die Folgeturniere in Cincinnati und New Haven abgesagt hatte. Letztlich kam ich aber sehr gut gelaunt und natürlich auch rechtzeitig bei den US Open an. Und: Ich gewann dort den Mixed-Titel mit Mate Pavić. Wahrscheinlich auch deshalb, weil es mir psychisch ausgesprochen gut ging.

Sich das Konzept nicht aus der Hand nehmen zu lassen, es zu ertragen, für verrückt erklärt zu werden, auch den Verlust beträchtlicher Geldsummen hinzunehmen – all das zahlt ein auf das Konto eines mündigen Spitzensportlers.

- Zu welchem Social-Media-Post lasse ich mich hinreißen?
- Vor welchen Werbekarren lasse ich mich als Testimonial spannen?
- Welche Versicherung, welcher Wettanbieter, welche Airline geht mit meiner Person und meinen Lebensprinzipien zusammen?

Geld für die Geltung in einer Welt ohne Haltung, zu häufig zeigt sich Handeln nach diesem Schema. Die Kommerzialisierung hat das ursprüngliche sportliche Credo, das Sportsmanship, überrollt und eingeebnet. Vieles ist gleich und damit austauschbar geworden. Selbst der Karriereverlauf hat in die Einheitsschablone zu passen.

Als Philip Lahm ein Jahr früher, als zu erwarten, sein Karriereende bekannt gab, war die Überraschung groß, die Begründung indes klar. Auf seiner Facebook®-Seite schrieb der Ausnahmeverteidiger, den Trainer Pep Guardiola einmal als intelligentesten Spieler bezeichnet hat, den er in seiner Karriere trainiert habe, am 8. Februar 2017: „Als Kapitän ist es für mich sehr wichtig, in jedem Training und jedem Spiel Topleistung abzurufen. Ich weiß für mich, dass ich das über die aktuelle Saison hinaus keine weitere Spielzeit lang leisten kann.“[194]

Anderes Beispiel: die Biathletin Laura Dahlmeier: „retired“ steht in ihrem Wikipedia-Eintrag. Dabei wurde sie erst 1993 geboren. Mit 25 hat sie ihr Karriereende bekannt gegeben. Paukenschlag, denn die zweifache Olympiasiegerin und siebenfache Weltmeisterin hätte sicherlich noch ganz viel weiteres Edelmetall abräumen können.

Womöglich steckt diese Resolutheit in der DNA der Biathletinnen, denn auch Magdalena Neuner war 25, als sie ihre legendäre Biathlonkarriere beendete. Sie hatte schon im Alter von 21 den Gesamtweltcup gewonnen, war ebenso zweifache Olympiasiegerin und zudem gleich zwölfmal Weltmeisterin geworden.

194 Lahm (2022).

„Ich habe einfach gemerkt, dass ich an einer Grenze angelangt war, über die ich nicht mehr gehen wollte. Ich hatte schon so lange trainiert. Noch einmal so viel investieren, wieder ein Dreivierteljahr nicht zu Hause sein, alles mit dieser Konsequenz durchzuziehen?! Schon den Gedanken habe ich als anstrengend empfunden."

Die Kontrolle über sein Leben zu behalten, das ist es. Und es ist offenbar das Konzept der 25-jährigen Spitzensportlerinnen. Jüngstes Beispiel ist Ashleigh Barty, die ihren Karriere-Rücktritt am 23. Februar 2022 auf Instagram® bekannt gab, eben mit 25, begleitet von den Worten: „I'm so happy, and I'm so ready." Auch sie stand ganz oben in der Welt, Ranglistenplatz eins. Sie hatte die French Open gewonnen, dann, ihr Traum, in Wimbledon der Sieg auf dem „heiligen" Rasen. Es fehlte noch die heimische Arena der Australian Open.

Als auch das noch erledigt war, sei sie am Ende ihrer „amazing journey" angelangt, wie sie sagt. „I know that the time is right now for me to step away and chase other dreams." Und es gab noch diese weitere Aussage, die kaum zitiert wurde: dass sie gelernt hatte, nicht die Resultate nach vorne zu stellen: „My happiness wasn't dependent on the results." Vielmehr war für sie das Gefühl entscheidend, alles gegeben zu haben. Und jetzt beginnt die nächste Lebensphase, nicht als Athletin, sondern als Mensch.

Geplante Karriere-Enden, wie die der drei Top-Athletinnen, werden in der Regel zügig verarbeitet, nicht so die *ungeplanten* Karrierebrüche. Sie werden unter Umständen, so Wissenschaftlerin Pia-Maria Wippert, „bei mangelnder Hilfestellung und hohem Belastungsgrad jahrelang oder zum Teil lebenslang nicht bewältigt" und können zu Belastungsstörungen und Erschöpfungskrisen führen.[195]

In einer Untersuchung mit 194 ehemaligen Fußball-Profis, deren Karriere-Ende im Schnitt vier Jahre zurücklag, konnten psychopathologische Symptome nachgewiesen werden. Die Inzidenzraten für Ängste und Depressionen lagen bei 29 Prozent, Schlafstörungen wiesen 28 Prozent aus.[196]

---

195 Wippert (2008, S. 254).
196 Ramele et al. (2017).

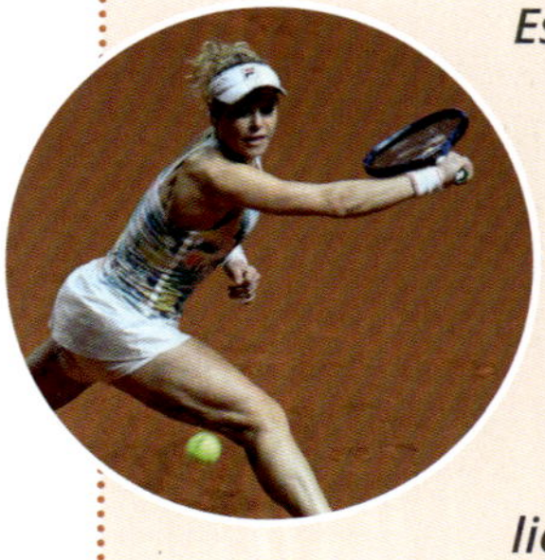

Es war die Phase im Alter zwischen 18 und 23: Je länger ich auf den kleineren ITF-Turnieren spielte und je mehr die Ergebnisse, die ich mir so sehnlich erarbeiten wollte, ausblieben, umso desillusionierter, aber gleichzeitig ehrgeiziger und verbissener wurde ich. Der professionelle Tennissport ist mit vielen Opfern verbunden: 40 Wochen reisen im Jahr, immer weg von Freunden und Familie, ständiges Training und Turniere im Prinzip ohne Pause von Januar bis Ende Oktober, dann zwei Wochen Urlaub und dann schon wieder die sehr harte Vorbereitung aufs nächste Jahr. Man kommt kaum zur Ruhe.

Jede Woche gilt es zudem, Punkte zu verteidigen, also sein Spielniveau zu bestätigen, sonst rutscht man schnell in der Rangliste ab. All das geht mit einem hohen Level an psychischer Belastung einher.

Meine Karriere stagnierte, mein Weltranglistenplatz lag zwischen 200 und 350. Ich hatte mir immer mehr erträumt, dachte, ich sei zu mehr fähig. Es frustrierte mich unendlich, nicht besser und schneller voranzukommen.

Dann kam eine gute Phase, ich knackte die Top-200-Marke. Ich hatte gedacht, nach dem Erreichen dieses Meilensteins würde ich mich besser fühlen, alles würde aufwärts gehen. Doch das Gegenteil war der Fall: Es ging mir in dieser Zeit emotional so schlecht wie nie. Auch als Top-200-Spielerin konnte ich mir von den Preisgeldern noch keinen Trainer leisten, der mich Vollzeit auf Turniere hätte begleiten und helfen können, mein Spiel zu verbessern.

Immer alleine auf Turniere zu reisen, quälte mich. Am schlimmsten war das ständige Gefühl, keine optimalen Bedingungen zu haben, um mein Potenzial zur Geltung zu bringen.

In dieser Zeit, als ich so gut platziert war wie noch nie, wurde mir klar, dass die Erfolgsleiter, wie ich sie mir immer vorgestellt hatte, nie endet. Dass sich jeder Gipfel, wenn man ihn denn endlich erklommen hat, nur als Übergang zum nächsten, noch höheren Berg entpuppt.

Ich konnte meinen Weg nicht mehr genießen und habe mit Mitte 20 beschlossen, mein Leben Dingen zu widmen, die mir mehr Freude und Zufriedenheit bescheren. Entgegen fast jeder Empfehlung stieg ich aus dem Hamsterrad und damit aus dem Tennisprofidasein von einem Tag auf den anderen aus.

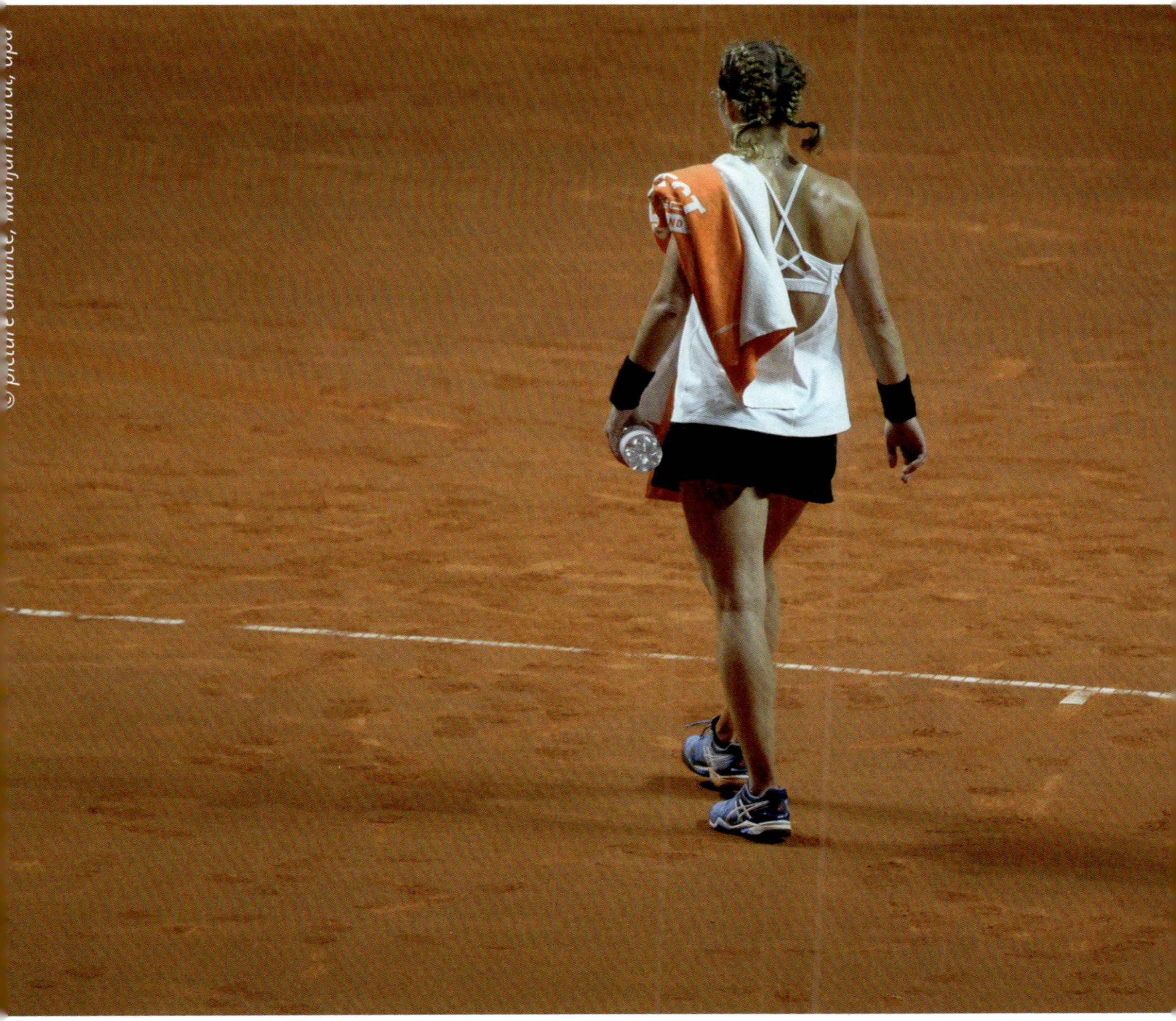

Extremsport Tennis: zwischen Rampenlicht und Einzelkämpferdasein.

Das Karriere-Ende, auch das geplante, sollte vorbereitet werden. Zusammen mit Kollegen befragte die Wissenschaftlerin Dorothee Alfermann[197] 254 Athleten aus Deutschland, Litauen und Russland, wie sie ihr Karriere-Ende rückblickend bewerten.

Akzeptanz war die vornehmliche Copingstrategie. Und es stellte sich heraus, dass eine antizipierende Vorbereitung sinnvoll wäre. Hierfür sind die Motive für das Karriere-Ende zu definieren, ein günstiger Zeitpunkt festzulegen, Pläne für die Zeit danach zu entwerfen und zu prüfen, mit welchen Ressourcen der Athlet die Übergangsphase bewältigen kann. Manch einer kommt nach dem proklamierten Karriere-Aus aber auch wieder zurück.

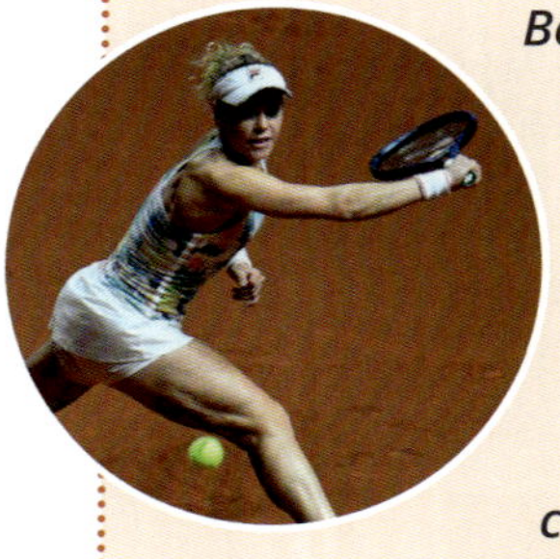

Bei meinem Ausstieg hätte ich es nicht für möglich gehalten, jemals als aktive Sportlerin zum Profitennis zurückzukehren. Die zwei Jahre, in denen Tennis das erste Mal in meinem Leben nicht mehr oberste Priorität hatte, waren befreiend.

Ich genoss die Sesshaftigkeit zu Hause in Stuttgart, das normale Leben im Jetzt, ohne jede Woche beweisen zu müssen, dass man zu den Besten gehörte oder dort um jeden Preis hingehören wollte. Ich konzentrierte mich auf mein Psychologiestudium und machte den A-Trainer-Schein des Deutschen Tennis Bundes. Durch mein Studium, die Trainerausbildung und die Arbeit als Trainerin auf Clubniveau habe ich völlig neue Perspektiven auf den Sport bekommen.

Wie es eigentlich dazu kam, dass ich auf die Tour zurückkehrte, ist mir selbst bis heute nicht ganz klar. Ich hatte nie aufgehört, für mich zu trainieren, sowohl auf dem Platz als auch im Fitnessstudio. Ich liebe es einfach, Sport zu treiben.

Aber ich gönnte es mir zum ersten Mal, Dinge auszuprobieren, mich an keine Pläne halten zu müssen, kein genaues Ziel zu haben, sondern einfach zu tun, was mir guttat und mich reizte. Ich änderte meine Ernährung, probierte neue Trainingsmethoden, die ich in meiner Ausbildung gelernt hatte.

197 Alfermann et al. (2004).

Ich war in diesem Prozess selbst mein eigenes Versuchskaninchen und lernte dadurch, besser auf meinen Körper und Geist zu hören. Perfektion interessierte mich nicht mehr, es ging mir darum, spielerisch zu optimieren, was mir selbst wichtig erschien.

Ich hatte auch nie aufgehört, kleinere ITF-Turniere zu spielen, weil ich meine Ranglistenposition nicht ganz verlieren wollte. Sie ist ausschlaggebend, wie viel man in diversen Bundesligen in Europa verdient und Tennis sollte immer eine Ertragsquelle für mich bleiben.

So spielte ich Turniere in der näheren Umgebung und als ich aufgehört habe, die Matches zu ernst zu nehmen, fing ich auf einmal an zu gewinnen. Es war kurios.

Manchmal fühlte ich mich fast betrogen. Mein Leben lang hatte ich immer alles fürs Tennis getan und jetzt, wo es keine Rolle mehr spielte, kamen die Ergebnisse, die ich immer wollte. So ging es Stück für Stück nach oben in der Rangliste.

2015 schloss ich mein Bachelorstudium in allgemeiner Psychologie ab und entschied mich, meiner Profikarriere noch einmal eine Chance zu geben.

Wie es der legendäre Basketballer Kobe Bryant formulierte: „Der Schlüssel liegt darin, sich bewusst zu sein, wie man sich fühlt und wie man sich fühlen muss. Alles beginnt mit der Wahrnehmung.“[198]

Auch Ashley Barty gönnte sich eine Auszeit, spielte Kricket und kam stark zurück. Aus der Individualität heraus entstehen Chancen. Aus dem Nützen dieser Chancen resultiert Entwicklung und daraus wiederum Erfolg. Erst nach ihrer selbstverordneten Tennispause gewinnt Barty ihre Grand-Slam-Titel in Paris, Wimbledon und Melbourne. Und auch erst nach ihrem Rückzug gewinnt Laura Siegemund die US Open im Doppel und im Mixed-Wettbewerb.

Kobe Bryant, der so viel über Körper und Geist und über den Gegner und sich nachdachte, brachte es so wunderbar auf den Punkt:
„Größe erreicht man nicht durch das Begehen einer geraden Linie.“

198 Bryant (2019, S. 31-33).

ZUSAMMENGEFASST: PRAKTISCHES IN STICHWORTEN AUS KAPITEL V

Karrieren haben viele Zeitfenster: den Wettkampftag, die Saison oder eben auch die jahrelange aktive Phase bis zum Ausscheiden. Dieser Schlusspunkt kann von verschiedenen Faktoren bestimmt werden, etwa von Verletzungen, vom Alter, aber auch von einem inneren Wunsch. Woher rührt ein solcher Wunsch, was treibt den Sportler an?

ERFOLG VERSPRECHEND

Sich immer weiter entwickeln zu wollen *** eigene Maßstäbe setzen *** inneren Erfolg als Voraussetzung für äußeren Erfolg schaffen *** Checkliste erstellen, worauf es mir ankommt *** aus Fehlern mehr lernen als aus Erfolgen *** Erfolg nicht erzwingen *** Erfolg visualisieren.

DEN SINN SUCHEN UND SEINE IDENTITÄT FINDEN

Anerkennung als Antrieb *** Vorbilder haben und Vorbild sein *** den eigenen Stil entwickeln *** authentisch sein *** den Druck der Angepasstheit überwinden.

PSYCHISCHE UND PHYSISCHE VERLETZUNGEN VERARBEITEN

Präventive Maßnahmen ergreifen *** Selbstgespräch und Visualisierung einarbeiten ***Zielsetzungstraining *** Tabelle zur Befindlichkeitsentwicklung erstellen *** ein inneres Fotoalbum anlegen *** Stressfaktoren und Ressourcen abgleichen *** das soziale und fachliche Umfeld organisieren *** Differenzierung von Stressoren als Maßnahme gegen das Burn-out.

DIE QUALITÄT DER KARRIERE SICHERN

Selbstbestimmtheit bewahren *** nicht nur den Leistungssport, sondern auch den Menschen sehen *** Brüche akzeptieren *** unkonventionelle Verläufe normalisieren.

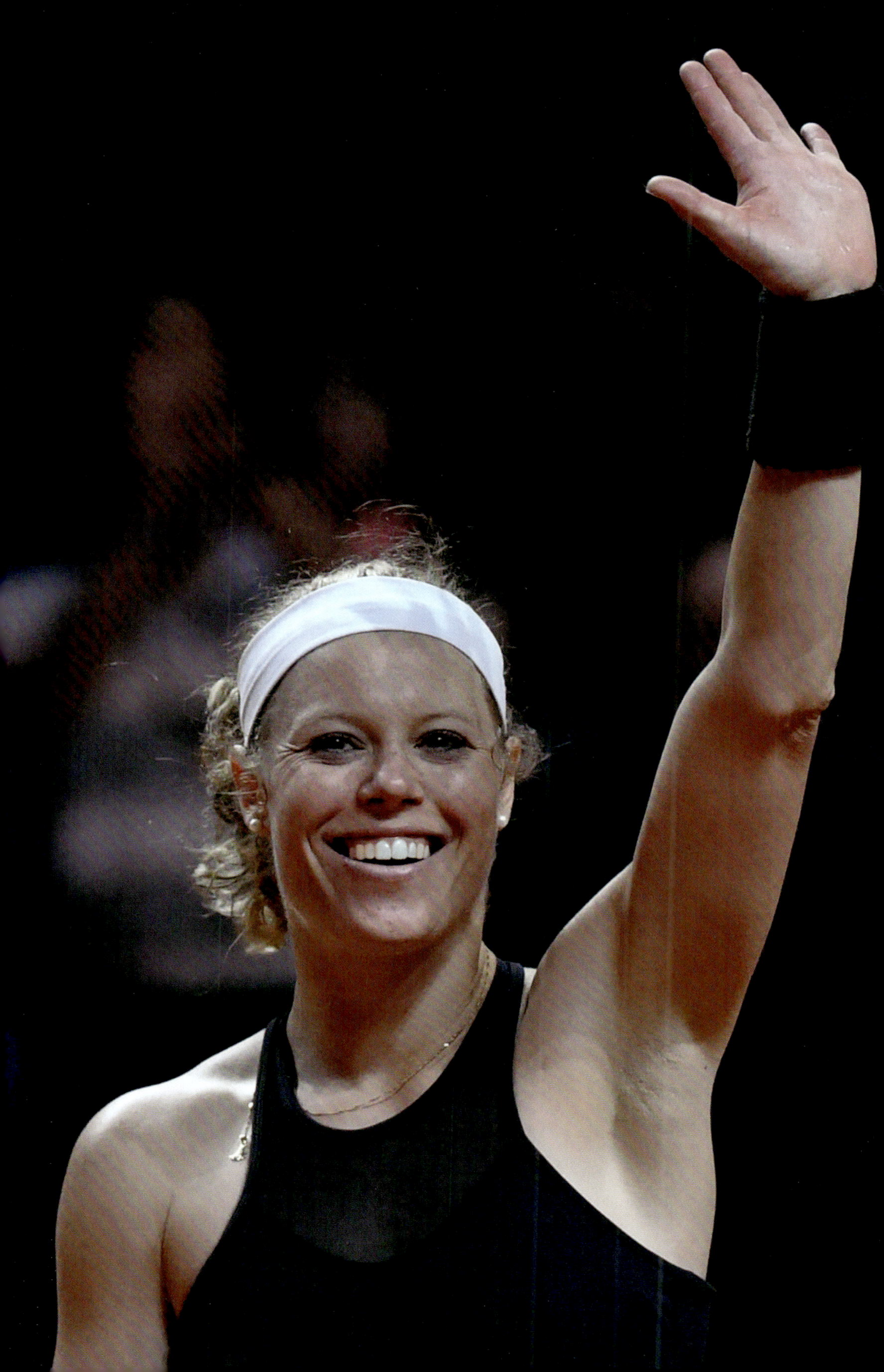

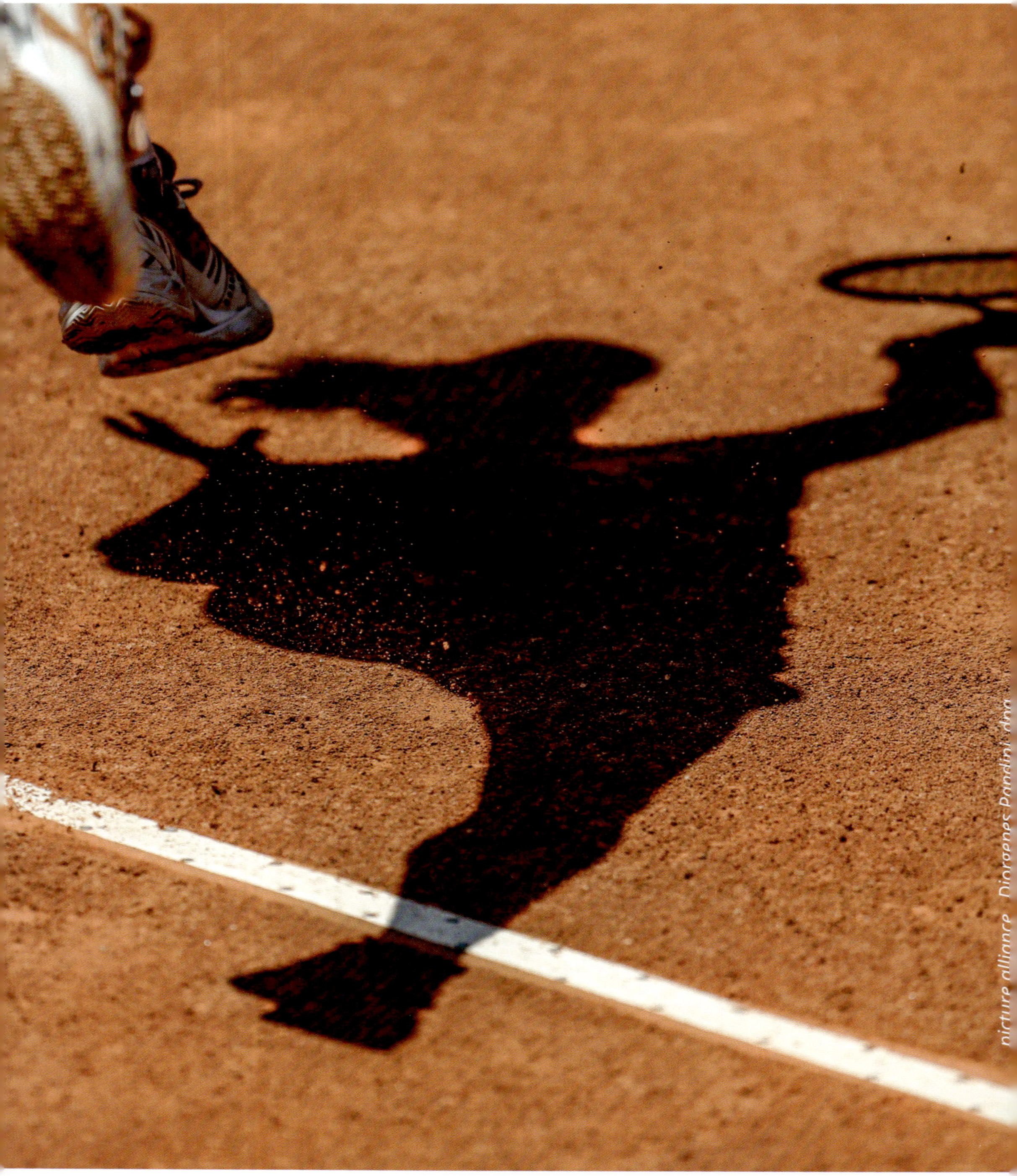

picture alliance Diogenes Pandini dpa

DIE MATCHANALYSE

AUF DEM WEG IN DIE KABINE – AUTORIN UND AUTOR IM ABSCHLIESSENDEN GESPRÄCH

Jetzt geht unser Buch zu Ende – unser eigenes, spannendes Match. Wie fällt deine Analyse aus, Laura?

Sehr positiv, Stefan! Es war wie bei einem Tennisturnier: genauso echt und spannend. Man war mit anspruchsvollen Situationen konfrontiert, musste sie einordnen, auf sie reagieren, sie auflösen. Immer mit der Chance verbunden, sich zu entwickeln und zu belohnen.

So „echt" – diese Beschreibung gefällt mir. Nur vier Buchstaben, aber ein vielversprechendes Motto, das darauf drängt, dass man authentisch ist, seinen eigenen Stil und Weg findet, ehrlich mit sich umgeht.

Genau, wir schärfen unseren Blick aufs Individuelle, ohne die generellen Gesetzmäßigkeiten außer Acht zu lassen. Diese beiden Ebenen begegnen uns einfach immer wieder. Ich vergleiche es gern mit der Biomechanik im Tennis: Es gibt so viele unterschiedliche, persönliche Schlagtechniken. Sie reichen von individuell bis kurios. Trotzdem hat jeder Schlag bestimmte Knotenpunkte, die bei allen Topspielern identisch sind – so wollen es die physikalischen Gesetze.

Ziel ist es, diese beiden Ebenen klug zusammenzuführen. Dann entsteht die persönliche Erfolgsstrategie.

Ich denke, mit diesen Worten können wir schließen.

Es war mir eine Freude, mir mit dir die Bälle zuzuspielen. Was sagt man am Netz beim Handschlag?

Wenn es, wie bei uns, eine tolle Partie war? Thanks, great match!

ANHANG

1 LITERATUR

Abraham, A. (2008). Identitätsbildungen im und durch Sport. In K. Weis & P. Gugutzer, *Handbuch Sportsoziologie* (S. 239-248). Hofmann: Schorndorf.

Agassi, A. (2009). *Open – das Selbstporträt.* Droemer: München.

Alfermann, D., Stambulova, N., & Zemaityte, A. (2004). Reactions to sport career termination: A cross-national comparison of German, Lithuanian, and Russian athletes. *Psychology of Sport and Exercise, 5(1)*, 61-75.

Altfeld, S., & Kellmann, M. (2013). Burnout bei Trainern. *Zeitschrift für Sportpsychologie 20(2)*, 47-58.

Amez, S., Baert, S., Neyt, B. & Vandemaele, M. (2020). No evidence for second leg home advantage in recent seasons of European soccer cups. *Applied Economics Letters. 27(2)*, 156-160. https://biblio.ugent.be/publication/8619662, Einsicht am: 1.7.2021.

Antonovsky, A. (1997). *Salutognese: Zur Entmystifizierung der Gesundheit.* DGVT-Verlag: Tübingen.

ARD (2022) – Reportage *„Spiel mit dem Feuer – Wer braucht dieses Olympia?".*

Barschel, Ch. A. (2015). https://www.tennisnet.com/news/australian-open-als-sich-tommy-haas-selbst-beschimpfte-33267 (1.2.2015), Einsicht am: 27.3.2022.

Baumeister, R. F. (1984). Choking under pressure: Self-consciousness and paradoxical effects of incentives on skillful performance. *Journal of Personality and Social Psychology, 46(3)*, 610-620.

Beckmann, J. (2015). *Mentales Training im Golf.* Spitta: Balingen.

Beckmann, J., & Elbe, A.-M. (2008). *Praxis der Sportpsychologie im Wettkampf- und Leistungssport.* Spitta: Balingen.

Beckmann-Waldenmayer, D., & Beckmann, J. (2012). *Handbuch sportpsychologischer Praxis.* Spitta: Balingen.

Bogner (o. J.). https://www.bogner.com/de-de/bogner-world/ambassadors/bernhard-langer.html, Einsicht am: 14.4.2021.

Brand, H., & Löhr, J. (2008). *Projekt Gold.* Gabal: Offenbach.

Brecht, B. (o. J.). http://zitate.net, Einsicht am: 23.2.2022.

Bruhn, H., Kopiez, R., & Lehmann, A. C. (2008). *Musikpsychologie.* Rowohlt: Reinbek.

Brunner, S. (2020). Ein Mensch, der immer 100 Prozent gibt. *green, 1*, 50.

Brunner, S. (2019). „Niemals aufgeben!" *green, 1*, 54.

Brunner, S. (2017a). Der knifflige Umgang mit Druck. *Süddeutsche Zeitung*, 29.5.2017.

Brunner, S. (2017b). Jazz – ein Genre ohne Alternative. *green, 2*, 83.

Brunner, S. (2002). *Verarbeitung von Schulstress bei Jugendlichen.* Logos Verlag: Berlin.

Brunner, S. (1998). Alte Socken und karierte Unterhosen. *Süddeutsche Zeitung,* 20./21.6.1998, II.

Brunner, S. (1988): *Subjektive Theorien Erwachsener über ihre Nichtteilnahme an sportlicher Aktivität* (Diplomarbeit).

Brunstein, C. (1993). Personal goals and subjective well-being: A longitudinal study. *Journals of Personality and Social Psychology, 65*, 1061-1070.

Bryant, K. (2019). *Mamaba Mentality.* Riva: München.

Bundesinstitut für Arzneimittel und Medizinprodukte (2019). ICD-10-WHO. https://www.dimdi.de/static/de/klassifikationen/icd/icd-10-who/kodesuche/htmlamtl2019/block-f10-f19.htm, Einsicht am: 31.3.2022.

Burchard, S. (2015). *Spiel dein bestes Tennis.* Aachen: Meyer & Meyer Verlag.

Catuogno, C. (2019). „Hallo Wasser. Ich bin die Britta". *Süddeutsche Zeitung*, 22.7.2019.

Csikszentmihalyi, M. (2017). *Flow – das Geheimnis des Glücks.* Klett-Cotta: Stuttgart.

Csikszentmihalyi, M. (1975). *Beyond boredom and anxiety.* Jossey-Bass: San Francisco.

Czycholl, H. (2020). *Gibt es einen Heimvorteil? Warum?* DFB, https://www.dfb.de/vereinsmitarbeiter/abteilungsleiterin-fussball/artikel/gibt-es-einen-heimvorteil-warum-1457/, Einsicht am: 1.3.2022.

Damasio, A. R. (1994). *Descartes' Irrtum – Fühlen, Denken und das menschliche Gehirn.* München: List.

Deutsche Sporthilfe (2021). *Deutschlands Spitzensportler:innen benötigen bessere Rahmenbedingungen.* https://www.sporthilfe.de/ueber-uns/medien/pressemitteilungen/studie-deutschlands-spitzenportlerinnen-benoetigen-bessere-rahmenbedingungen (6.11.2021), Einsicht am: 17.11.2021.

Digitalphoto (2018). https://www.digitalphoto.de/news/macht-bilder-was-fotos-uns-bewegen-100341501.html (21.3.2018), Einsicht am: 5.3.2022.

Dunne, S., Chib, V. S., Berleant, J., & O'Doherty, J. P. (2018). Reappraisal of incentives ameliorates choking under pressure and is correlated with changes in the neural representations of incentives. *Social Cognitive and Affective Neuroscience, 14(1)*, 13-22.

Eberspächer, H. (2012). *Mentales Training.* Stiebner Verlag: München.

Eberspächer, H. (2011). *Gut sein, wenn's drauf ankommt.* Carl Hanser: München.

Ehlert, R. G. (o. J.). https://musikwissenschaften.de/lexikon/m/motiv/, Einsicht am: 2.2.2022.

Engbert, K. (2017). *Mentales Training im Leistungssport.* Neuer Sportverlag: Stuttgart.

Eurosport (2022). https://www.eurosport.de/tennis/australian-open/2022/daniil-medvedev-viertelfinale-felix-auger-aliassime-grand-slam-melbourne-halbfinale-stefanos-tsitsip_sto8739391/story.shtml, Einsicht am: 27.1.2022.

Frank, R. (2008). *Glück.* Patmos: Düsseldorf.

Gallwey, W. T. (2015). *The inner game of golf.* Pan Macmillan: Basingstoke, England.

Gallwey, W. T. (2012): *Tennis – Das innere Spiel.* Wilhelm Goldmann Verlag: München.

Gatzmaga, N., Thrien, H., Thrien, F., & Borgmann, S. (2020). *Mentales Training mit Vorbildern im Sport.* Spitta: Balingen.

Gesamtverband der Deutschen Versicherungswirtschaft (2018). *„Man hat nur eine Chance, eine Sprengung durchzuführen".* https://www.gdv.de/de/themen/positionen-magazin/-man-hat-nur-eine-chance-eine-sprengung-durchzufuehren--39622 (1.3.2018), Einsicht am: 13.2.2022.

Gladwell, M. (2009). *Outliers – the story of success.* Hachette Book Group: New York.

Goleman, D. (1980). 1528 geniuses and how they grew. *Psychology Today*, 28-53.

Gotzner, P. (2016). https://www.helmholtz.de/newsroom/artikel/der-hoechste-druck/, Einsicht am: 8.6.2020.

Graf, S. (2022). https://twitter.com/SteffiGraf40/status/429551538546425856, Einsicht am: 25.2.2022.

Greenwald, J. (2007). *The best tennis of your life.* Penguin Random House: New York.

Gröninger, S., & Stade-Gröninger, J. (1996). *Progressive Relaxation.* J. Pfeiffer Verlag: München.

Güllich, A., & Krüger, M. (2013). *Sport.* Springer: Berlin.

Hanin, Y. L. (2000). Individual zones of optimal functioning (IZOF) model. Emotion-performance relationships in sport. In Y. L. Hanin (Ed.), *Emotions in sport* (pp. 65-89). Human Kinetics: Champaign, IL, USA.

Hauschild, J. (2020). *Sagen Sie mal, Frau Boshammer: Sollten wir alles verzeihen?* https://www.psychologie-heute.de/leben/artikel-detailansicht/40809-sagen-sie-mal-frau-boshammer-sollten-wir-alles-verzeihen.html (9.10.2020), Einsicht am: 28.2.2022.

Heckhausen, H., Gollwitzer, P., & Weinert, F. (1987): *Jenseits des Rubikon: Der Wille in den Humanwissenschaften.* Springer-Verlag: Berlin.

Heimsoeth, A. (2014). *Golf mental.* Pietsch: Stuttgart.

Herrigel, E. (2011). *ZEN in der Kunst des Bogenschießens.* O. W. Barth: München.

Hopper, D. (2021). „Wenn es gut läuft, ist man hier der König." *Süddeutsche Zeitung*, 21.12.2021.

Ievleva, L., & Orlick, T. (1991). Mental links to enhanced healing: An exploratory study. *The Sport Psychologist, 5(1)*, 25-40.

Jablinski, D. (2021). Ein längeres Leben durch Smartphone Anwendungen und Aktivitätstracker? *Zeitschrift für Sportpsychologie, Jg. 28,* Heft 3, 122.

Jacobson, E. (2011). *Entspannung als Therapie.* Klett-Cotta: Stuttgart.

Jansen, P., & Hoja, S. (2018). Macht Sport wirklich glücklich? *Zeitschrift für Sportpsychologie, 25(1)*, 21-32.

Kästner, E. *(o. J.). Lob des Tennisspiels.* http://www.sportunterricht.de/lksport/kaestner.html, Einsicht am: 13.1.22.

King, B. J. (2008). *Pressure is a privilege: Lessons I've learned from life and the battle of the sexes.* Life time Media: New York.

Kingston, K., & Hardy, L. (1997). Effects of different types of goals on processes that support performance. *The Sport Psychologist, 11*, 289.

Kittler, Ch. (2019). Unter Druck entstehen Diamanten. *Zeitschrift für Sportpsychologie, 26 (3)*, 142.

Kleinert, J., & Sulprizio, M. (2019). Motivation und Zielsetzung. In K. Staufenbiehl et al., *Angewandte Sportpsychologie für den Leistungssport* (S. 173-187). Hogrefe: Göttingen.

Kreienbühl, Ch. (2018). *Wie sich ein Marathon anfühlt.* https://ckr.ch/2018/12/08/ckrblog-wie-sich-ein-marathon-anfuehlt/ (8.12.2018), Einsicht am: 25.1.2022.

Lahm, Ph. (2022). https://www.facebook.com/PhilippLahm/photos/a.251642919388/10154414229829389/?type=3&_rdr, Einsicht am: 28.3.2022.

Lazarus, R. S., & Folkman, S. (1984). *Stress, appraisal, and coping.* Springer Publishing: New York.

Linz, L. (2014). *Erfolgreiches Teamcoaching.* Meyer und Meyer: Aachen.

Matschnig, M. (2007). *Körpersprache.* Gräfe und Unzer: München.

McAngus Todd, N. P. (2000). Vestibular responses to loud dance music: A physiological basis of the "rock and roll threshold". *The Journal of the Acoustical Society of America, 107*, 496.

Mehrabian, A. (1971): *Silent messages* (p.43). Wadsworth Publishing Company: Belmont, California, USA.

Memmert, D., & Leiner, S. (2020). *Tennisspiele werden im Kopf entschieden.* Meyer & Meyer Verlag: Aachen.

Messner, R. (o. J.). www.beruhmte-zitate.de, Einsicht am: 25.3.2022.

Michaelsen, S. (2022). „Die Schauspielerei ist ein Angstberuf“. *Magazin der Süddeutschen Zeitung*, 14.1.2022.

Molcho, S. (1988). *Körpersprache als Dialog.* Mosaik Verlag: München.

Morgenthaler, Ch., & Hauri, R. (2010). *Rituale im Familienleben. Inhalte, Formen und Funktionen im Verhältnis der Generationen.* Juventa Verlag: Weinheim (Abstract).

Müsseler, J., & Rieger, M. (2017). *Allgemeine Psychologie.* Springer-Verlag: Berlin.

Mumm, J. et al. (2020). *Auftrittsängste bei Musikerinnen und Musikern.* Göttingen: Hogrefe.

Myers, D. G. (2008). *Psychologie.* Heidelberg: Springer Medizin Verlag.

Neave, N., & Wolfson, S. (2003): Testosterone, territoriality, and the "home advantage" *Physiology & Behavior 78*(2), 269-275.

Neue Szene (2018). *Die größten Underdog-Siege nach Quoten.* https://www.neue-szene.de/magazin/sport/die-größten-underdog-siege-nach-quoten (28.5.2018), Einsicht am: 18.1.22.

Nideffer, R. M. (1967). *The Inner Athlete* (pp. 52-57). Ty Crowell Co: New York.

Paasch, R. (2015). *Selbstwirksamkeit im Fußball.* https://www.die-sportpsychologen.de/2015/08/dr-rene-paasch-selbstwirksamkeit-im-fussball/ (25.8.2015), Einsicht am: 13.3.2022.

Puni, A. Z. (1961). *Abriss der Sportpsychologie.* Berlin: Sportverlag.

Raab, M., Gula, B., & Gigerenzer, G. (2012). The hot hand exists in Volleyball and is used for allocation decisions. *Journal of Experimental Psychology-Applied, 18*(1), 81-94.

Ramele, S. van, Aoki. H., Kerkhoffs, G. M., & Gouttebarge, V. (2017). Mental health in retired professional football players: 12-month incidence, adverse life events and support. *Psychology of Sport an Exercise, 28*, 85-90.

Ran (2021). *Barty nach Wimbledon-Sieg demütig: „Wichtiger, ein guter Mensch zu sein“.* https://www.ran.de/tennis/grand-slam/wimbledon/news/barty-nach-wimbledonsieg-demuetig-wichtiger-ein-guter-mensch-zu-sein-126302 (11.7.2021), Einsicht am: 24.3.2022.

Regel, N. (2021). „Es geht darum, selbstbestimmt zu leben". *Süddeutsche Zeitung*, 3.12.2021.

Rendschmidt, M., & Friebe, M. (2020). *„Manche haben nur einmal die Chance auf Olympia".* Deutschlandfunk, https://www.deutschlandfunk.de/corona-und-olympia-manche-haben-nur-einmal-die-chance-auf-100.html (21.3.2020), Einsicht am: 4.2.2022.

Röthig, P., & Prohl, R. (2003). *Sportwissenschaftliches Lexikon.* Hofmann-Verlag: Schorndorf.

Shaw, B. (o. J.). http://zitate.net/erfolg-zitate, Einsicht am: 25.3.2022.

Stangl, W. (2022). *Rumination. In Online-Lexikon für Psychologie und Pädagogik*, https://lexikon.stangl.eu/4167/rumination, Einsicht am: 5.3.2022.

Statista Research Department (2012). https://de.statista.com/statistik/daten/studie/233475/umfrage/praevalenz-von-burn-out-nach-geschlecht-alter-und-sozialem-status/, Einsicht am: 3.12.2021.

Statista Research Department (2020). https://de.statista.com/infografik/1171/erwerbstaetige-in-deutschland-mit-nebenjob/, Einsicht am: 19.1.2022.

Statista Research Department (2022a). https://de.statista.com/statistik/daten/studie/793787/umfrage/umfrage-zu-den-guten-vorsaetzen-fuer-das-neue-jahr-in-deutschland/, Einsicht am: 5.2.2022.

Statista Research Department (2022b). https://de.statista.com/statistik/daten/studie/239672/umfrage/berufsgruppen-mit-den-meisten-fehltagen-durch-burn-out-erkrankungen/ Einsicht am: 5.2.2022.

Statista Research Department (2022c). https://de.statista.com/statistik/daten/studie/239872/umfrage/arbeitsunfaehigkeitsfaelle-aufgrund-von-burn-out-erkrankungen/ Einsicht am: 5.2.2022.

Statista Research Department (2022d). https://de.statista.com/statistik/daten/studie/384680/umfrage/verteilung-des-reichtums-auf-der-welt/ Einsicht am: 3.2.2022.

Staufenbiel, K., Liesenfeld, M., & Lobinger, B. (2019). *Angewandte Sportpsychologie für den Leistungssport.* Hogrefe: Göttingen.

Suchit, H. (2021). *Essentially sports.* https://www.essentiallysports.com/wta-tennis-news-focus-on-the-human-being-mindset-coach-reveals-how-ashleigh-barty-deals-with-external-pressure/ (19.7.2021), Einsicht am: 29.2.2022.

Tagesschau (2021). *Keine „spontane Weltrettung" in Sicht.* https://www.tagesschau.de/inland/schulze-klimakonferenz-103.html (13.102021), Einsicht am: 13.3.2022.

Vieweg, W. (2015). *Management in Komplexität und Unsicherheit.* Springer: Bad Kreuznach.

WDR (2015). Sport Inside. *WM-Sieg unter Folter* (12.1.2015).

Weiß, O. (1999). Soziale Anerkennung im Sport. In O. Weiß, G. Norden (Hrsg.), *Einführung in die Sportsoziologie* (S. 141-153). WUV: Wien.

Wenzel, O., & Kitsch, Ch. (2011). https://www.bild.de/sport/fussball/schalke/rangnick-sagte-in-der-kabine-ich-habe-keine-kraft-mehr-20097938.bild.html (22.09.2011), Einsicht am: 25.3.2022.

Williams, V. (2020). https://hobbeasy.de/tennis-zitate-und-sprueche/ (13.7.2020), Einsicht am: 20.2.2022.

Windmann, A. (2018). „Die Sache mit dem Brechreiz, es ist das erste Mal, dass ich darüber spreche". *Spiegel, 11.* https://www.spiegel.de/sport/per-mertesacker-von-arsenal-london-ueber-die-haerten-des-fussballerlebens-a-00000000-0002-0001-0000-000156211278, Einsicht am: 14.1.2022.

Wippert, P.-M. (2008). Biographische Brüche und Sport. In K.Weis, R. Gugutzer (Hrsg.), *Handbuch Sportsoziologie* (S. 249-256). Hofmann: Schorndorf.

Wippert, P.-M. (2002). *Karriereverlust und Krise.* Hofmann: Schorndorf.

World Health Organization (2019). *Burn-out an „occupational phenomenon": International Classification of Diseases.* https://www.who.int/news/item/28-05-2019-burn-out-an-occupational-phenomenon-international-classification-of-diseases (28.5.2019), Einsicht am: 28.3.2022.

Yerkes, R. M., & Dodson, J. D. (1908). The relation of strength of stimulus to rapidity of habit-formation. *Journal of Comparative Neurology and Psychology, 18*, 459-482.

ZDF Sportstudio Reportage, (30.1.2022), 17.10-18.00 Uhr.

2 STICHWORTVERZEICHNIS

3 BILDNACHWEIS

Coverfoto:	dpa
Covergestaltung:	Anja Elsen
Fotos Innenteil:	siehe Bildnachweis in den Fotos
Layout:	Anja Elsen
Satz:	www.satzstudio-hilger.de
Lektorat:	Dr. Irmgard Jaeger

Abonnieren Sie unseren kostenlosen Newsletter unter **www.dersportverlag.de**

SPORTPSYCHOLOGIE

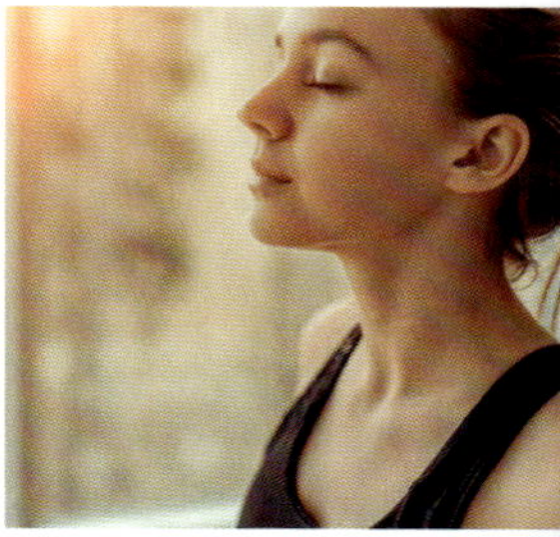

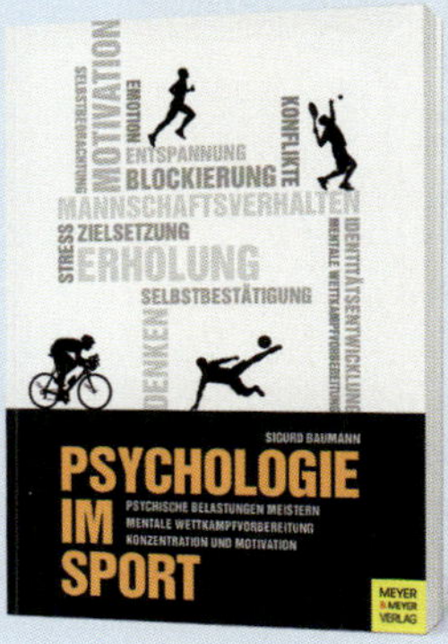

ISBN 978-3-8403-7601-6
€ [D] 28,00/[A] 28,80

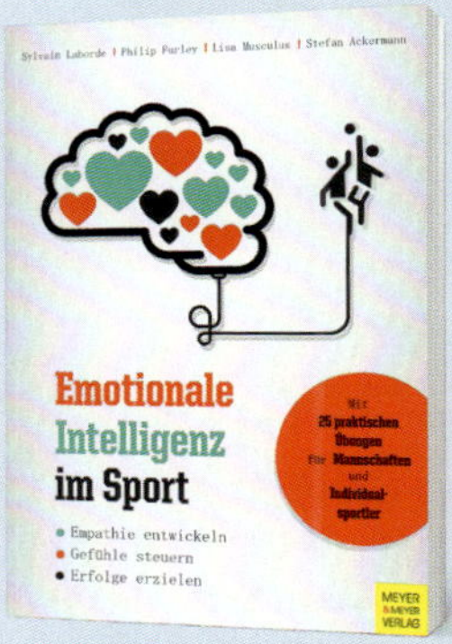

ISBN 978-3-8403-7559-0
€ [D] 19,95/[A] 20,60

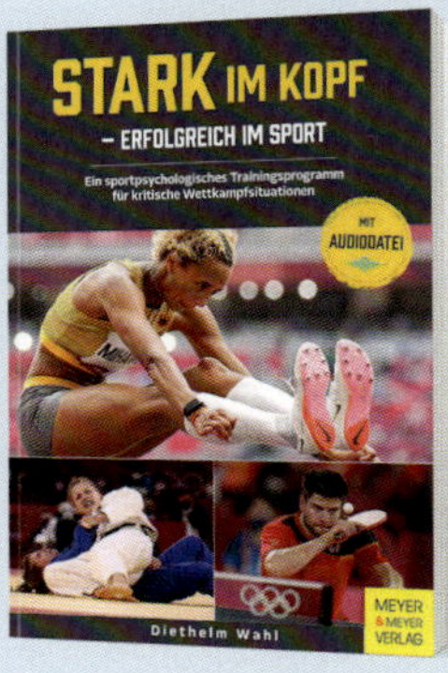

ISBN 978-3-8403-7816-4
€ [D] 18,00/[A] 18,50

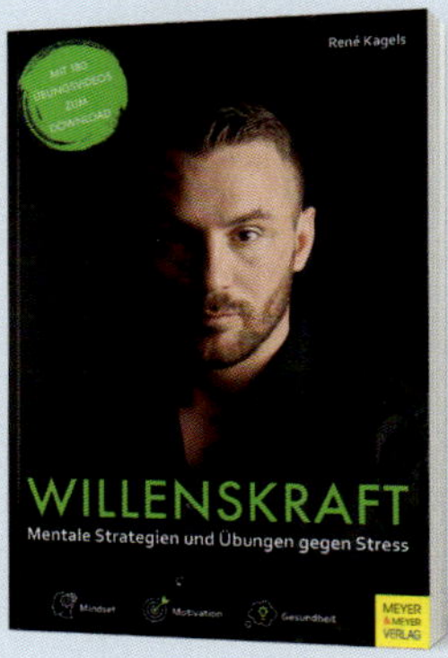

ISBN 978-3-8403-7682-5
€ [D] 24,00/[A] 24,70

Preisänderungen vorbehalten und Preisangaben ohne Gewähr! Bild oben rechts © AdobeStock

MEYER & MEYER Verlag
Von-Coels-Str. 390
52080 Aachen

Telefon 02 41 - 9 58 10 - 25
Fax 02 41 - 9 58 10 - 10
E-Mail vertrieb@m-m-sports.com
Website www.dersportverlag.de

MEYER & MEYER VERLAG

Abonnieren Sie unseren kostenlosen Newsletter unter **www.dersportverlag.de**

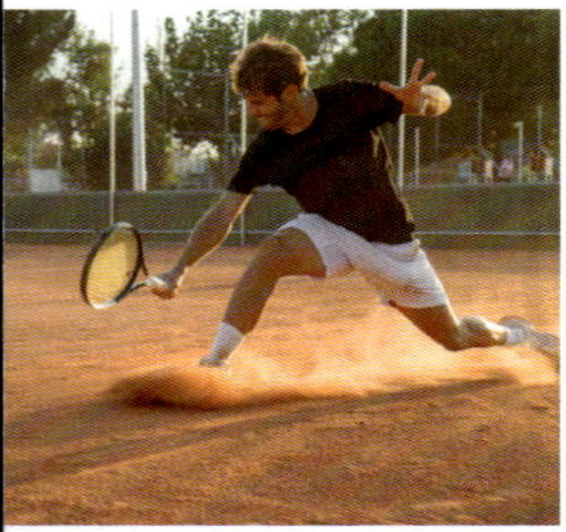

RUND UM DEN TENNISSPORT

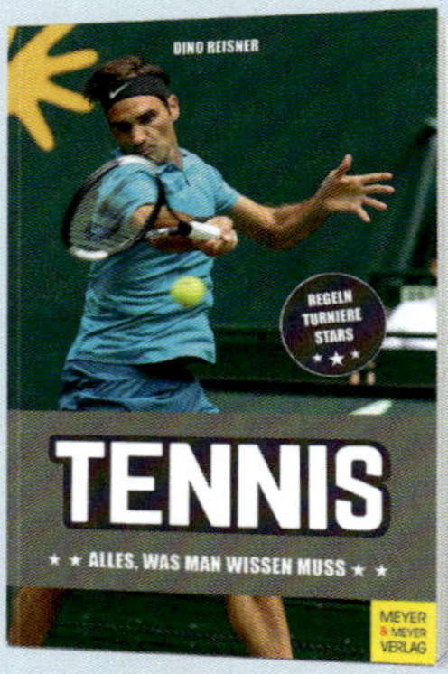

ISBN 978-3-8403-7745-7
€ [D] 14,95/[A] 15,40

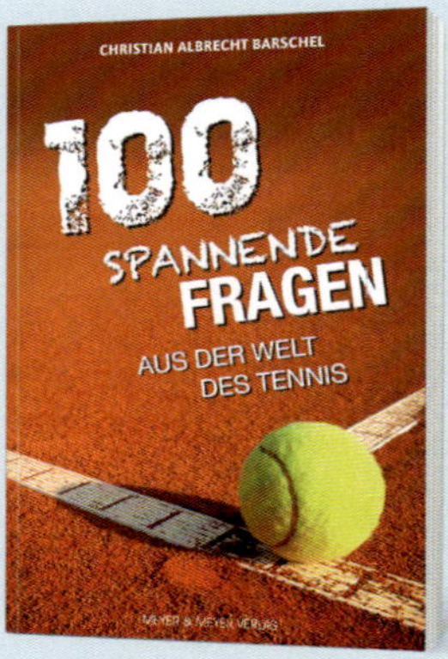

ISBN 978-3-8403-7744-0
€ [D] 18,00/[A] 18,50

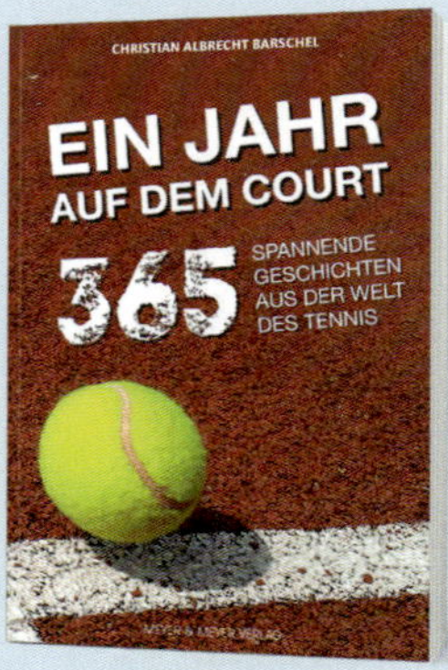

ISBN 978-3-8403-7721-1
€ [D] 18,00/[A] 18,50

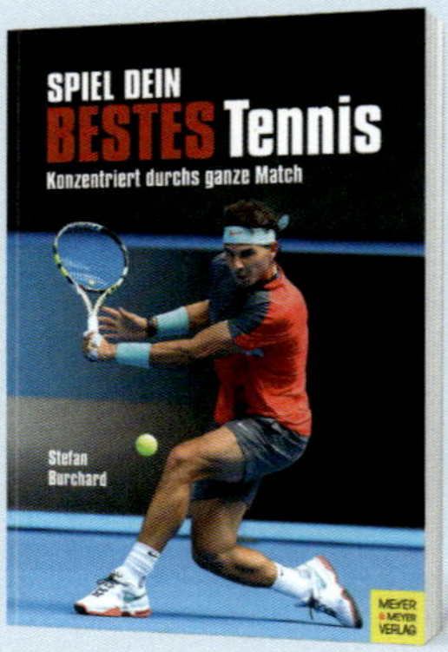

ISBN 978-3-89899-847-5
€ [D] 19,95/[A] 20,60

Preisänderungen vorbehalten und Preisangaben ohne Gewähr! Bild oben links © AdobeStock

MEYER & MEYER VERLAG

MEYER & MEYER Verlag
Von-Coels-Str. 390
52080 Aachen

Telefon	02 41 - 9 58 10 - 25
Fax	02 41 - 9 58 10 - 10
E-Mail	vertrieb@m-m-sports.com
Website	www.dersportverlag.de